航海类高等职业教育项目化教材

船舶电力拖动设备维护管理

王刚华　主编
郑其山　主审

上海浦江教育出版社

图书在版编目（CIP）数据

船舶电力拖动设备维护管理/王刚华主编. —上海：上海浦江教育出版社有限公司，2014.9

（航海类高等职业教育项目化教材）

ISBN 978-7-81121-326-3

Ⅰ.①船… Ⅱ.①王… Ⅲ.①船用电气设备—电力传动—船舶修理—高等职业教育—教材 Ⅳ.①U672.3

中国版本图书馆 CIP 数据核字（2014）第 220539 号

上海浦江教育出版社出版

社址：上海市海港大道 1550 号上海海事大学校内　邮政编码：201306

电话：（021）38284910（12）（发行）　38284923（总编室）　38284910（传真）

E-mail：cbs@shmtu.edu.cn　URL：http://www.pujiangpress.cn

上海市印刷十厂有限公司印装　上海浦江教育出版社发行

幅面尺寸：185 mm×260 mm　印张：13　字数：312 千字

2014 年 9 月第 1 版　2014 年 9 月第 1 次印刷

责任编辑：王　露　楼　进　　封面设计：赵宏义

定价：42.00 元

总 序

当前，我国高等职业教育已进入了快速发展时期，职业教育的教学模式也悄然发生着改变，传统学科体系的教学模式正逐步转变为行动体系的教学模式。项目化教学是“行动导向”教学法的一种，因其具有实践性、自主性、发展性、综合性、开放性等多个优点而被高等职业院校广泛采用。但由于受传统学科体系的教学模式和海事局船员适任考试评估大纲的影响，航海类高等职业教育的教材目前大多仍按知识体系架构编写，内容偏重于理论知识，而轻视实践技能的训练，与职业能力培养要求存在较大的差距。国内部分院校虽然也进行过项目化教学改革的尝试，但编写的配套教材大多采用模块（知识体系）+实训（海事局评估项目）架构，教学方法上采用“理论与实践交替互动”的模式，没有真正实现以项目为载体的理实一体化教学。

为了培养高素质航海技术技能人才，使教学模式遵循职业教育教学规律和高职学生的认知规律，我们组织编撰了《航海类高等职业教育项目化教材》(丛书)。为了高质量地完成教材的编撰工作，编委会组织了一批企业专家、知名学者和专职教师，在以华东师范大学博士徐国庆教授为核心的“职业教育项目化教改团队”的指导下，大力推进航海类专业以工作任务为导向的课程体系改革。本次课程体系改革，完全打破以往的基于知识体系的课程体系模式，而是以海船船员典型工作任务为导向，从船员岗位的工作领域和职业能力分析入手，形成了一套集知识目标和技能目标于一体、融理论学习和技能训练于一身的全新航海类项目化专业主干课程教材。

教材是课程教与学的载体，也是课程教与学模式的具体体现。在重新优化和构建以工作任务为导向的课程体系的基础上，编委会配套制定了各课程教学标准，分组开展了项目化课程设计，并以此指导项目化系列教材的编撰。

本套教材紧扣船员工作岗位的实际工作项目，通过“项目描述”“项目目标”“任务描述”“任务实施”“任务评价”等栏目逐层递进，在项目实施中完成对学生知识的积累和能力的培养。这种“做中学、学中做”教学方法，既符合高等职业教育的需求，也符合高等职业院校学生的认知规律。

航海类专业职业教育“课证融通”的特点，要求毕业生参加海事局组织的船员适任证书考试和评估，并取得相应船员适任证书。所以，本套教材在编撰过程中，还特别强调紧扣国际海事组织 STCW 公约 2010 年马尼拉修正案的新内容、新要求，在知识内容和实训项目设置上，完全涵盖中国海事局全国海船船员适任考试和适任评估两个大纲的要求，实现了理论和实践的有机融合。此外，本套教材还根据航海技术的最新发展动态，增加或修订了一些新技术或新设备内容，由此满足船员适任考试和评估的双重需要，还可作为船舶技术人员的参考用书。

本套教材的编撰，是我国航海教育项目化课程改革的有益探索和创新，由于我们的水平有限，书中或仍有某些不足，敬请专家、同行和其他读者不吝指教，以便我们适时改进，为推进我国航海高等职业院校项目化课程改革添砖加瓦。

《航海类高等职业教育项目化教材》编写委员会

2014 年 7 月

《航海类高等职业教育项目化教材》编写委员会

前　言

本教材结合高等职业教育的人才培养特点编写而成，以深化高等职业教育教学改革、加强专业与课程建设为主线，着眼于培养学生现代船舶电力拖动设备的维护和管理、安装和调试以及故障分析和排除的能力，突出了能力本位教学的理念，注重学生的技能和职业知识的培养，按照项目化教学要求的体例进行学习任务的设计，体现了“做中学，学中做，教学相长”的职业教育思想。

本教材的内容主要依据中华人民共和国海事局电子电气员考试评估大纲，按照“以岗位能力为主线，教学做一体化”的校企合作人才培养模式，以海船电子电气员岗位能力为教学出发点，并结合海船电子电气员典型的工作任务而设计，共有8个项目：项目一“低压电器的拆装”；项目二“电动机基本控制电路的安装与调试”；项目三“机舱泵浦的电气控制箱的维护”；项目四“船舶电动锚机的安装与调试”；项目五“电动起货机电气控制电路的安装与调试”；项目六“液压起货机电气控制电路的安装与调试”；项目七“随动舵电气控制电路的安装与调试”；项目八“自动舵电气控制电路的安装与调试”。

本教材由王刚华主编，中外运长航集团南京油运公司指导电机员郑其山主审。项目一、项目六、项目七和项目八由王刚华编写；项目二、项目三由蔡亮编写；项目四、项目五由鲍秋燕编写。

本教材在编写过程中，得到中外运长航集团南京油运公司船员管理处，江苏海事职业技术学院船港电气教研室全体老师，以及渤海船舶职业技术学院王瑞云教授、江苏海事职业技术学院周涛教授等单位和同人的支持与帮助，在此一并表示感谢。

由于编者水平有限、时间仓促，书中难免有不足之处，恳请读者批评指正。

编　者

2014 年 6 月

目　录

项目一　低压电器的拆装 …… 1

模块1　主令电器的拆装 …… 2

模块2　接触器的拆装 …… 14

模块3　继电器的拆装 …… 26

模块4　电磁抱闸的拆装 …… 39

项目二　电动机基本控制电路的安装与调试 …… 42

模块1　电气识图 …… 43

模块2　磁力起动器的安装与调试 …… 50

模块3　正反转电路的安装与调试 …… 58

模块4　能耗制动电路的安装与调试 …… 64

项目三　机舱泵浦的电气控制箱的维护 …… 81

模块1　主机冷却水泵控制电路的维护 …… 82

模块2　空压机电路的维护 …… 84

模块3　综合训练 …… 94

项目四　船舶电动锚机的安装与调试 …… 105

模块1　电动锚机的结构、原理认识 …… 106

模块2　电动锚机控制电路的安装与调试 …… 112

模块3　锚机故障检测 …… 114

模块4　综合训练 …… 115

项目五　电动起货机电气控制电路的安装与调试 …………………… 119
模块 1　电动起货机结构原理的认识 …………………… 120
模块 2　电动起货机控制电路的安装与调试 …………………… 128
模块 3　电动起货机故障检测 …………………… 136

项目六　液压起货机电气控制电路的安装与调试 …………………… 141
模块 1　液压起货机结构、工作原理的认识 …………………… 142
模块 2　液压克令吊电路的安装与调试 …………………… 148
模块 3　液压克令吊故障检测 …………………… 159

项目七　随动舵电气控制电路的安装与调试 …………………… 162
模块 1　舵机系统的组成、运行原理、控制要求 …………………… 163
模块 2　单动舵的故障处理与调试 …………………… 173
模块 3　随动舵的故障处理与调试 …………………… 176

项目八　自动舵电气控制电路的安装与调试 …………………… 179
模块 1　认识自动舵的框图、种类 …………………… 180
模块 2　认识自动舵的电路 …………………… 188
模块 3　自动舵的故障处理与调试 …………………… 191

参考文献 …………………… 198

项目一 低压电器的拆装

核心概念

接触器、继电器、电磁机构。

学习目标

1. 掌握电磁机构的工作特性；
2. 掌握低压电器的基本结构；
3. 学会拆解/安装常用低压电器。

项目描述

本项目的任务是对接触器、继电器、开关、按钮、熔断器和抱闸进行拆解、组装，使学生在拆装电器的过程中，掌握其结构、原理、作用、符号、参数及选用原则。

工作任务

对接触器、继电器、开关、按钮、熔断器和抱闸进行拆解、组装。

模块1 主令电器的拆装

学习目标

1. 能正确拆装刀开关、按钮、主令控制器；
2. 能绘制主令控制器的触头关合表；
3. 会判断按钮类型。

模块描述

本模块的任务是对开关、按钮、主令控制器进行拆解、组装，使学生在拆装电器的过程中，掌握其结构、原理、作用、符号、参数及选用原则。

工作任务

对开关、按钮、主令控制器进行拆解、组装。

知识准备

主令电器包括按钮、转换开关、行程开关和主令控制器等，属于非自动切换的开关电器。主令电器在控制电路中用于发布命令，改变控制系统的状态。

一、开关

1. 刀开关

刀开关是一种手动控制电器，主要用于手动接通或断开交、直流电路，一般只作隔离开关使用；也用于非频繁地接通和分断容量不大的低压供电和配电电路及小容量负载电路，可用作小功率电动机非频繁地直接起动、断开。

刀开关主要由刀片、触点座、手柄、绝缘底板等组成，根据不同的工作原理、使用条件和结构形式，刀开关可与熔断器结合，分为胶盖闸刀开关、封闭式负荷开关、组合开关和万能转换开关等。其还可以按额定电压（电流）、刀的级数（单级、双级、多级）、有无灭弧罩和工作方式等区分。

1）胶盖闸刀开关

胶盖闸刀开关又称开启式负荷开关，与其他刀开关相比，增加了熔丝和防护胶盖，具有短路、绝缘保护作用，主要用于频率为50 Hz，电压小于380 V，电流小于60 A 的电路以及用于小容量电动机非频繁操作控制；既可作为一般照明、电热等电路的控制开关，又可以用作配电开关。胶盖闸刀开关的图形及符号如图1－1－1所示。

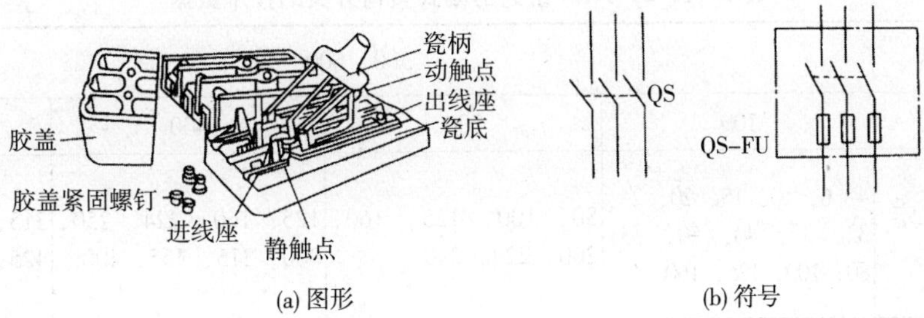

图 1－1－1　胶盖闸刀开关的图形及符号

两极式胶盖闸刀开关用于直流电路和单相交流电路；三极式胶盖闸刀开关用于三相交流电路。额定电流分为 10 A，15 A，30 A 和 60 A 等 4 个等级。常用的胶盖闸刀开关有 HK1，HK2 等系列，其中 HK2 系列胶盖闸刀开关的技术数据如表 1－1－1 所示。

表 1－1－1　HK2 系列胶盖闸刀开关的技术数据

额定电压/V	额定电流/A	极数	最大分断电流/A	控制功率/kW	机械寿命/万次	电寿命/万次
250	10 15 30	2 2 2	500 500 1 000	1.1 1.5 3.0	10 000	2 000
380	15 30 60	3 3 3	500 1 000 1 000	2.2 4.0 5.5	10 000	2 000

2）封闭式负荷开关

封闭式负荷开关又称铁壳开关，主要由触头、灭弧系统、熔断器、操作机构、外壳等组成，如图 1－1－2 所示。操作机构利用储能弹簧使开关具有快速接通和断开功能；熔断器熔断时可通过传动机构使行程开关动作发出信号或切断电路。封闭式负荷开关一般用于配电线路，作为电源开关和隔离开关，具有电路短路保护作用，一般不用作直接通、断电动机开关。常用的封闭式负荷开关有 HR5，HH10，HH11 等系列。其中，HR5 系列封闭式负荷开关的技术数据如表 1－1－2 所示。

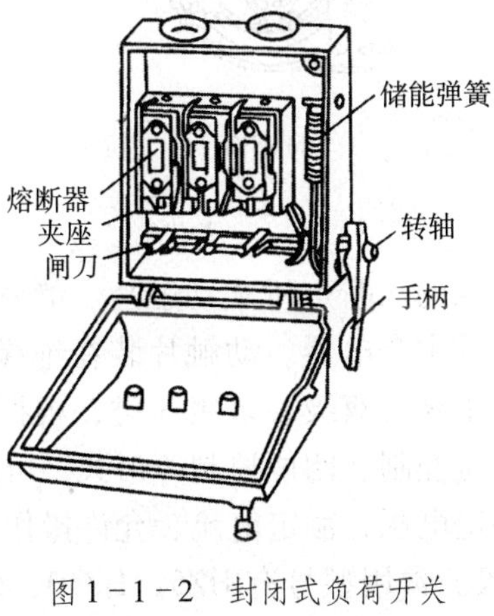

图 1－1－2　封闭式负荷开关

表 1－1－2　HR5 系列封闭式负荷开关的技术数据

额定电压/V	500，600			
约定发热电流/A	100	200	400	630
可配熔体额定电流/A	4，6，10，15，20，25，32，35，40，50，63，80，100，125，160	80，100，125，160，200，224，250	125，160，224，250，300，315，355，400	315，355，400，425，500，630

HR5 系列封闭式负荷开关型号意义如图 1－1－3 所示。

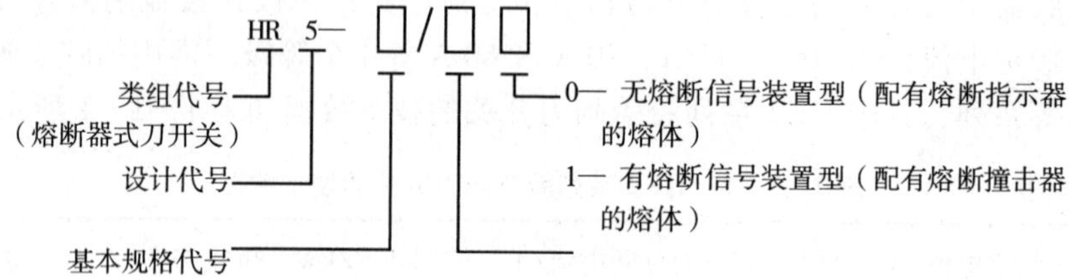

图 1－1－3　HR5 系列封闭式负荷开关型号意义

3）组合开关

组合开关又称转换开关，其刀片（动触片）是转动式的，如图 1－1－4 所示。其由转动手柄通过转轴带动动触片，与静触片接通或断开。

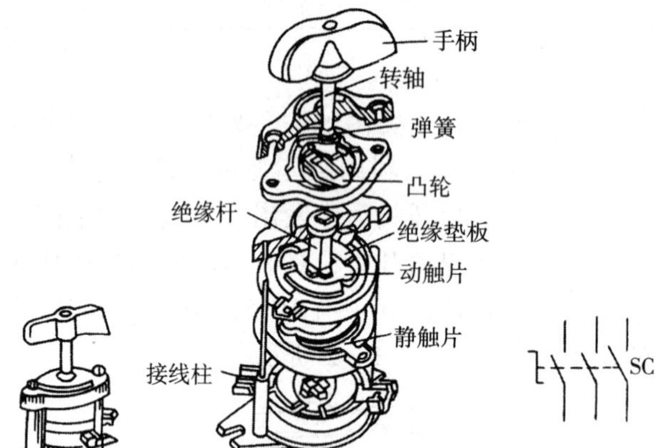

(a) 外形　　(b) 结构　　(c) 符号

图 1－1－4　组合开关

组合开关由若干层相互绝缘的双断点桥式动触片、静触片组成，是一个可实现多触点、多位置的，控制多个电路的主令电器。动触片装在绝缘方轴上，通过手柄转动与静触片接通、断开。组合开关分单级、双级、多级 3 类，根据接线方式不同可组成同时通断、交替通断、两位控制、三位控制、四位控制等形式，可满足不同电路的控制要求。

组合开关的主要参数有额定电压、额定电流、允许操作频率数等。额定电流有10 A，20 A，40 A 和 60 A 等几个等级。常用型号有 HZ5，HZ10，HZ15 系列，以及德国西门子公司生产的3ST，3LB 等系列。

组合开关图形符号在电气原理图中的画法如图 1－1－5 所示，图中虚线表示操作位置，不同操作位置的各对触点通、断状态示于触点下方或右侧，规定用与虚线相交位置上的涂黑圆点表示接通，无黑点表示断开，或用“＋”“×”表示接通，用“－”（无标记）表示断开。产品样本和有关手册提供各种组合开关的接线图。

HZ15 系列组合开关型号意义如图 1－1－6 所示。

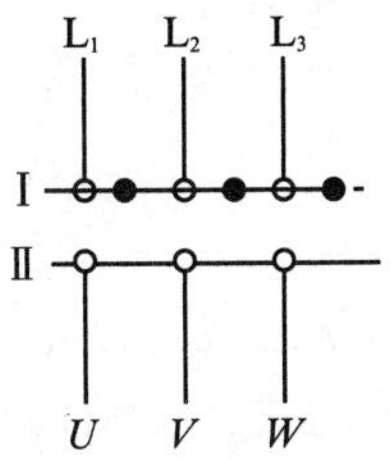

触点	开关位	
	Ⅰ	Ⅱ
$L_1—U$	+	-
$L_2—V$	+	-
$L_3—W$	+	-

图 1－1－5　组合开关图形符号

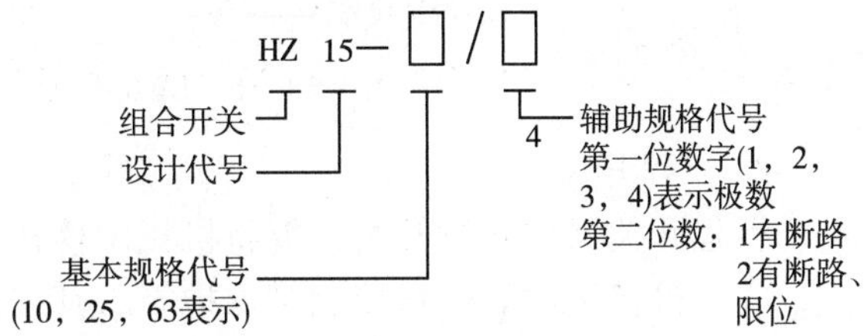

图 1－1－6　HZ15 系列组合开关型号意义

4）万能转换开关

万能转换开关是具有多个操作位置、多组触点，能控制多个电路的一种手动控制电器。由于能控制多个回路，适应复杂控制系统的要求，因此被称为“万能”转换开关。

如图 1－1－7 所示，万能转换开关由触点座、凸轮、转轴、定位机构、螺杆和手柄组成，由 1～20 层触点座叠装起来，每层可装 3 对触点，由转轴上的凸轮控制触点的通断。凸轮可制成不同形状，在被转轴带动到不同的位置时，凸轮各层相应的触点闭合或断开，以适应不同线路的控制需要。

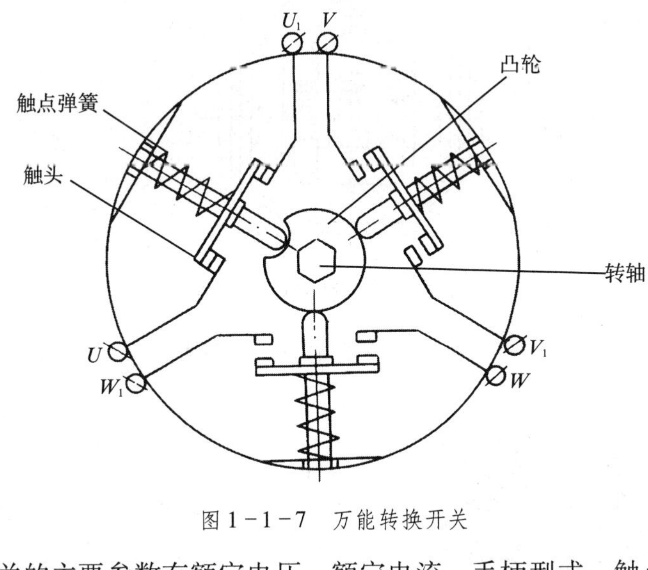

图 1－1－7　万能转换开关

万能转换开关的主要参数有额定电压、额定电流、手柄型式、触点座级数、触点对数、触点座排列形式、定位标志和手柄定位角度等。万能转换开关主要用于电器控制电路的切换，在操作不太频繁的情况下，也可用于小容量电动机的起动、换接或改变转向。

常用的万能转换开关有 LW8，LW6，LW5 和 LW2 等系列。

LW6 系列万能转换开关型号意义如图 1－1－8 所示。

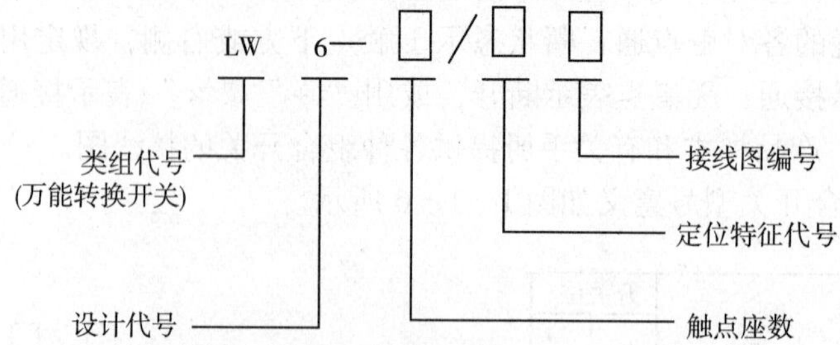

图 1－1－8　LW6 系列万能转换开关型号意义

2. 行程开关

行程开关又称限位开关，能将机械位移转变为电信号以改变机械运动状态或运动形式，实现机械运动的位移控制和保护等。其按运动形式可分为直动式和转动式；按结构可分为直动式、微动式、滚动式；按触点性质可分为有触点式和无触点式。

1）直动式行程开关

直动式行程开关的结构如图 1－1－9 所示，外形和符号如图 1－1－10 所示。其动作原理与按钮类似，推杆由机械运动部件碰撞动作，具有结构简单、成本低、分离速度慢和易烧蚀触点等特点，适用的机械运动速度小于 0.4 m/min。

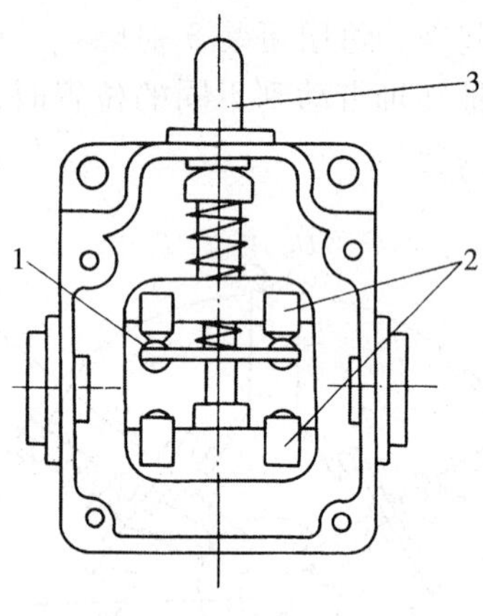

1—动触点；2—静触点；3—推杆

图 1－1－9　直动式行程开关的结构

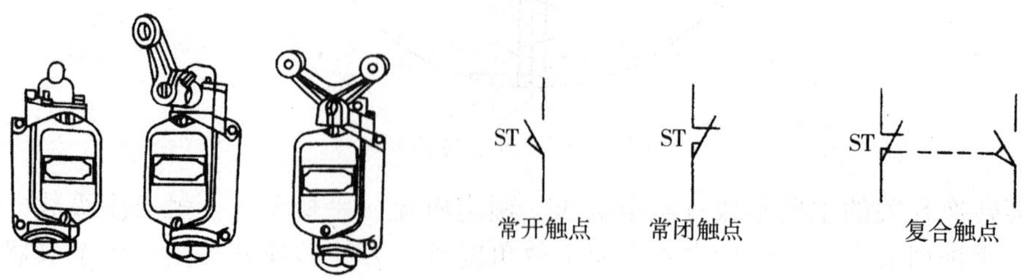

(a) 外形　　(b) 符号

图 1－1－10　直动式行程开关的外形和符号

2）微动式行程开关

为克服直动式行程开关的缺点，微动式行程开关采用微动机构以减轻电流对触点烧蚀，使触点动作具有迅速性和准确性。如图 1-1-11 所示，按下推杆，弹簧片发生变形储存能量并产生位移，当推杆达到临界点时，弹簧片带动触点产生瞬时跳跃，使常闭触点断开，常开触点接通。当推杆松开时，弹簧释放能量向相反方向跳动，开关恢复原位。

微动式行程开关具有体积小和动作灵敏等特点，适合在小型电器中使用，但其推杆操作行程小，结构强度不高，使用中应注意以防撞坏。

3）滚轮式行程开关

为克服直动式行程开关的缺点，可采用滚轮式行程开关。如图 1-1-12 所示，滚轮 1在受到向左的外力作用下，通过上转臂 2 的转动压缩盘形弹簧 3，同时使推杆 4 向右转动，压缩右边弹簧 12，滚球 5 压缩弹簧 11，沿操纵件 6 向右移动，当移动到操纵件 6 中点时，盘形弹簧 3 和弹簧 11 使操纵件 6 迅速转动，使动触点 10 迅速与右边的静触点 9 分开，并与左边的静触点闭合。滚轮式行程开关具有动作速度快，电弧烧蚀触点少，工作可靠，适合慢速工作等特点。

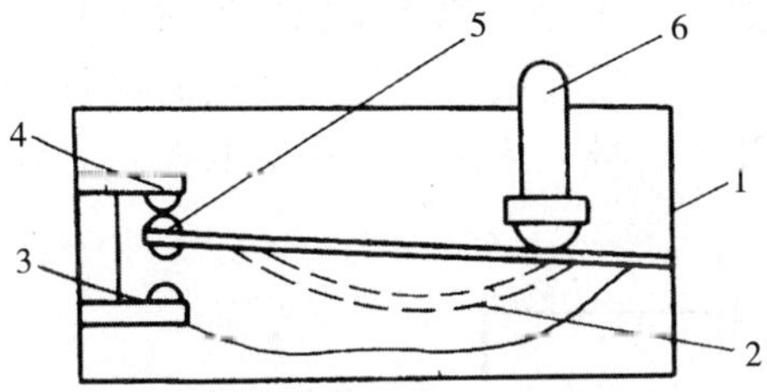

1—壳体；2—弹簧片；3—常开触点；
4—常闭触点；5—动触点；6—推杆

图 1-1-11　微动式行程开关的结构

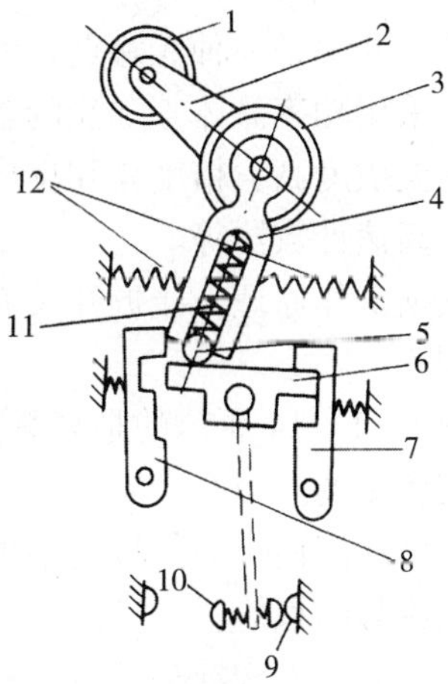

1—滚轮；2—上转臂；3—盘形弹簧；
4—推杆；5—滚球；6—操纵件；
7，8—摆杆；9—静触点；
10—动触点；11，12—弹簧

图 1-1-12　滚轮式行程开关的结构

行程开关的主要参数有额定电压、额定电流、触头换接时间、动作力、动作角度或工作选种、触头数量等。按结构不同，行程开关有自动复位的（直动式、微动式、单轮旋转式）和非自动复位的（如双轮结构）2 种。其常用型号有：LX31，LX32，LX33 系列；LX19，LXW—11，JLXK1（快速型），LX5，LX10 等系列；德国西门子公司生产的 3SE 系列等。

LX32 系列行程开关型号意义如图 1-1-13 所示。LX32 系列行程开关的主要技术数据如表 1-1-3 所示。

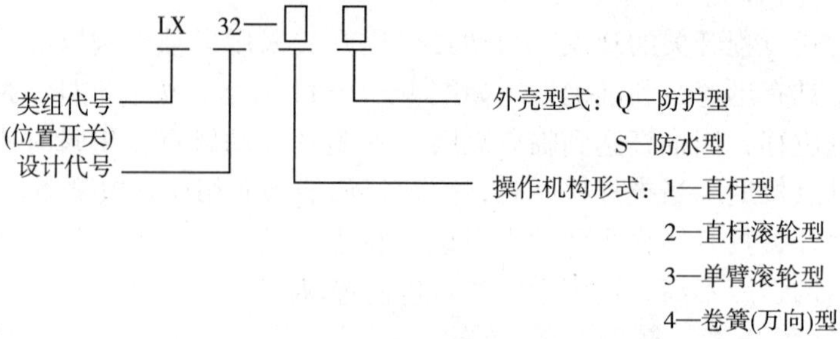

图 1－1－13　LX32 系列行程开关型号意义

表 1－1－3　LX32 系列行程开关的主要技术数据

额定电压/V		额定发热电流/A	额定工作电流/A		额定操作频率/（次/h）
直流	交流		直流（220 V）	交流（380 V）	
220，110，24	220，380	6	0.046	0.79	1 200

3. 接近开关

接近开关是一种无触点行程开关，主要由感应元件、信号整形放大器、驱动电路等组成，采用功率晶体管和晶闸管作为输出元件，具有工作可靠、寿命长、成本低、适合性强、灵敏度高、精度高和反应快等特点，广泛应用于控制系统，也可用于高速转动发生器、高速计数器等。

根据工作原理，接近开关有高频振荡型、电容型、感应电桥型、永久磁铁型和霍尔效应型等。

图 1－1－14 所示的是高频振荡型接近开关的工作原理。当无金属接近时，电流振荡产生交变磁场。当有金属接近时，金属体产生涡流，吸收振荡能量，使振荡减弱以致停振。振荡和停振时的信号经整形放大器转换成开关信号，从而产生相应的控制信号，达到位置控制的目的。

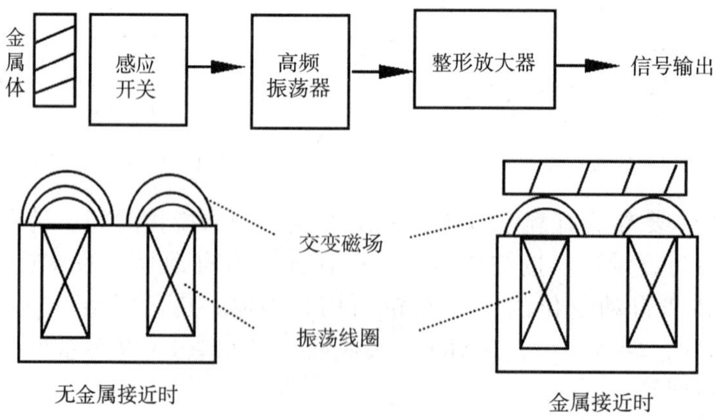

图 1－1－14　高频振荡型接近开关的工作原理

接近开关的电子线路安装和调试后用环氧树脂密封，具有良好的防潮、防腐蚀性能，可靠性高。目前，常用的接近开关有 LJ5，LXJ6，LXJ7 等系列，以及德国西门子公司生产的 3SG，LXT3 系列。LXJ6 系列接近开关型号意义如图 1－1－15 所示。

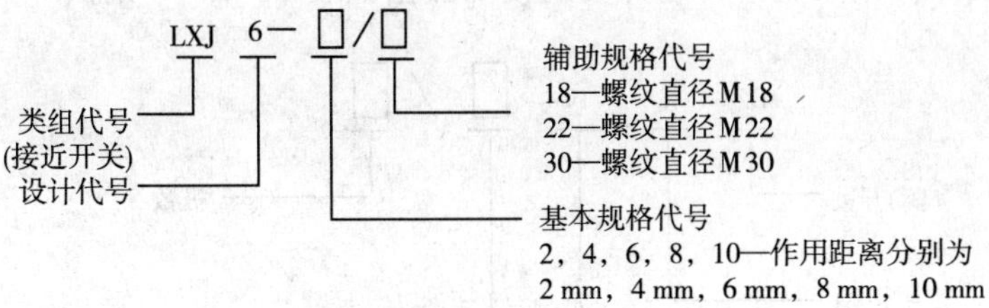

图 1－1－15　LXJ6 系列接近开关型号意义

4. 自动开关

自动开关又称自动空气断路器，是一种既有手动开关作用又能自动进行欠压、失压、过载和短路等故障保护的电器，能自动切断故障电路，有效保护用电设备，具有刀开关、熔断器、热继电器和欠电压继电器的作用，可用于非频繁接通、断开负载电路的控制。

自动开关主要由触点、操作机构、脱扣器、灭弧装置等组成。操作机构分为直接手柄操作、杠杆操作、电磁铁操作和电动机驱动 4 种。脱扣器有电磁脱扣器、热脱扣器、复式脱扣器、欠电压脱扣器和分励脱扣器等类型。

自动开关的工作原理如图 1－1－16（a）所示。主触点 2 串接在主电路中，过电流脱扣器 6 的线圈串接在一相中，欠电压脱扣器 11 的线圈并接在其中两相上。当操作手柄合闸时，通过操作机构，使锁键 3 和搭钩 4 锁住，主触点 2 接通主电路。当电路工作中出现短路、过载、欠压时，相应脱扣机构使杠杆 7 动作，锁键 3 和搭钩 4 脱扣，主触点 2 断开，切断主电路，从而保护电器设备。当操作手柄断开时，锁键 3 和搭钩 4 脱扣，主触点 2 在弹簧作用下断开主电路。

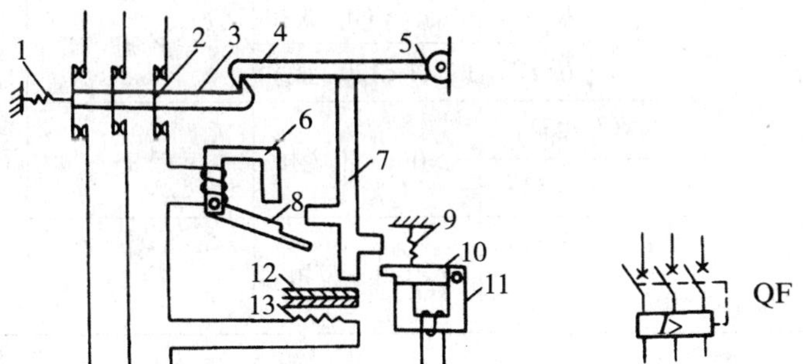

(a) 工作原理　　　　(b) 图形符号

1，9—弹簧；2—主触点；3—锁键；4—搭钩；5—轴；
6—过电流脱扣器；7—杠杆；8，10—衔铁；
11—欠电压脱扣器；12—双金属片；13—电阻丝

图 1－1－16　自动开关的工作原理和图形符号

自动开关有：①框架式，主要用作配电网络保护开关；②塑料外壳式，用作配电网络保护开关，以及电动机、照明设备、电热设备等控制开关。常用的自动开关有 DZ，

DW 系列，以及若干引进产品。DZX19 系列自动开关型号意义如图 1－1－17 所示，DZX19 系列导线保护用限流型自动开关的技术数据如表 1－1－4 所示。

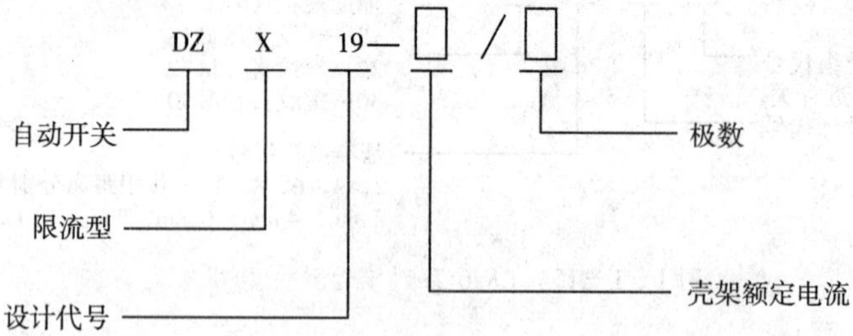

图 1－1－17　DZX19 系列自动开关型号意义

表 1－1－4　DZX19 系列导线保护用限流型自动开关的技术数据

<table>
<tr><td>额定电压/V</td><td colspan="3">单极 220/380</td><td colspan="2">双极与三极 380</td></tr>
<tr><td>壳架额定电流/A</td><td colspan="5">63</td></tr>
<tr><td>脱扣器额定电流/A</td><td colspan="3">6，10，20，32，40，50，63</td><td colspan="2">20，32，40，50，63</td></tr>
<tr><td rowspan="2">额定短路通断能力/kA</td><td colspan="5">6（额定电流 6 A，cos φ＝0.45～0.55）</td></tr>
<tr><td colspan="5">10（额定电流 10～63 A，cos φ＝0.65～0.75）</td></tr>
<tr><td>脱扣器型式</td><td colspan="5">热脱扣器，磁脱扣器</td></tr>
<tr><td rowspan="9">保护动作特性</td><td colspan="2">试验电流/A</td><td>脱扣时间</td><td>起始状态</td><td>环境温度/℃</td></tr>
<tr><td colspan="2">$1.13I_N$</td><td>$t \geqslant 1$ h 不脱扣</td><td>冷态</td><td rowspan="8">＋30</td></tr>
<tr><td colspan="2">$1.45I_N$</td><td>$t < 1$ h 脱扣</td><td>热态</td></tr>
<tr><td rowspan="2">$2.55I_N$</td><td>$I_N \leqslant 32$</td><td>1 s＜t＜60 s 脱扣</td><td rowspan="2">冷态</td></tr>
<tr><td>$I_N > 32$</td><td>1 s＜t＜120 s 脱扣</td></tr>
<tr><td colspan="2">$5I_N$（$I_N \leqslant 32$）</td><td rowspan="2">$t \geqslant 0.1$ s 不脱扣</td><td rowspan="2">冷态</td></tr>
<tr><td colspan="2">$10I_N$（$I_N > 32$）</td></tr>
<tr><td colspan="2">$10I_N$（$I_N \leqslant 32$）</td><td rowspan="2">$t < 0.1$ s 脱扣</td><td rowspan="2">冷态</td></tr>
<tr><td colspan="2">$50I_N$（$I_N > 32$）</td></tr>
</table>

为防止发生人身触电和设备漏电造成其他损害，在自动开关中增加漏电保护功能，当人身触电和设备漏电时，通过检测元件及脱扣机构使开关断开。自动开关有电磁式电流动作型、电压动作型以及通过晶体管检测、放大、驱动跳闸的自动开关。漏电开关设有试验按钮，用于检验漏电保护功能是否正常，常用的有 DZ15L－40，DZ5－20L 等系列。

DZ15 系列自动开关型号意义如图 1－1－18 所示，DZ15 系列塑壳式自动开关的技术数据和脱扣性能分别如表 1－1－5 和 1－1－6 所示。

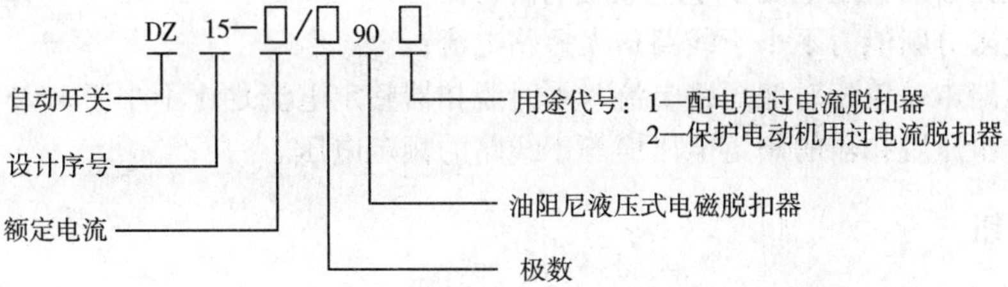

图 1－1－18　DZ15 系列自动开关型号意义

表 1－1－5　DZ15 系列塑壳式自动开关的技术数据

型号	壳架额定电流/A	额定电压/V	极数	脱扣器额定电流/A	额定短路通断能力/kA	电气、机械寿命/h
DZ15－40/1901	40	220	1	6，10，16，20，25，32，40	3 cos φ =0.7	15 000
DZ15－40/2901		380	2			
DZ15－40/3901 DZ15－40/3902			3			
DZ15－40/4901			4			
DZ15－63/1901	40	220	1	10，16，20，25，32，40，50，63	5 cos φ =0.7	10 000
DZ15－63/2901		380	2			
DZ15－63/3901 DZ15－63/3902			3			
DZ15－63/4901			4			

表 1－1－6　DZ15 系列塑壳式自动开关的脱扣性能

配电用自动开关				保护电动机用自动开关				周围空气温度
I/I_N		脱扣时间	起始状态	I/I_N		脱扣时间	起始状态	
X	1.05	1 h 内不脱扣	冷态	X	1.05	2 h 内不脱扣	冷态	+20 ℃高温或低温季节时的参数可查产品说明书
Y	1.30	1 h 内脱扣	冷态	Y	1.20	2 h 内脱扣	热态	
				6.0	6.00	可返回时间≥1 s	冷态	
10.00		<0.2 s	冷态	12.00	12.00	<0.2 s	冷态	

自动开关的主要技术参数包括额定电压、额定电流、脱扣器类型及额定电流、脱扣器整定电流，触头分断能力和动作时间等。一般断电器的动作时间为 30～60 ms，限流型断电器的动作时间小于 20 ms。

自动开关的选择：

（1）不同用途及安装环境应选择合适的型式；

（2）自动开关的额定电压不低于线路的额定电压；

（3）自动开关的额定电流不小于负载电流；

（4）脱扣器的额定电流不小于负载电流；

（5）极限分断能力不小于线路最大短路电流；

（6）线路末端单相对地短路电流与瞬时脱扣器整定电流之比不小于 1.25；

（7）欠电压脱扣器的额定电压应等于线路的额定电压。

二、按钮

按钮是一种结构简单、应用广泛的小容量主令电器，用于低压手动控制各种电磁开关电器（接触器、继电器、大容量负载开关等）以及转换各种信号电路、电器互锁电路等。

按钮的结构如图 1－1－19（b）所示，由按扭帽，复位弹簧，静触点 1，静触点 2，静触点 3，静触点 4 和动触点桥组成。按钮不按时，静触点 1 和 2 接通，为常闭触点；按下按钮时，静触点 3 和 4 接通，为常开触点。当按下按钮时，常闭触点 1 和 2 断开，常开触点 3 和 4 接通。按钮松开后，在弹簧作用下常开触点 3 和 4 断开，常闭触点 1 和 2 接通，即先断开，后吸合。

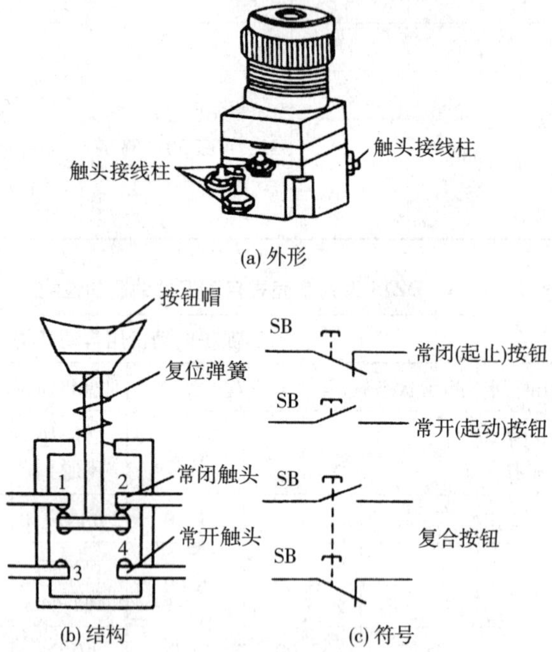

图 1－1－19　按钮

按钮开关的交流电压不大于 500 V，额定电流为 5 A。其结构形式多种多样，适合各种场合，如：紧急式按钮，装有凸出钮帽，以便于操作；旋转式按钮，用手旋转进行操作；指示灯式按钮，在透明的按钮内装入信号灯，作信号显示；钥匙式按钮，为使用安全须用钥匙插入方可转动打开等。按钮的颜色有红、绿、白、黄、蓝和黑等，供不同场合使用。常用的按钮有 LA2，LA10，LA15，LA19 和 LA25 等系列。

LA25 系列按钮型号意义如图 1－1－20 所示。

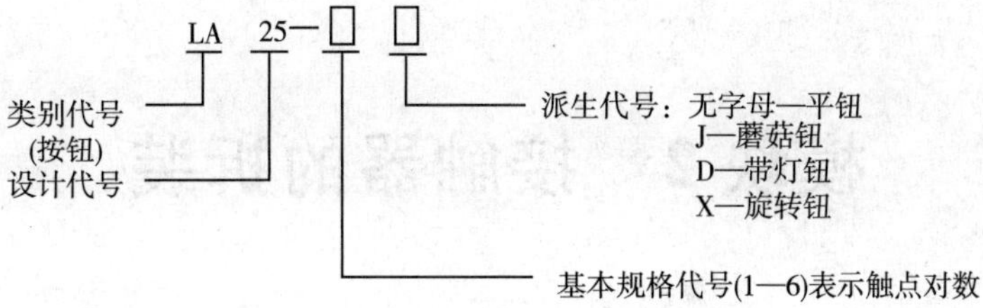

图 1－1－20　LA25 系列按钮型号意义

任务实施

教学阶段	学习任务	知识点	活动设计（讲解、示范、组织、指导、安排和操作）	课时
1. 资料查询	查找刀开关、按钮、主令控制器的结构、种类、作用等知识	刀开关的结构； 按钮的结构； 主令控制器的结构	教材的阅读； 课程网站的利用	20 min
2. 观看拆装动画	观察刀开关、按钮、主令控制器的结构，了解 3 种电器的拆装步骤	工具的使用； 工作顺序； 安全注意事项	观看相关动画； 强调、指出注意事项	5 min
3. 拆装刀开关	掌握刀开关的结构、拆装要领	拆装步骤； 安装要领； 接线要领； 更换熔丝的注意事项	动手、提问（安装、接线、选用注意事项）、讨论和答疑	10 min
4. 拆装按钮	掌握按钮的结构、拆装要领	拆装步骤； 安装要领； 接线要领； 分类方法	动手、提问（颜色、作用的区分）、讨论和答疑	10 min
5. 拆装主令控制器	掌握主令控制器的结构、拆装要领	改变挡位数的方法； 改变触头对数的方法； 触头关合表含义	动手、提问（如何表述触头的动作规律）、讨论和答疑	15 min
6. 讨论，完成给定思考题	掌握刀开关、按钮、主令控制器的参数及选择	课堂小结	讨论，提交报告	25 min
7. 布置作业	拓展知识	刀开关、按钮、主令控制器的灭弧措施	思考、课前提问	5 min

模块 2　接触器的拆装

学习目标

1. 能对接触器进行拆解、组装；
2. 掌握接触器的结构、原理、作用、符号、参数及选用原则。

模块描述

对接触器进行拆解、组装，在拆装电器的过程中，掌握其结构、原理、作用、符号、参数及选用原则。

工作任务

对接触器进行拆解、组装。

知识准备

一、低压电器

1. 结构

低压电器的结构主要包括感受部分和执行部分。

1）感受部分

感受部分主要用来感受外界信号，通过将信号转换、放大、判别后作出有规律的反应，使执行部分动作。在自动控制系统中，感受部分是电磁机构；在手动控制系统中，感受部分是操作手柄、按钮等。

2）执行部分

执行部分主要是触头（包括灭弧装置），用来完成电路的接通和断开任务。

低压电器除感受部分和执行部分外，还有中间部分，通过中间部分把感受部分和执行部分连接起来，使两者协调一致，按一定规律动作。

2. 主要参数

要使低压电器可靠地接通和分断被控制电路，低压电器应满足一定的技术要求指标。例如：触点在分断电路时要有一定的耐压能力以防止漏电或绝缘击穿，因此低压电器应有额定电压这一基本参数；当触点闭合时，存在一定的接触电阻，负载电流在接触电阻上产生的电压降和热量不应过大，因此对低压电器触点应规定额定电流参数；另外，一些低压电器担负着接通和分断短路电流的任务，因此应规定触头的极限分断能力、使用寿命等。

1）额定电压

额定电压指在规定条件下保证电器正常工作的电压值，通常指触点的额定工作电压。当选用电器时，其实际承受的工作电压值应小于电器的额定电压值。电磁机构中电磁线圈的实际工作电压值必须与额定电压值相符合，电磁机构才能正常、可靠地工作。

2）额定电流

额定电流是根据低压电器的具体使用条件确定的电流值。它与工作电压、额定工作制、触点寿命和使用环境等诸多因素有关，同一低压电器可以在不同使用条件下，规定出不同的电流值。

3）通断能力

通断能力以非正常工作负载时能够接通和断开的电流值来衡量。接通能力指开关闭合时不会造成触点熔焊的能力；断开能力指开关断开时能可靠灭弧的能力。

4）寿命

寿命主要指机械寿命和电寿命。机械寿命指在无电流通过条件下能正常操作而不被损坏的次数；电寿命指在所规定使用条件下，不需要修理或更换零件而可靠地工作的次数。

二、电磁机构

电磁机构是各种自动化电磁式电器的重要组成部分，其将电能转化为机械能，通过驱动执行部分接通、断开电路。

1. 组成、结构形式

电磁机构主要由线圈、铁心（静铁心磁轭）和衔铁（动铁心）3 部分组成。

电磁机构的工作原理：线圈通电后产生磁场，磁通通过铁心、衔铁、工作气隙形成闭合回路。衔铁受到电磁力的作用被吸向铁心，由于衔铁受到反力弹簧的拉力作用，因此只有当电磁吸力大于反力弹簧拉力时，衔铁才可靠地被铁心吸住。此时衔铁动作通过中间机构、执行部分使电路接通或断开。当线圈断电或电磁吸力小于反力弹簧拉力时，衔铁在反力弹簧作用下恢复原位，通过中间机构、执行部分使电路断开或接通。如果电磁吸力过小，则会使衔铁不能可靠地吸合，电路工作不稳定；如果电磁吸力过大，则电磁铁在吸合过程中会产生较大冲击，使机构易于损坏且噪声大。

电磁铁结构以铁心形式为主，主要有 E 型、U 型。衔铁的动作方式有直动式和转动式。不同结构电磁铁的性能不同，应用场合也不同。图 1－2－1 所示的是常见的电磁铁铁心的结构形式。

电磁线圈用于产生磁通。电磁线圈按通入电流性质不同分为电流线圈、电压线圈。电流线圈与负载串联，通过线圈的电流决定于主电路负载电流，因此通过电流线圈的电流较大。电流线圈常用扁铜条或粗铜线绕制而成，具有导线粗、匝数少、阻抗小等特点，目的是减小电压降，不影响主负载工作。电压线圈与负载并联，通过电压线圈的电流取决于电压线圈本身阻抗大小，因此线圈导线较细、匝数多、阻抗大，目的是减小分流和减少电能损耗。电压线圈、电流线圈均用绝缘导线绕制。

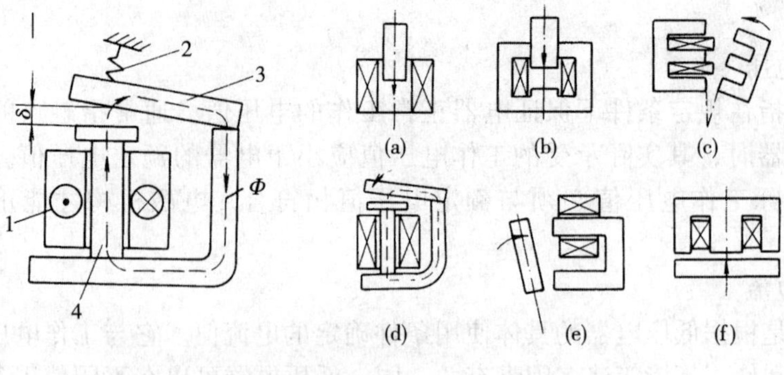

1—线圈；2—弹簧；3—衔铁；4—铁心

图 1-2-1　常见的电磁铁铁心的结构形式

1）直流电磁铁

在电磁机构中，电磁线圈中通过直流电工作的电磁铁称为直流电磁铁。当直流电通过线圈时，由于铁心中产生的磁通是恒定不变的，因此不产生磁滞损耗和涡流损耗，铁心不产生热量。一般直流电磁铁铁心和衔铁由软钢或纯铁制成。直流电磁铁产生热量是由于线圈电阻产生热量，因此线圈不设有骨架，可直接通过铁心散热。通过线圈的电流只取决于线圈本身电阻的大小，与工作气隙无关。

直流电磁铁吸力

$$F_x = 4 \times 10^5 B^2 S$$

式中：B 为气隙磁感应强度，T；S 为衔铁端面面积，m^2；F_x 为电磁吸力，N。

直流电磁铁的吸力与气隙大小的关系称为直流电磁铁的吸力特性，如图 1-2-2 所示。在电流与匝数之积为常数时，电磁吸力与气隙大小的平方成反比。同时，电磁吸力随励磁安匝数（电流与线圈匝数之积）增大而增大。电磁线圈励磁电压的大小、衔铁行程的大小都会影响电磁铁的吸力特性，从而影响电磁铁的工作性能。

2）交流电磁铁

在电磁机构中，电磁线圈中通过交流电而工作的电磁铁称为交流电磁铁。交流电通过线圈产生交变的磁通，因此，在铁心中产生磁滞损耗和涡流损耗。为减少磁滞损耗和涡流损耗，交流电磁铁铁心采用硅钢片制成。线圈中通过的电流不仅决定于线圈电阻大小，还决定于线圈电抗，且随工作气隙大小（衔铁的行程）而变化。交流电磁铁的吸力特性如图 1-2-3 所示。

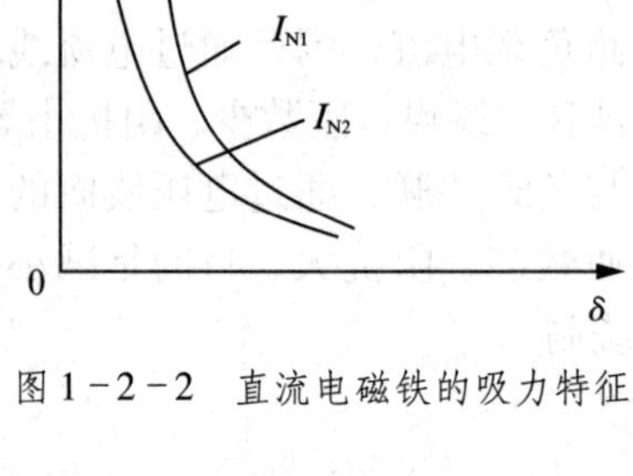

图 1-2-2　直流电磁铁的吸力特征

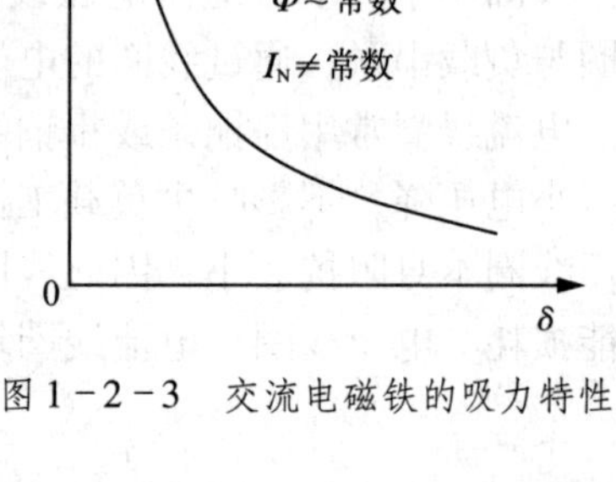

图 1-2-3　交流电磁铁的吸力特性

交流电磁铁吸力

$$F_x = 1/2F_m - 1/2F_m\cos\omega t$$

式中：$F_m = 4\times10^5B^2S$ 为电磁吸力最大值；F_x是个变化量，由一个恒定分量和一个交变分量组成，其变化频率是电源频率的2倍，在$0\sim F_m$范围内变化。

由上式可知，当交流电过0点时，电磁力为0。因此，交流电磁铁在工作时，在电磁吸力小于弹簧反作用力时产生振动和噪声。在实际工作中，为克服冲击和噪声，在交流电磁铁铁心中设置短路环（铜环），将原磁通分为2部分。在交变磁通的作用下，由铜环产生的感应电流产生的磁通使铜环内、外两截面通过的磁通产生相位差，且幅值不等。由这2部分磁通合成后的磁通不再过零点，即合成磁通始终大于0，因此，产生的电磁吸力始终大于0。经过适当设计短路环，可使电磁吸力始终大于弹簧反作用力，从而克服电磁铁由于过零产生的振动和噪声（即过零冲击）。

2. 吸力特性与反力特性的配合

电磁铁中衔铁除受电磁吸力作用外，还受到反作用力系统的阻力作用，包括释放弹簧的作用力、触头弹簧的作用力及可动部分的重量等。反作用力与气隙之间的关系称为反力特性。如图1－2－4所示，横轴下方阴影部分表示常闭触头弹簧力与气隙的关系；横轴上方阴影部分表示常开触头弹簧力与气隙的关系。直线A_0F_0表示释放弹簧的作用力与气隙的关系；折线*ABCDEF*表示总的反力特性与气隙的关系。触头由起始状态到完全吸合状态的反力特性即为*ABCDEF*。若使衔铁正常吸合，则吸力特性曲线应始终位于反力特性曲线上方，如实曲线1。若使衔铁正常释放，则吸力特性曲线必须位于反力特性曲线下方，如点划曲线1。通过调整反作用力弹簧的初始作用力，可以改变反力特性曲线的位移量，使吸力特性与反力特性很好地配合，如曲线2。

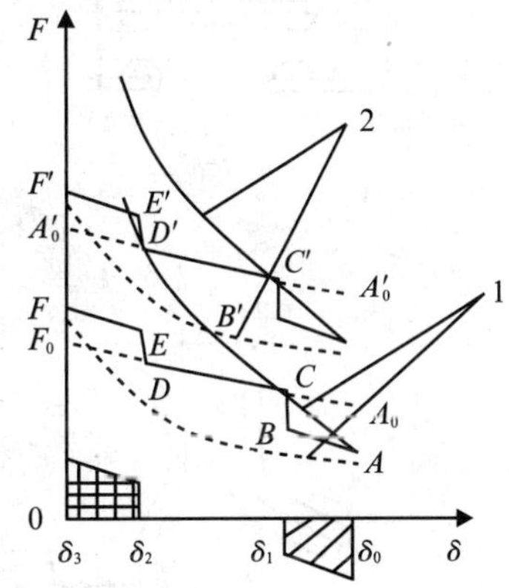

图1－2－4　吸力特性与反力特性的配合

3. 返回系数

返回系数是反映电磁机构吸力特性与反力特性配合紧密程度的一个参数。使电磁铁动作吸合的最小输入量称为电磁铁的动作值；使电磁铁释放的最大输入量称为电磁铁的释放值。释放值与动作值的比值称为电磁机构的返回系数。过量电磁机构的返回系数小于1，欠量电磁机构的返回系数大于1。提高电磁机构返回系数的具体办法有如下几种：

（1）增加衔铁吸合后的气隙，使释放值增加；

（2）减少衔铁释放时的气隙，使动作值减小；

（3）增大释放弹簧的刚度。

上述3种方法都使返回系数增加。

三、触头系统

触头是在电磁机构作用下使电路接通或断开的部分，是电器的执行部分。触头工作性能的好坏直接影响电器的工作性能。触头由动触头和静触头组成。

按接触方式，触头分为桥式接触、指式接触；按接触面积，触头分为点接触、线接触、面接触。点接触触头由于接触面积小，一般适合小电流电路的通断；而面接触触头由于接触面积大，主要用于大电流电路的通断。

桥式接触触头具有双断灭弧的作用，且触头开距小，可以减少电磁机构的电磁安匝数，但需要有触头弹簧的作用，如图1－2－5所示。指式接触触头一般做成线接触和面接触，如图1－2－6所示，动触头、静触头间有滑动和滚动接触，断开有间隙，因此工作面和接触面或分离面不是同一位置。一方面可避免工作面在通断时，因火花而灼伤；另一方面可通过滑动过程除掉触头表面氧化物和赃物，降低接触面的接触电阻，主要用于大、中容量电器，且操作频繁的场合。

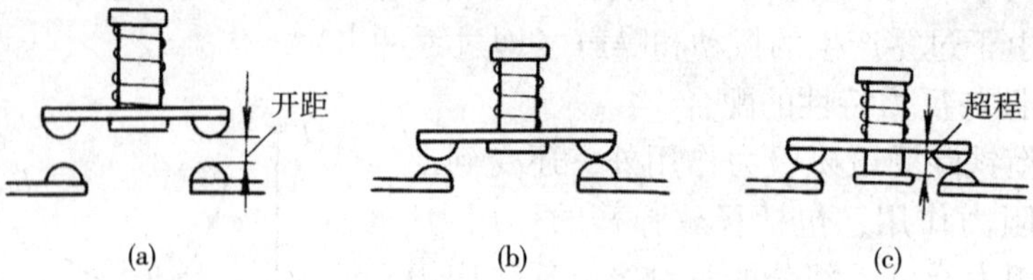

图1－2－5　桥式接触触头的开距

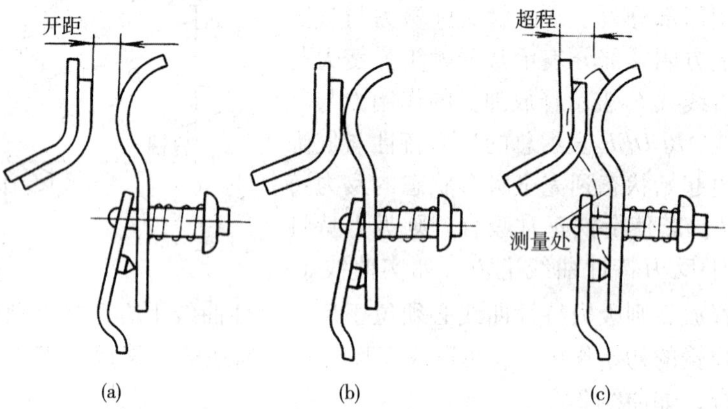

图1－2－6　指式接触触头的开距

触头在闭和状态下，动触头、静触头通过电流，由于有接触电阻存在，因此产生电压降和热量，且容易发生氧化现象，使触头因进一步恶化而不能工作。一般通过适当增加接触压力，采用优质材料，改善接触形式和接触表面状况等措施，以减少火花。例如，采用银质触头，降低接触电阻（银氧化物的导电性能比较好，且在高温下氧化，形成的氧化物易粉化），通过采用指式接触触头的滚动接触，减少火花氧化影响。

四、电弧及其灭弧装置

1. 电弧的形成

触头在分断电路时，若触头间刚出现间距，则由于2个触头的间距很小，因此产生很大的电场强度（电压不低于10～20 V，电流不小于80～100 mA），特别是感性负载电路，金属内部的自由电子在强电场作用下从阴极表面逸出，奔向阳极。这些电子在高速运动中撞击中性气体分子，使中性气体分子被激励并游离，产生正负离子，这些粒子在强电场作用下，继续撞击其他中性分子。因此，在触头间隙中产生大量电离子，使气体导电形成炽热电粒子流，即产生电弧电流。在触头间隙中产生的大量热能，使气体发生热游离，金属表面过热熔化而产生金属蒸气并被氧化，使触头烧蚀，降低触头寿命。同时，触点接触电阻增大，降低工作可靠性，延迟电路切换时间。另外，在产生电弧时，向周围辐射电磁波，干扰船舶无线电设备正常工作。

2. 电弧的熄灭装置

在触头产生火花的缝隙中，在中性气体分子被游离的同时，一方面已游离的正负离子在空间运动中相遇并复合，重新成为中性分子；另一方面高度密集的电粒子向周围扩散，降低离子浓度、触头间电阻增大，使电弧电流减小，削弱热游离。因此，在电弧中热游离和去游离共存。

直流电路产生的直流电弧的熄灭主要依靠拉长电弧和冷却电弧。交流电路产生的交流电弧存在自然过零点，因此交流电弧比直流电弧容易熄灭。一般采用如下几种灭弧方法。

1）利用触头回路电动力、机械力拉长灭弧

适当布置触头位置，使触头间电弧受到径向电动力作用，将电弧拉长，并在移动过程中迅速冷却，从而使电弧熄灭。图1－2－7（a）所示的单断口电弧，依靠机械力将电弧拉断；图1－2－7（b）所示的单断口电弧，依靠机械力拉开电弧的同时还受到电动力的作用，使电弧迅速拉长熄灭；图1－2－7（c）所示的双断口电弧，将电弧分两段并靠机械力拉断。

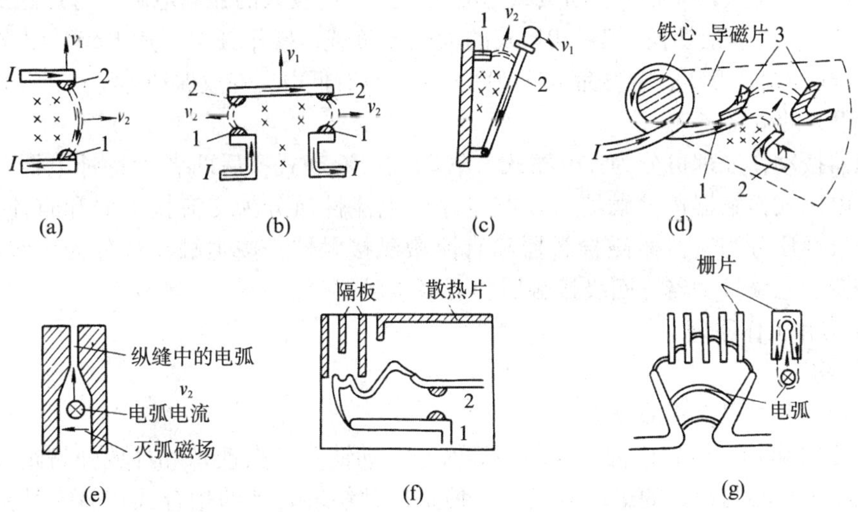

1—静触点；2—动触点；3—引弧角

图1－2－7　电弧的熄灭装置

2）磁吹灭弧

磁吹灭弧指利用电弧在磁场中受到电动力的作用使电弧拉长、冷却、熄灭。灭弧装置主要由磁吹线圈、引弧角、导弧磁夹板组成，如图1－2－7（d）所示。电弧在磁场电磁力的作用下，由触头向引弧角处运动而被拉长、冷却，在引弧处熄灭。由于电弧从触头处被引开，因此可保护触头不受到烧灼损害。串联磁吹灭弧的灭弧线圈与主电路串联，电磁力随主电路电流大小变化而变化，电弧电流越大，灭弧能力越好，且磁吹方向与电流方向无关，但电流小时效果差些。并联磁吹灭弧用于小电流时磁吹灭弧效果比较好，但灭弧线圈应随主电路电流方向变化而变化，使用时注意电流方向。

磁吹灭弧可用于交流电器和直流电器，对于小容量电器，不加装磁吹灭弧装置。

3）纵缝灭弧

纵缝灭弧指利用电动力和电磁力将电弧拉入用耐弧材料（陶瓷、石棉水泥等）制成的灭弧罩中，在缝隙中与缝隙壁接触、冷却而熄灭，如图 1-2-7（e）所示。

4）灭弧栅灭弧

灭弧栅由金属片组成，把相互绝缘的金属片安插在灭弧罩中，电弧在电动力作用下被推向栅片中。进入栅片后，长电弧被分割成许多串联短电弧，每两栅片相当于 1 对电极，每个小电弧的电场强度大为削弱，短电弧很容易熄灭，如图 1-2-7（f）所示。

5）封闭室灭弧

封闭室灭弧指利用电弧本身能量分解固体材料产生气体，加大灭弧室中压力，或利用气体吹弧。例如，为快速熔断，在熔断器管中充满石英砂，利用电弧本身能量使金属熔化后汽化，产生很大压力，使游离气体向石英砂中扩散，在石英砂中迅速冷却熄灭，如图 1-2-7（g）所示。

五、接触器

接触器是用于频繁接通和切断负载主电路或容量比较大的控制电路，可远距离自动控制电路的开关电器，能切换（7～10）I_N的大电流负载，操作频率可达 1 500～3 000 次/h；机械寿命可达 2 000 万次；电寿命可达 200 万次；具有低电压释放保护等特点，是电气控制系统中最重要的电器之一。

接触器按动作原理可分为：电磁式、气动式、液动式，后两者为特种电器，本书不作叙述。电磁式接触器按接触器所控制电路的电流性质分为交流接触器和直流接触器；按激磁电流性质分为交流激磁接触器和直流激磁接触器；按主触头数分为单级接触器、双级接触器、三级接触器、四级接触器和五级接触器等。

1. 结构和工作原理

1）结构

接触器主要由以下 4 部分组成。

（1）电磁机构。电磁机构由线圈、静铁心、动铁心（衔铁）和释放弹簧组成。其结构形式取决于铁心与衔铁的运动方式，一种是衔铁绕轴转动的拍合式；另一种是铁心作直线运动的直动式。

（2）触头系统。触头分主触头和辅助触头。主触头用于控制主电路，通常是 3 对动合触头，分单断点触头和双断点触头；辅助触头用于控制电路，起到电气联锁作用，又称联锁触头，分常开触头和常闭触头。

（3）灭弧装置。容量在 10 A 以上的接触器都有灭弧装置。对于较小容量的接触器，可采用双断点桥式电动灭弧，或相间弧板隔弧及陶土灭弧罩灭弧；对于大容量的接触器，可采用纵缝灭弧罩及栅片灭弧。

(4) 其他部分。其他部分包括作用弹簧、缓冲弹簧、触头弹簧、传动机构、联结导线及处壳等。

2) 工作原理

图1-2-8所示的是CJ20-63型交流接触器的结构。当电磁线圈通入电流时，在电磁力作用下电磁铁克服弹簧作用力吸合，带动主触头与静触头闭合，接通主电路。主触头用于控制主电路、通过大电流。同时，辅助常闭触头断开，辅助常开触头闭合。辅助触头用于控制电路、通过小电流。当电磁线圈断电，或电磁线圈电压过低使电磁力小于弹簧作用力时，电磁铁在弹簧力作用下恢复原位，动触头与静触头分开，从而切断所控制电路。

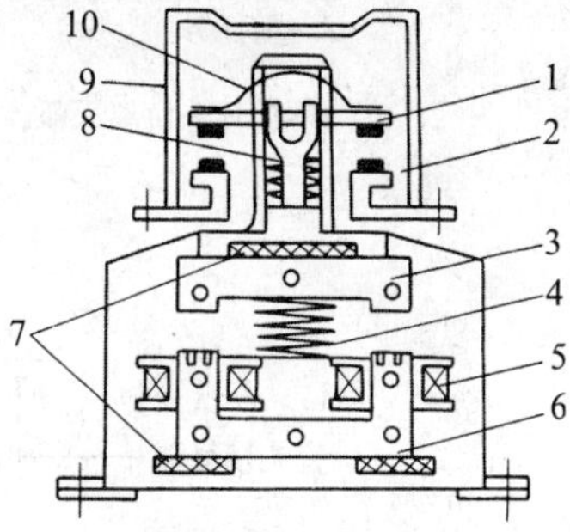

1—动触点；2—静触点；3—衔铁；4—缓冲弹簧；5—电磁线圈；6—铁心；7—垫毡；8—触点弹簧；9—灭弧室；10—触点压力弹簧

图1-2-8　CJ20-63型交流接触器结构示意

随着科学技术发展，接触器的结构及功能不断更新。接触器的组成又分为通用件和附助件，除触头系统外，其他零件可以通用，可临时装配辅助触点、空气延时器、机械联锁和锁扣继电器等，还可对主触点进行串、并连接（通过联结板）使用。其安装方式有螺钉固定式和卡轨式等。

2. 主要技术参数

1) 额定电压

额定电压指主触头的额定工作电压。主触头的额定工作电压应大于或等于实际电路的工作电压。

2) 额定电流

额定电流指主触头的额定工作电流，即长期工作下，触头温度不超过额定温升时，主触头所允许通过的电流值。

3) 线圈额定电压

线圈额定电压指使接触器可靠吸合时加在线圈上的工作电压，一般等于控制电路电压。

4) 电气寿命和机械寿命

电气寿命指接触器触点在额定工作条件下所允许的极限操作的次数。机械寿命指接触器在不需要修理的条件下，无负载时能承受的操作次数。

5) 操作次数

操作次数指接触器每小时的操作次数。由于交流接触器吸合电流大，容易使线圈过热，电寿命降低，因此操作频率不超过600次/h，直流接触器不超过1 200次/h。

常用的交流接触器有CJ20，CJ12，CJ10，CJX1，CJX2等系列；直流接触器有CZ2，CZ10，CZ18，CZ21和CZ22等系列；还有不少国外产品如德国BBC公司的B系列，西门子公司生产的3TB，3TD系列等。CJ，CZ系列接触器型号意义分别如图1-2-9和1-2-10所示。

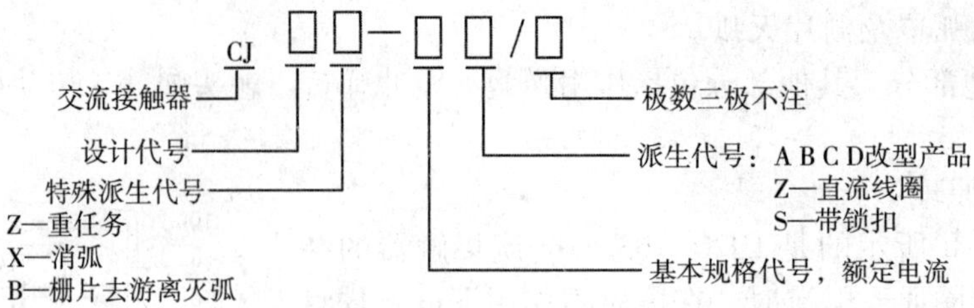

图 1-2-9　CJ 系列接触器型号意义

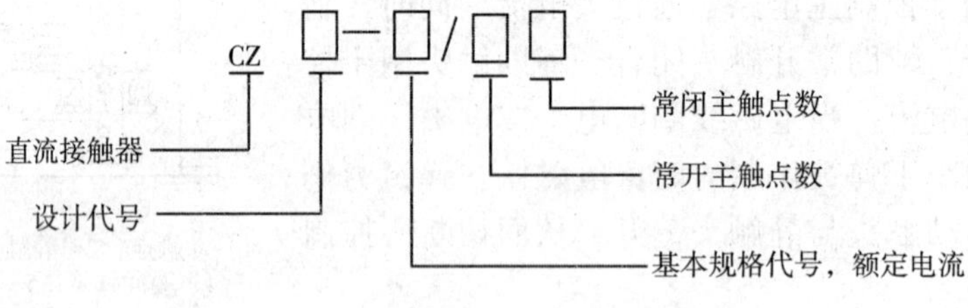

图 1-2-10　CZ 系列接触器型号意义

3. 选用

应根据以下原则选用接触器：

（1）根据被接通或分断的电流选择接触器的类型；

（2）根据被控制电路中电流的大小和使用类别选择接触器的额定电流；

（3）根据被控制电路中电压的等级选择接触器的额定电压；

（4）根据被控制电路中电压的等级选择接触器线圈的额定电压。

4. 维护

（1）定期检查接触器的零件，要求可动部分灵活，紧固件无松动。已损坏的零件应及时修理或更换。

（2）保持触点表面的清洁，不允许粘有油污。当接触表面因电弧烧蚀而附有金属小颗粒时，应及时去掉。若触点已磨损，则应及时调整，消除过大的超程；若触点厚度只剩下 1/3，则应及时更换。当银和银合金触点表面因电弧作用而生成黑色氧化膜时，不必锉去。这是因为这种氧化膜的接触电阻很低，不会造成接触不良，锉掉反而会缩短接触器寿命。

接触器的一般图形符号和文字符号如图 1-2-11 所示。接触器常见故障原因及处理方法如表 1-2-1 所示。

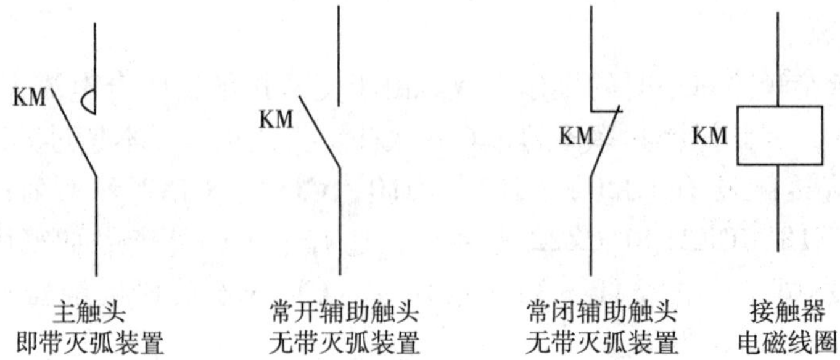

图 1-2-11　接触器线圈、主触点、辅助触点的图形符号及文字符号

表 1-2-1　接触器常见故障原因及处理方法

故障现象	故障原因	处理方法
吸不上或吸不住	1. 电源电压过低或波动过大； 2. 操作回路电源容量不足或发生断线，触点接触不良，以及接线错误； 3. 线圈技术参数不符合要求； 4. 线圈断线或烧损，可动部分被卡住，转轴生锈、歪斜等； 5. 触点弹簧压力和超程过大； 6. 接触器底盖螺钉松脱或其他原因使静、动铁心间距过大； 7. 接触器安装角度不合规定	1. 调整电源电压； 2. 增大电源容量，修理线路和触点； 3. 更换线圈； 4. 更换线圈，排除可动零件的故障； 5. 按要求调整触点； 6. 拧紧螺钉，调整间距； 7. 电源底板垂直水平面安装
不释放或释放缓慢	1. 触点弹簧压力过小； 2. 触点被熔焊； 3. 可动部分被卡住； 4. 铁心极面有油污； 5. 反力弹簧损坏； 6. 用久后，铁心截面之间的气隙消失	1. 调整触点参数； 2. 修理或更换触点； 3. 拆修有关零件并装好； 4. 擦清铁心板面； 5. 更换弹簧； 6. 更换或修理铁心
线圈过热或烧损	1. 电源电压过高或过低； 2. 线圈技术参数不符合要求； 3. 操作频率过高； 4. 线圈已损坏； 5. 使用环境特殊，如空气潮湿，含有腐蚀性气体或温度太高； 6. 运动部分卡住； 7. 铁心极面不平或气隙过大	1. 调整电源电压； 2. 更换线圈或接触器； 3. 按使用条件选用接触器； 4. 更换或修理线圈； 5. 选用特殊设计的接触器； 6. 针对情况设法排除； 7. 修理或更换铁心
噪声过大	1. 电源电压低； 2. 触点弹簧压力过大； 3. 铁心截面生锈或粘有油污、灰尘； 4. 零件歪斜或卡住； 5. 分磁环断裂； 6. 铁心截面磨损过度而不平	1. 提高电压； 2. 调整触点压力； 3. 清理铁心截面； 4. 调整或修理有关零件； 5. 更换铁心或分磁环； 6. 更换铁心
触点熔焊	1. 操作频率过高或过负荷使用； 2. 负载侧短路； 3. 触点弹簧压力过小； 4. 触点表面有突起的金属颗粒或异物； 5. 操作回路电压过低或机械性卡住触点停顿在刚接触的位置上	1. 按使用条件选用接触器； 2. 排除短路故障； 3. 调整弹簧压力； 4. 修整触点； 5. 提高操作电压，排除机械卡阻故障
触点过热或烧伤	1. 触点弹簧压力过小； 2. 触点表面有油污或不平，铜触点氧化； 3. 环境温度过高，或用于密闭箱中； 4. 操作频率过高或工作电流过大； 5. 触点的超程太小	1. 调整触点压力； 2. 清理触点； 3. 接触器降低容量使用； 4. 调换合适的接触器； 5. 调整或更换触点

（续表）

故障现象	故障的原因	处理方法
触点过度磨损	1. 接触器选用欠妥，在某些场合容量不足，如反接制动； 2. 三相触点动作不同步； 3. 负载侧短路	1. 接触器降容使用或选用合适的接触器； 2. 调整三相触头使其同步； 3. 排除短路故障
相间短路	1. 可逆接触器互锁不可靠； 2. 灰尘、水汽、污垢等使绝缘材料导电； 3. 某些零部件损坏，如灭弧室破裂或损坏	1. 检修互锁装置； 2. 经常清理，保持清洁； 3. 更换损坏的零部件

CJ20 系列交流接触器的技术数据如表 1-2-2 所示。

表 1-2-2 CJ20 系列交流接触器的技术数据

<table>
<tr><td colspan="3">额定工作电压/V</td><td colspan="10">220，380，660，1 140（160 A，630 A）</td></tr>
<tr><td colspan="3">AC-3 条件下额定工作电流/A</td><td>10</td><td>16</td><td>25</td><td>40</td><td>63</td><td>100</td><td>160</td><td>250</td><td>400</td><td>630</td></tr>
<tr><td colspan="2" rowspan="2">主触点接通与分断能力
AC-4 I/I_N</td><td>接通</td><td colspan="5" rowspan="2">12（$I_N<100$ A，
$U=1.1\ U_N$，$\cos\varphi=0.65$）
10（$I_N\geqslant100$ A，
$U=1.1U_N$，$\cos\varphi=0.35$）</td><td colspan="5" rowspan="2">10
8（$I_N\geqslant100$ A，$U=1.1\ U_N$，
$\cos\varphi=0.35$）</td></tr>
<tr><td>分断</td></tr>
<tr><td colspan="3">每小时操作次数，AC-3/次</td><td colspan="5">1 200</td><td colspan="5">600</td></tr>
<tr><td colspan="3">电寿命，AC-3/万次</td><td colspan="4">100</td><td colspan="3">120</td><td colspan="3">60</td></tr>
<tr><td colspan="3">机械寿命/万次</td><td colspan="7">1 000</td><td colspan="3">600</td></tr>
<tr><td colspan="2" rowspan="2">辅助触点组合情况</td><td>常开</td><td colspan="6">2</td><td>4</td><td>3</td><td colspan="2">2</td></tr>
<tr><td>常闭</td><td colspan="6">2</td><td>2</td><td>3</td><td colspan="2">4</td></tr>
<tr><td rowspan="5">吸引线圈</td><td colspan="2">额定电压/V</td><td colspan="4">36，127，220，380</td><td colspan="3">36，127，220，380</td><td colspan="3">127，220，380</td></tr>
<tr><td colspan="2">吸合电压/V</td><td colspan="4">85% ~110% U_C</td><td colspan="3">80% ~110% U_C</td><td colspan="3">85% ~110% U_C</td></tr>
<tr><td colspan="2">释放电压/V</td><td colspan="4">75% U_C</td><td colspan="3">70% U_C</td><td colspan="3">70% U_C</td></tr>
<tr><td colspan="2">起动功率 P/W</td><td colspan="2"></td><td colspan="2">175/82.3</td><td>480/152</td><td></td><td>855/325</td><td>1 710/565</td><td></td><td>3 578/790</td></tr>
<tr><td colspan="2">吸持功率 P/W</td><td colspan="2"></td><td colspan="2">19/5.7</td><td>57/16.5</td><td></td><td>85.5/34</td><td>152/65</td><td></td><td>250/118</td></tr>
</table>

CZ18 系列直流接触器的主要技术数据如表 1-2-3 所示。

表 1-2-3　CZ18 系列直流接触器的主要技术数据

<table>
<tr><td colspan="2">额定工作电压/V</td><td colspan="5">440</td></tr>
<tr><td colspan="2">额定工作电流/A</td><td>40</td><td>80</td><td>160</td><td>315</td><td>630</td></tr>
<tr><td rowspan="2">主触点接通分断能力</td><td>接通</td><td colspan="5">$4I_N$，$1.1U_N$，25 次</td></tr>
<tr><td>分断</td><td colspan="5">$4I_N$，$1.1U_N$，25 次</td></tr>
<tr><td colspan="2">额定操作频率/（次/h）</td><td colspan="2">1 200</td><td colspan="3">600</td></tr>
<tr><td colspan="2">电寿命 DC-3/万次</td><td colspan="2">50</td><td colspan="3">30</td></tr>
<tr><td colspan="2">机械寿命/万次</td><td colspan="2">500</td><td colspan="3">300</td></tr>
<tr><td rowspan="3">辅助触点</td><td>组合情况</td><td colspan="5">2 常开，2 常闭</td></tr>
<tr><td>额定发热电流/A</td><td colspan="2">6</td><td colspan="3">10</td></tr>
<tr><td>电寿命/万次</td><td colspan="3">50</td><td colspan="2">30</td></tr>
<tr><td colspan="2">吸合电压/V</td><td colspan="5">85% ~110% U_N</td></tr>
<tr><td colspan="2">释放电压/V</td><td colspan="5">10% ~75% U_N</td></tr>
</table>

任务实施

教学阶段	学习任务	知识点	活动设计（讲解、示范、组织、指导、安排和操作）	课时/min
1. 资料查询	查找交、直流接触器结构、种类、作用等知识	交、直流接触器的结构、种类、作用等知识	教材的阅读； 课程网站的利用	20
2. 观看拆装动画	观察交、直流接触器的结构，了解 2 种电器的拆装步骤	工具的使用； 工作顺序； 安全注意事项	观看相关动画； 强调、指出注意事项	5
3. 拆装交流接触器	掌握交流接触器的结构、拆装要领（电子电气员评估）	拆装步骤； 安装要领； 接线要领	动手、提问（安装、接线、选用注意事项）、讨论和答疑	10
4. 拆装直流接触器	掌握直流接触器的结构、拆装要领	拆装步骤； 安装要领； 接线要领	动手、提问（安装、接线、选用注意事项）、讨论和答疑	10
5. 讨论，完成给定思考题	掌握交、直流接触器的参数及选择	课堂小结	讨论，提交报告	25
6. 布置作业	拓展知识	交、直流接触器的灭弧措施	思考、课前提问（互换使用的结果）	20

模块3　继电器的拆装

学习目标

1. 能够对继电器进行拆解、组装；
2. 掌握继电器的结构、原理、作用、符号、参数及选用原则。

模块描述

对继电器进行拆解、组装，在拆装继电器的过程中，掌握其结构、原理、作用、符号、参数及选用原则。

工作任务

对继电器进行拆解、组装。

知识准备

继电器是传递信号的一种电器，根据输入信号（电量或非电量，如电压、电流、温度、速度和时间等）的变化，改变输出信号（通过触点的闭合、断开）作用于控制电路，控制接触器和其他电器，实现自动控制和保护电器控制系统。

继电器由输入信号的感受部分、中间机构和执行部分组成。感受部分主要是测量元件根据输入量情况通过中间机构作用，使执行元件产生相应输出信号。例如，电磁式继电器的感受部分是电磁铁，执行部分是触点。

继电器的种类很多，按输入信号性质可分为电压继电器、电流继电器、功率继电器、速度继电器、时间继电器、温度继电器和压力继电器等；按感受元件的动作原理可分为电磁式、感应式、机械式、电动式、电子式等；按用途可分为电力网保护用继电器、电力拖动控制继电器、自动装置和电信用继电器等。

继电器具有跳跃式输入-输出特性。如图1-3-1所示，当继电器获得一个输入信号X时，不论信号幅值多大，只要未达到动作值X_r，继电器就不动作，输出信号Y等于0，如图0—X_r段。当输入信号达到动作值X_r时继电器动作，由0跳到Y_0，输出一个信号Y_0。继续增大输入信号，继电器输出信号不变。当输入信号减小时，工作点不沿原来路线变化（即输入信号小于X_r时继电器也不恢复原来状态）；当小于某一值X_i（释放值）时，继电器释放，无输出信号，恢复原来状态。

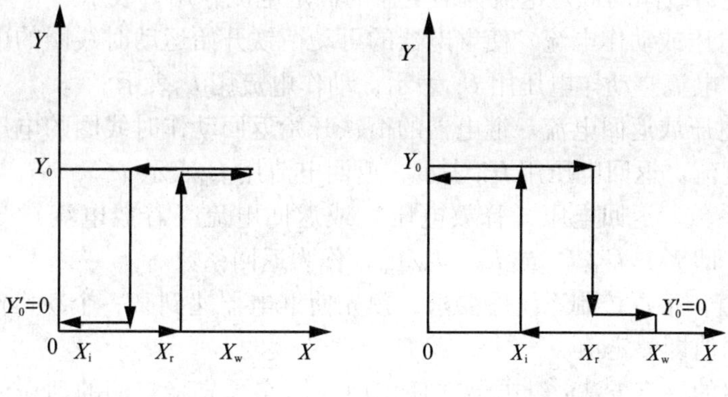

(a) 常开触点　　(b) 常闭触点

图 1-3-1　电磁式继电器的继电特性

一、电磁式继电器

在低压控制系统中，采用的控制继电器大部分为电磁式继电器，如电压继电器、电流继电器、中间继电器及部分时间继电器等，其结构原理与接触器相似，由电磁机构和触头系统组成。由于用于控制电路，触点通过的电流较小，因此不用设置灭弧装置。电磁机构上装设不同的线圈或阻尼圈后可获得电压继电器、电流继电器、中间继电器和时间继电器等各种继电器。电磁式继电器（也称有触点继电器）具有体积小，动作灵敏，无灭弧装置，不分主、辅触点，触点容量小等特点。电流、电压继电器图形符号及文字符号如图 1-3-2 所示。

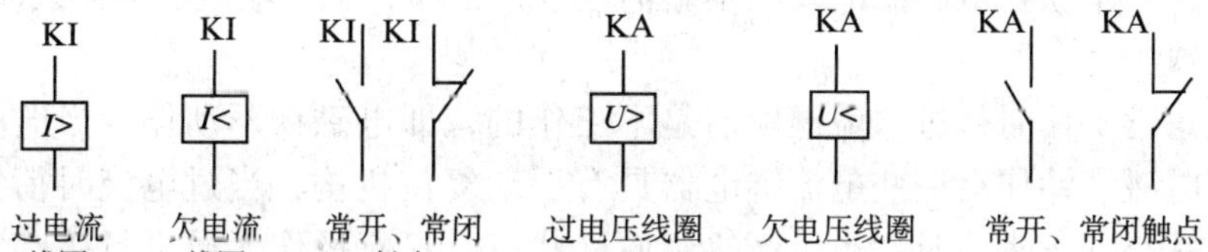

过电流线圈　欠电流线圈　常开、常闭触点　过电压线圈　欠电压线圈　常开、常闭触点

图 1-3-2　电流、电压继电器图形符号及文字符号

电磁式继电器按电流种类可分为直流和交流继电器；根据传递信号的不同可分为电压继电器、电流继电器、时间继电器等。电流继电器的线圈串联在主电路中（与负载串联），线圈导线粗且匝数少、电阻小；电压继电器的线圈并联在主电路中（与负载并联），线圈导线细且匝数多、电阻大。电流继电器又分为过电流继电器和欠电流继电器；电压继电器又分为过电压继电器和欠电压继电器。过电压（电流）继电器指电压（电流）达到某一值时继电器吸合；欠电压（电流）继电器指电压（电流）小于某一值时继电器释放。我国生产的电压继电器和电流继电器有 JL 型、JZ 型、JT 型系列等，还有引进的国外产品。

电磁式继电器的主要参数有以下几个。

（1）灵敏度。用继电器动作所需的最小功率来表示灵敏度，这个功率应很小。

（2）额定电压和额定电流。电压继电器的额定电压为继电器线圈的额定电压，用 U_E

表示；电流继电器线圈的额定电流为继电器的额定电流，用I_E表示。

（3）动作电压或动作电流。使继电器的可动衔铁开始运动时线圈的电压和电流称为动作电压和动作电流。动作电压用U_{xd}表示，动作电流用I_{xd}表示。

（4）返回电压或返回电流。继电器的衔铁开始返回动作时线圈的电压和电流称为返回电压和返回电流。返回电压用U_{SP}表示，返回电流用I_{SP}表示。

（5）返回系数。返回电压（释放电压）或返回电流（释放电流）与动作电压或动作电流的比值，即$K_p = U_{sf}/U_{xd}$或$K_P = I_{sf}/I_{xd}$，称为返回系数。

（6）额定值。根据控制系统的要求，预先使继电器达到某一个动作值或返回值，这个动作值或返回值即整定值。

电磁继电器的整定方法：继电器在使用前，均应预先将它们的动作值和返回值或返回系数整定到要求的值。当衔铁吸合动作时，反力弹簧产生反作用力。当线圈电流产生的电磁吸力大于这个反作用力时，电磁铁才吸合；当线圈电流产生的电磁吸力小于这个反作用力时，电磁铁才释放。可见，电磁铁吸合或释放都受到弹簧反作用力的影响。另外，衔铁吸合后，在磁回路中装一层非磁性垫片就可改变磁阻，从而改变返回电压（电流）值的大小。

由此可知，整定线圈的动作值就是改变反作用弹簧的松紧；整定返回值主要依靠调整非磁性垫片厚度；整定返回系数兼顾调整动作值和返回值。

电磁式继电器的整定值只能在小范围内变化。这是因为如果弹簧太紧，则可能使线圈电磁铁吸不动衔铁，不能闭合；如果太松，则可能不好释放，或者发生动作不可靠。

1. 电磁式电流继电器

电磁式电流继电器的线圈串联在被测量的负载电路中，此时继电器检测的是负载电流的变化。为使串联在电路中的线圈不影响主电路工作，要求电流继电器线圈的阻抗小、导线粗、匝数少。

在负载正常工作时，过电流继电器是不工作的，即电磁铁不动作。当电流超过某一整定值时，电磁铁动作。一些电流继电器具有手动复位机构，当过电流时衔铁动作，即使线圈电流减小到正常值时，也不恢复到原来状态，只有操作人员进行手动复位，从而避免重复过电流事故发生。一般交流过电流继电器调整在$1.1 \sim 4I_N$；直流过电流继电器调整在$1.7 \sim 3I_N$。

欠电流继电器是当电流降低到某一整定值时，继电器释放。所以，欠电流继电器在负载正常工作时，电磁铁是吸合的。

2. 电磁式电压继电器

在自动控制系统中，反映电路电压变化的继电器为电压继电器，电磁线圈与负载并联，为不影响负载正常工作，要求线圈匝数多、导线细、电阻大。电压继电器有过电压、欠电压、零电压继电器。过电压继电器是在电压为$1.1 \sim 1.15U_N$时继电器动作；欠电压继电器是在电压为$0.4 \sim 0.7U_N$时动作，对电路进行欠电压保护；零电压继电器是当电压降至$0.05 \sim 0.25U_N$时动作，对电路进行零电压保护。动作电压的调整根据实际需要决定。

3. 电磁式中间继电器

电磁式中间继电器实际上是一种电压继电器，具有触点多、触头电流大、动作灵敏等特点，用来增加控制电路或放大信号。

交流电磁式中间继电器的铁心端部装有短路环，但对于过电流、过电压继电器则没有。这是因为过电流、过电压继电器在负载正常工作时处于释放状态，只有当电流或电压超过整定值时才动作，一旦动作立即通过控制电路将主电路切断，这时继电器恢复到释放状态。

二、时间继电器

时间继电器是利用电磁原理或机械原理等动作来延时接通或延时分断电路的控制电器，包括电磁式、空气阻尼式、电动式和电子式等。

1. 直流电磁式时间继电器

当直流电磁式时间继电器的线圈通电或断电时，由于电磁惯性，触头动作需要一定的时间，这段时间是继电器的固有动作时间，一般千分之几秒到百分之几秒。直流电磁式时间继电器利用感应电流所产生的磁通阻碍原主磁通变化的原理，达到延时目的。其结构如图 1－3－3 所示，是电磁式继电器的铁心上附加一个阻尼铜套组成的。当电磁线圈通电或断电后，主磁通减小，由于磁通的变化，因此在阻尼铜套中产生感应电流。感应电流产生磁通阻碍原磁通的变化，于是延长衔铁的动作时间。一般利用阻尼铜套、铝套、短接线圈产生延时。

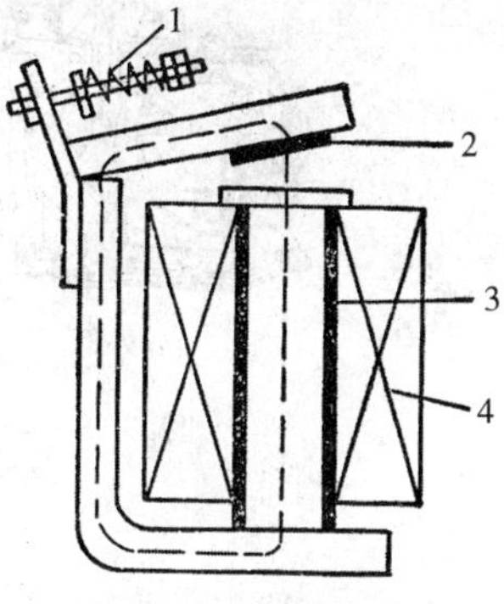

1—调整弹簧；2—非磁性垫片；
3—阻尼铜套；4—工作线圈

图 1－3－3　直流电磁式时间继电器的结构

由于直流电磁式时间继电器在通电前是释放状态的，磁路气隙较大，线圈电感小，电磁惯性小，因此延时时间仅有 0.1～0.5 s，断电延时时间为 0.2～10 s。直流电磁式时间继电器一般只作断电延时使用，其延时精度和稳定性不高，但适应能力较强。

2. 空气阻尼式时间继电器

空气阻尼式时间继电器利用空气气隙阻尼作用原理制成，主要由电磁系统、触头、空气室和传动机构等组成，有通电延时和继电延时 2 种类型。图 1－3－4 所示的是 JS7－A系列空气阻尼式时间继电器的外形和结构。通电延时空气阻尼式时间继电器的工作原理为：当电磁线圈通电时，电磁铁吸合，活塞杆在弹簧力作用下通过活塞带动橡皮膜移动。但受进气孔进气速度的限制，空气进入气囊，使气囊充满气体需经过一段时间，活塞杆才能使微动开关动作，动断触头断开，动合触头闭合。通过改变进气孔的气隙大小调整延时时间。同时，可以通过电磁铁动作直接控制一组微动开关，不需延时瞬动开关。当线圈断电时，电磁铁在复位弹簧作用下复位，同时推动活塞杆、活塞、橡皮膜，利用活塞与橡皮膜之间的配合在排气时形成单向阀的作用，使气囊中的气体快速排出，微动开关复位。断电延时空气阻尼式时间继电器的工作原理与通电延时空气阻尼式时间继电器的工作原理相似，只是在结构上将电磁机构进行调整，使电磁铁在断电时气囊延时进气。

空气阻尼式时间继电器的结构简单、价格低廉、延时范围大，但误差较大。

JS23 系列空气阻尼式时间继电器型号意义如图 1－3－5 所示。

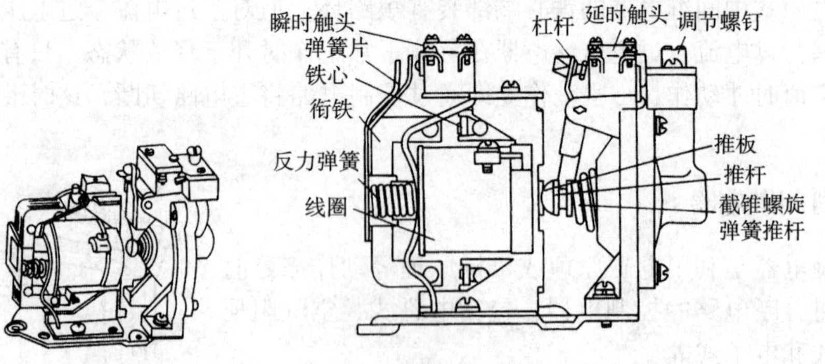

(a) 外形　　(b) 结构

图 1-3-4　JS7-A 系列空气阻尼式时间继电器的外形和结构

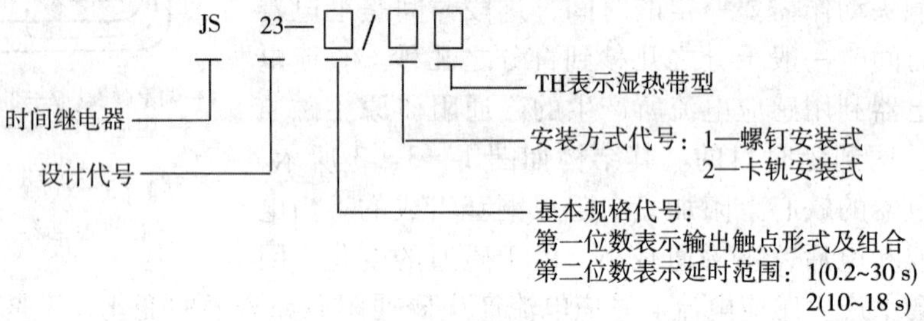

图 1-3-5　JS23 系列空气阻尼式时间继电器型号意义

JS23 系列空气阻尼式时间继电器的技术数据如表 1-3-1 所示。

表 1-3-1　JS23 系列空气阻尼式时间继电器的技术数据

额定工作电压/V		AC，380；DC，220					
额定工作电流/A		AC，380 V 时：0.79；DC，220 V 时：瞬动 0.27					
触点对数及组合	型号	延时动作触点数量				瞬动触点数量	
		通电延时		断电延时			
		常开	常闭	常开	常闭	常开	常闭
	JS23-1□/□	1	1	—	—	4	0
	JS23-2□/□	1	1	—	—	3	1
	JS23-3□/□	1	1	—	—	2	2
	JS23-4□/□	—	—	1	1	4	0
	JS23-5□/□	—	—	1	1	3	1
	JS23-6□/□	—	—	1	1	2	2
延时范围		0.2~30 s，10~180 s					
线圈额定电压/V		AC：110，220，380					
电寿命		瞬动触点：100 万次（交、直流）；延时触点：交流 100 万次、直流 50 万次。					
操作频率/(次/h)		1 200					
安装方式		卡轨安装式，螺钉安装式					

3. 电动式时间继电器

电动式时间继电器由电动机、减速器、离合电磁铁、凸轮和触点等组成。

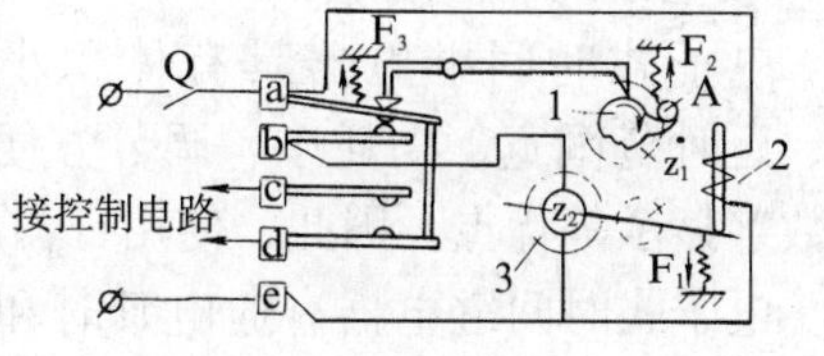

1—凸轮；2—离合电磁铁；3—减速器；A—挡柱；z_1，z_2—齿轮；F_1，F_2，F_3—弹簧

图 1-3-6　电动式时间继电器

如图 1-3-6 所示，其工作原理为：接通电源开关，电磁铁通电动作，使两齿轮啮合，传动机构接通，电动机通过常闭触点得电工作，通过减速器带动凸轮转动，经过一定时间，当凸轮转到凹处时，在弹簧作用下通过杠杆，使常开触点闭合，去控制其他电路。同时，其常闭触点断开，电动机电路断电。当打开电源开关时，电磁铁断电，使两齿轮分开，同时凸轮在弹簧作用下恢复到原始位置。

电动式时间继电器的延时时间是从起始位置到凹处的一段弧长，可通过调整起始位置来调整延时时间。

电动式时间继电器的优点：延时值不受电源电压波动及环境温度变化的影响，重复精度高；延时范围宽，可达数十小时，延时过程通过指针表示。缺点：结构复杂，成本高，寿命低，不适于频繁操作，延时误差受电源频率的影响。常用的电动式时间继电器是 JS11 系列。其型号意义和主要技术数据分别如图 1-3-7 和表 1-3-2所示。

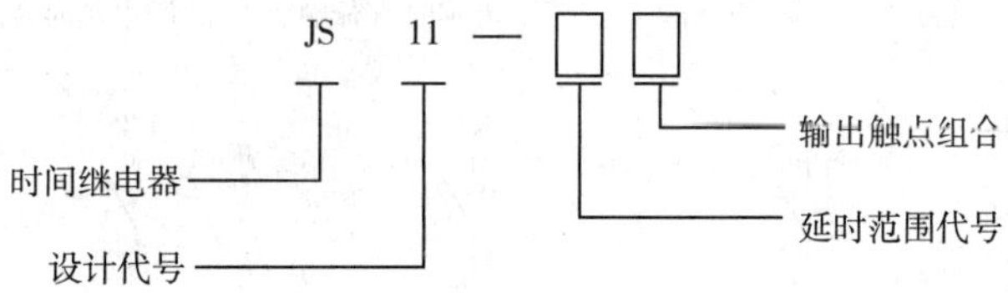

图 1-3-7　JS11 系列电动式时间继电器型号意义

表 1-3-2　JS11 系列电动式时间继电器的主要技术数据

<table>
<tr><td colspan="2">线圈额定电压/V</td><td colspan="6">AC：110，220，380</td></tr>
<tr><td colspan="2">触点通断能力</td><td colspan="6">AC：接通 3 A，分断 0.3 A</td></tr>
<tr><td rowspan="5">触点组合</td><td rowspan="3">型号</td><td colspan="4">延时动作触点数量</td><td colspan="2" rowspan="2">瞬动触点数量</td></tr>
<tr><td colspan="2">通电延时</td><td colspan="2">断电延时</td></tr>
<tr><td>常开</td><td>常闭</td><td>常开</td><td>常闭</td><td>常开</td><td>常闭</td></tr>
<tr><td>JS11 -□</td><td>3</td><td>2</td><td>—</td><td>—</td><td>1</td><td>1</td></tr>
<tr><td>JS11 -□</td><td>—</td><td>—</td><td>3</td><td>3</td><td>1</td><td>1</td></tr>
<tr><td colspan="2">延时范围</td><td colspan="6">JS11 -1□：0 ~ 8 s；JS11 -2□：0 ~ 40 s；JS11 -3□：0 ~ 4 min；JS11 -4□：0 ~ 20 min；JS11 -5□：0 ~ 2 h；JS11 -6□：0 ~ 12 h；JS11 -7□：0 ~ 72 h</td></tr>
<tr><td colspan="2">操作频率/(次/h)</td><td colspan="6">1 200</td></tr>
<tr><td colspan="2">误差/%</td><td colspan="6">≤ ±1</td></tr>
</table>

4. 电子式时间继电器

电子式时间继电器具有体积小、精度高、延时范围宽、功耗小、调节方便，可采用数字显示等优点。因此，使用日益广泛。

电子式时间继电器有通电延时和断电延时2种。按工作原理可分为阻容式和数字式。阻容式时间继电器利用RC充电、放电的过渡过程延时，适合于中等延时场合(0.05 s~1 h)。数字式时间继电器采用数字脉冲计数电路延时，延时时间长，精度很高，调整延时间方便，适合于高精度、时间长的场合。电子式时间继电器的通电延时电路如图1-3-8所示。

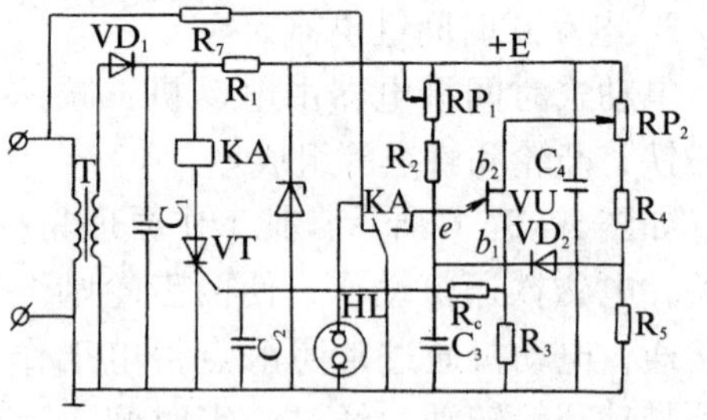

图1-3-8　电子式时间继电器的通电延时电路

常用的电子式时间继电器有JS13，JS14，JS15和JS20等系列，日本富士公司生产的ST，HH，AR等系列。电子式时间继电器的图形符号如图1-3-9所示。

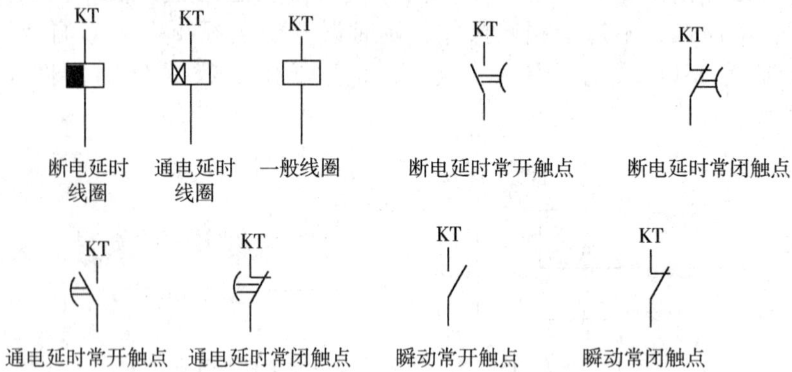

图1-3-9　电子式时间继电器的图形符号

三、热继电器

热继电器是利用电流通过热元件时产生热效应切断电路的保护电器。电动机在实际运行中常遇到过载情况，若过载不大，时间较短，则只要电动机绕组不超过允许的温升，是允许的。但当过载时间过长，绕组温升超过允许值时，将会加剧绕组绝缘的老化，缩短电动机的使用寿命。

1. 结构和原理

热继电器采用双金属片式，主要由双金属片、加热元件、动作机构、触点装置、整定装置和温度补偿元件、复位装置等组成。热继电器的外形和结构如图1-3-10所示，工作原理和图形符号如图1-3-11所示。主双金属片和温度补偿片都由2种膨胀系数不同的金属片焊压而成。双金属片与加热元件串接在负载电路中，当电路电流增加时，温度增加，由于2种金属受热弯曲率不同，它们会向一边变形弯曲。温度补偿片是为进一步保证热继电器的动作精度而设的，即补偿环境温度对双金属片的影响。当主电路发生过载时，过载电流使电阻丝发热过量，引起双金属片受热弯曲，推动导板移动。导板又推动温度补偿片，使推杆绕轴转动，又推动动触点连杆，使动触点与静触点分开，从而切断负载控制电路，主电路断电，起到保护作用。热继电器具有反时保护特性，即通过的电流越大，动作时间越短。

热继电器动作后，需经过一段时间冷却方可恢复原位。热继电器有手动复位和自动复位2种。动作电流的整定是通过旋钮调整推板和温度补偿片的距离，即改变推板的行程进行调整的。

如电动机超过使用年限，严重时会烧毁电动机绕组。因此，用热继电器来保护电动机或其他负载免于长时间过载。

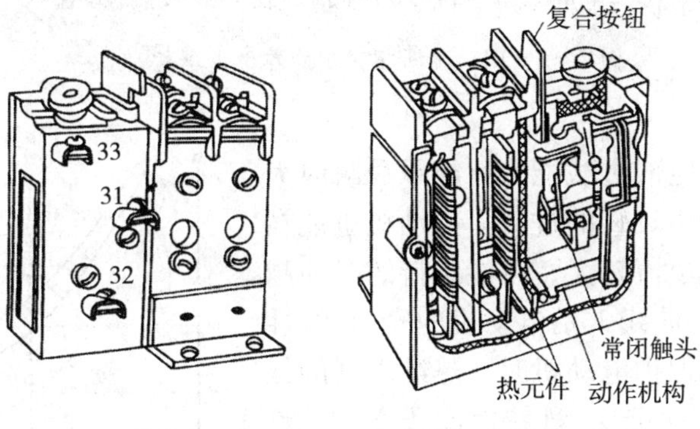

(a) 外形　　(b) 结构

图 1-3-10　热继电器外形和结构

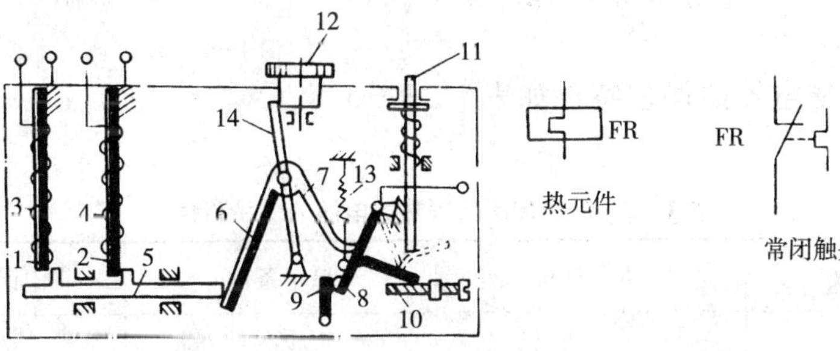

(a) 工作原理　　(b) 图形符号

1，2—主双金属片；3，4—加热元件；5—导板；6—温度补偿；7—推杆；8—动触头；9—静触头；10—螺钉；11—复位按钮；12—按钮；13—弹簧；14—支撑杆

图 1-3-11　热继电器的工作原理和图形符号

带断相保护的热继电器的内容如下。

当电动机的某一相断电时，由于负载不变，因此电动机的输出转矩会减小，绕组中电流增大，绕组过热绝缘破坏，甚至烧毁。星形连接的电动机一般采用三热元件继电器进行保护即可。三角形连接的电动机，当一相断电后，在流过热继电器的电流为额定电流时，热继电器不动作，但电动机某相绕组电流已超过额定值，长时间工作电动机会有被烧坏的危险，因此应采用带断相保护的热继电器。

带断相保护的热继电器是在普通双金属片热继电器基础上增加一个差动机构，对3个电流进行比较。图1-3-12所示的是带断相保护的热继电器的动作。一相断电时，由于2个导板位移的差动而使杠杆端部的位移放大 λ 倍，从而比普通热继电器提前动作。

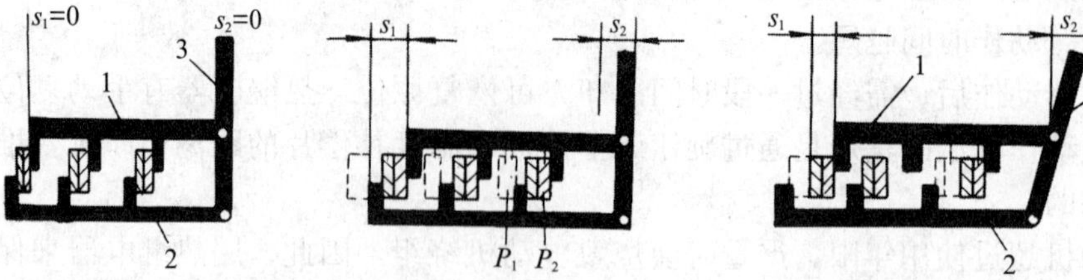

(a) 空载$s_1=s_2=0$　　(b) 三相过载$s_1=s_2$　　(c) 断相时两极通电$s_2=\lambda s_1$

1，2—导板；3—杠杆；P_1—初始位置；P_2—受热后位置

图 1－3－12　带断相保护的热继电器的动作

2. 保护特性

电动机本身有一定的过载能力，能承受瞬时大电流而不致损坏。对于较轻的过载，电动机也能在较长时间运转。过载电流越大，可能维持的时间越短。图 1－3－13 中的曲线 1 是电动机的安-秒特性曲线。当用热继电器保护电动机时，热继电器的保护特性曲线应位于电动机安-秒特性曲线之下，且接近电动机特性曲线，如图 1－3－12 中的曲线 2。保证在电动机通过过载电流时，能在安-秒特性曲线上对应的时间内，利用热继电器切断电动机电源。

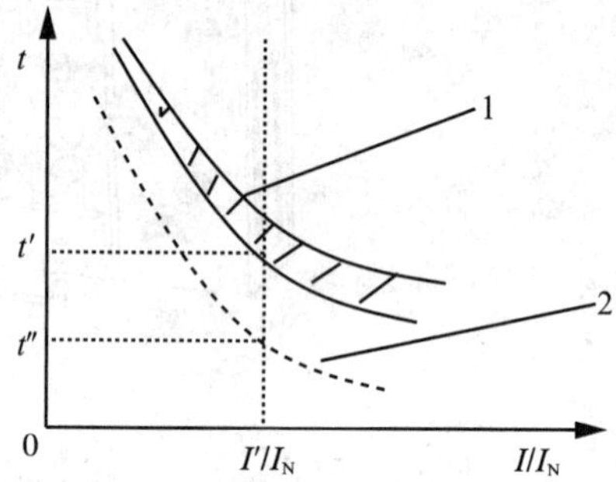

1—电动机的过载特性曲线；
2—继电器的保护特性曲线

图 1－3－13　热继电器的保护特性

JRS1 系列热继电器的保护特性如表 1－3－3 所示。

表 1－3－3　JRS1 系列热继电器的保护特性

额定电流倍数	动作时间	起始条件	周围空气温度/℃
	>2 h	冷态	20 ± 5
1.20	<20 min	热态	
1.50	<3 min	热态	
6. 00	>5 s	冷态	
任意两相 1.0	>2 h	冷态	
另一相 0.9			
任意两相 1.1	<20 min	热态	
另一相 0			
1.00	>2 h	冷态	55 ± 2
1.20	<20 min	热态	
1.05	>2 h	冷态	－10 ± 2
1.30	<20 min	热态	

3. 主要参数及选用

热继电器的主要参数：额定电压、额定电流、相数热元件编号、整定电流值和刻度电流调节范围等。

热继电器的额定电流值指可能装入的热元件的最大整定电流值。每种额定电流的热继电器可装入不同额定电流的热元件。为便于用户选择，某些型号中不同整定电流的热元件是用不同编号表示的。

热继电器的整定电流指热元件能够长期通过而不致引起热继电器动作的电流。手动调节整定电流的范围，称为刻度电流调节范围，可用来使热继电器更好地实现过载保护。热继电器的图形符号和文字符号如图 1－3－14 所示。

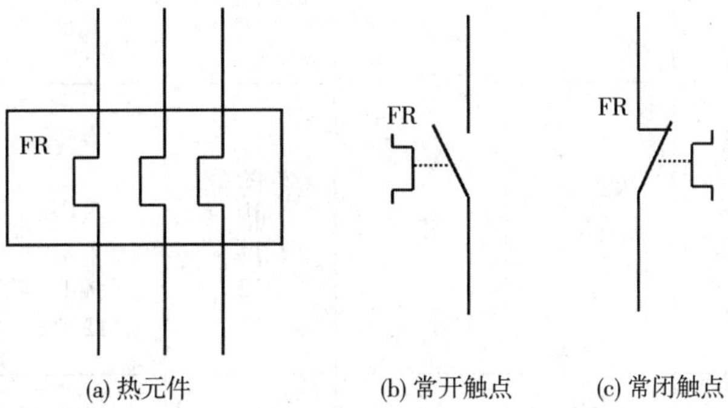

图 1－3－14　热继电器的图形符号和文字符号

热继电器的选择：

（1）一般情况下选用两相热继电器；电网电压稳定性差、工作环境恶劣采用三相热继电器；绕组三角形连接的电动机采用带断相保护的热继电器。

（2）热元件额定电流的等级一般略大于电动机的额定电流。再根据电动机的额定电流调整整定值，使之等于电动机的额定电流。但对于过载能力较差的电动机，热元件的整定值应适当小些。对于冲击性负载的电动机或起动时间较长的电动机，其热继电器的整定值可稍高于电动机的额定电流。

（3）双金属片式热继电器一般用于轻载、不频繁起动电动机的过载保护。对于重载、频繁起动的电动机，可采用过电流继电器作过载和短路保护。

JR20 系列热继电器型号意义如图 1－3－15 所示。

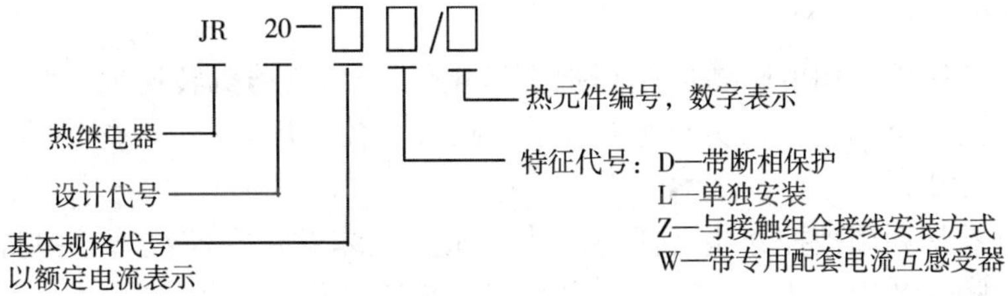

图 1－3－15　JR20 系列热继电器型号意义

JRS1 系列热继电器的技术数据如表 1－3－4 所示。

表 1－3－4　JRS1 系列热继电器的技术数据

型号	主电路	控制触点		热元件		
	额定电流/A	额定电压/V	额定电流/A	编号	额定电流/A	整定电流调节范围/A
JRS1－12/Z JRS1－12/F	12	220	4	1	0.15	0.11—0.13—0.15
				2	0.22	0.15—0.18—0.22
				3	0.32	0.22—0.27—0.32
		380	3	4	0.47	0.32—0.40—0.47
				5	0.72	0.47—0.60—0.72
				6	1.1	0.72—0.90—1.1
				7	1.6	1.1—1.3—1.6
		500	2	8	2.4	1.6—2.0—2.4
				9	3.5	2.4—3.0—3.5
				10	5.0	3.5—4.2—5.0
				11	7.2	5.0—6.0—7.2
				12	9.4	6.8—8.2—9.4
				13	12.5	9.0—11—12.5
JRS1－25/Z JRS1－25/F	25	220	4	14	12.5	9.0—11—12.5
		380	3	15	18	12.5—15—18
		500	2	16	25	18—22—25

四、其他继电器

1. 速度继电器

速度继电器是根据电磁感应原理制成的。JF20 型速度继电器的外形、结构和图形符号如图 1－3－16 所示，该速度继电器由套有永久磁铁的轴与被控电动机的轴相连，用以接受转速信号。当继电器的轴由电动机带动旋转时，磁铁磁通就切割圆环内的笼型绕组，使笼型绕组感应出电流，此电流与磁铁磁场作用产生电磁转矩，在这个转矩的推动下，圆环带动摆杆克服弹簧力顺电动机旋转方向转过一定角度，并拨动触点改变其通断状态。调节弹簧松紧可调节速度继电器的触点在电动机不同转速时切换。

速度继电器还可利用电磁感应原理把感应电压（与电动机转速成正比）检测出来，经比较放大电路、驱动电路，实现速度显示、报警、控制任务。

2. 压力继电器

压力继电器是利用被控介质（压力液体、压力气体等）在波纹管、弹簧管或各种膜片、缸体中的阀上产生的压力与反作用弹力相平衡的电器。

如图 1－3－17 所示，当被控介质中的压力升高时，波纹管或橡皮膜压迫反力弹簧使顶杆移动，顶杆拨动微动开关使触点状态改变，即常开触点闭合、常闭触点断开，以反映介质中压力达到了对应的数值，发出控制信号或显示报警信号。

(a) 外形

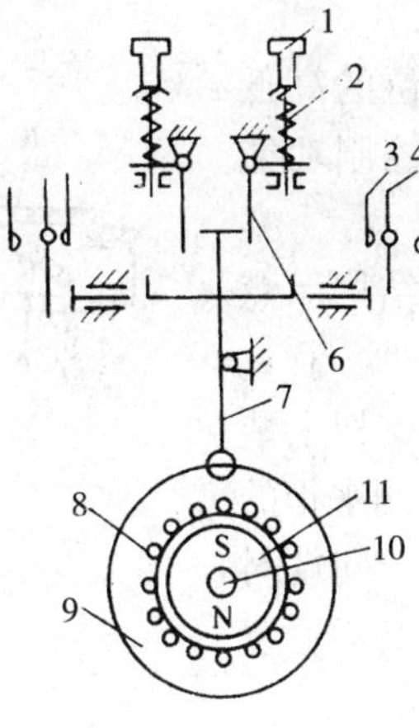

(b) 结构

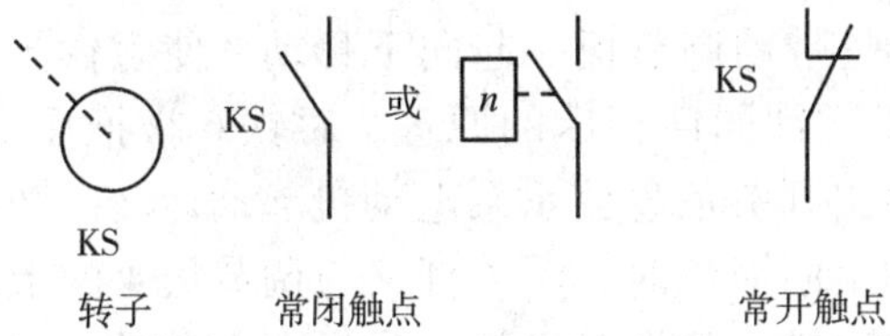

(c) 图形符号

1—螺钉；2—反力弹簧；3，4—动触点；5—静触点；6—返回杠杆；
7—杠杆；8—定子导体；9—定子；10—转轴；11—转子

图 1－3－16　JF20 型速度继电器的外形、结构和图形符号

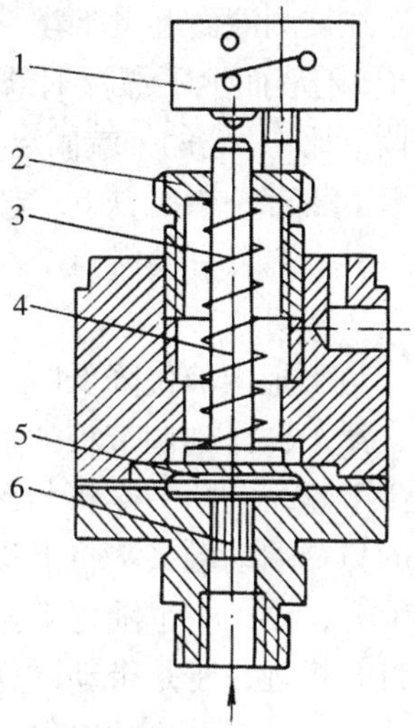

1—微动开关；2—螺母；3—压缩弹簧；
4—顶杆；5—橡皮膜；6—缓冲器

图 1－3－17　压力继电器的结构

3. 温度继电器

温度继电器是反映周围介质温度的一种信号继电器，利用温度敏感元件的物理参数随温度变化而改变的原理制成。根据所使用的热敏元件不同，温度继电器可分为双金属片式和热敏电阻式 2 种。如图 1－3－18 所示为双金属片式温度继电器的结构。当周围介质温度升高时，热量通过外壳 1 传递给盘式双金属片 2。此双金属片左面为主动层，右面为从动层。当达到一定温度时双金属片及动触点 8 向左方跳开，触头分断，输出开关信息。一般经信号检测、信号变换，再经电子电路比较放大、驱动电路等实现显示、报警、控制任务，从而迅速、准确地直接反映某点温度。

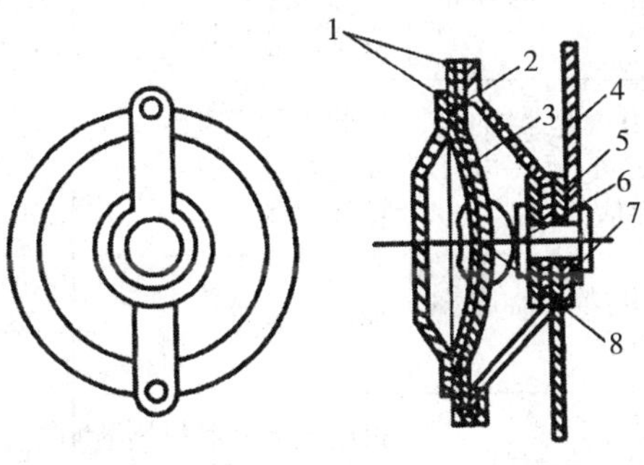

1—外壳；2—双金属片；3—导电片；
4—连接片；5，7—绝缘垫片；6，8—动触点

图 1－3－18　双金属片式温度继电器的结构

4. 液位继电器

某些锅炉或水柜、油柜需要根据液位的高低变化来控制水泵电动机的起、停，这一控制功能可由液位继电器来完成。

图 1-3-19 为 JYF 型液位继电器的结构示意图。在被测液面上漂浮着一个液位感受元件浮子 1。浮子 1随液面上下漂浮时绕支点 2 摆动，支架上装有调节板 4，它的一端固定有磁铁 3；在被测水柜的外壁上装有一根磁铁 6，它的一端与磁铁 3 同性对应，另一端装有动触点 7，磁铁 6 和动触点 7 可绕支点 9 摆动。

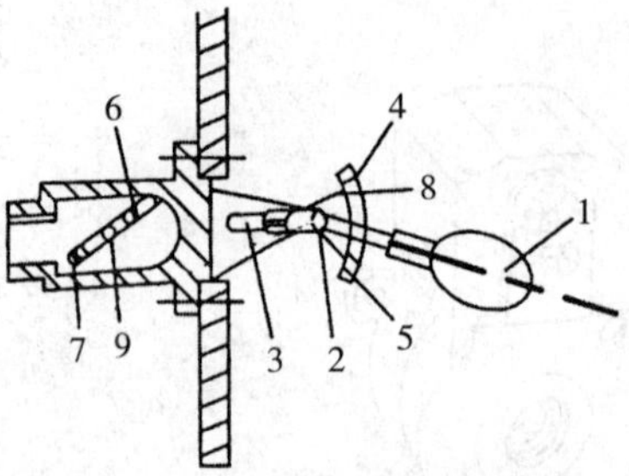

1—浮子；2，9—支点；3，6—磁铁；4—调节板；5，8—销钉；7—动触点

图 1-3-19　JYF 型液位继电器的结构示意

当水柜内液位降低时，浮子 1 也随之下移，当浮子 1 随液位降低到整定的最低液位时，浮子杆碰到调节板的下定位销钉 5，于是带动调节板一起向下移动，使磁铁 3 绕支点 2 上翘，它的一端将与磁铁 6 相遇，由于磁铁同性相斥的原理，磁铁 6 被推斥下落，它的另一端动触头 7 将上移使触点闭合，给出开关信息使水泵电动机起动运转。随着液面上升，浮子 1 也随之上浮，当达到整定的上限液位时，浮子杆又与调节板 4 的上定位销钉 8 相碰，于是带动磁铁 3 下落，再次与磁铁 6 相遇时又将它推斥向上移动，使触点断开，水泵电动机断电停车。显然由于液位继电器的使用，使水柜液位控制在整定的上下限液位之间，调节上下定位销钉在调节板上的位置，可改变液位上下限之间的范围。

任务实施

教学阶段	学习任务	知识点	活动设计（讲解、示范、组织、指导、安排和操作）	课时/min
1. 资料查询	查找常用继电器的结构、种类、作用等知识	常用继电器的结构、种类、作用等知识	教材的阅读； 课程网站的利用	20
2. 观看拆装动画	观察常用继电器的结构，了解 2 种电器的拆装步骤	工具的使用； 工作顺序； 安全注意事项	观看相关动画； 强调、指出注意事项	5
3. 拆装常用继电器	掌握常用继电器的结构、拆装要领（电子电气员评估）	拆装步骤； 安装要领； 接线要领	动手、提问（安装、接线、选用注意事项）、讨论、答疑	20
4. 讨论，完成给定思考题	掌握常用继电器的参数及选择	课堂小结	讨论，提交报告	25
5. 布置作业	拓展知识	过电流继电器与热继电器、过电流继电器与熔断器的比较	思考、课前提问（互换使用的结果）	20

模块4　电磁抱闸的拆装

学习目标

1. 能对电磁抱闸进行拆解、组装；
2. 掌握电磁抱闸的结构、原理、作用、符号、参数及选用原则。

模块描述

对电磁抱闸进行拆解、组装，在拆装的过程中，掌握其结构、原理、作用、符号、参数及选用原则。

工作任务

对电磁抱闸进行拆解、组装。

知识准备

电磁离合器制动器，又称为圆盘式电磁制动器，其原理与电磁抱闸制动原理类似。图1－4－1所示为断电制动式电磁离合器的结构。该电磁离合器属于断电制动类型，其结构及制动原理简述如下：

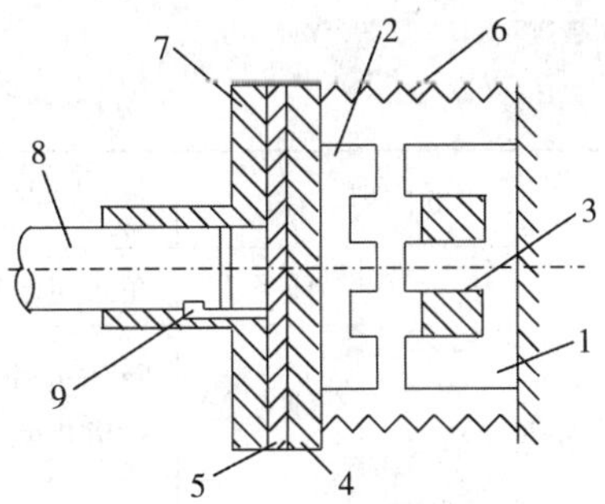

1—静铁心；2—动铁心；3—励磁线圈；4—静摩擦片；5—动摩擦片；6—制动弹簧；7—法兰；8—绳轮轴；9—键

图1－4－1　断电制动式电磁离合器的结构

电磁铁的静铁心1是靠导向轴（图中未画出）连接在制动器车体上的，而动铁心2与静摩擦片4固定在一起，它只能作轴向移动而不能转动，与电动机共轴的绳轮轴8，通过连接法兰7与动摩擦片5固定在一起。在静止时，制动弹簧6将静摩擦片4紧紧地压在动摩擦片5上，此时电动机通过绳轮轴8被制动。同断电制动或电磁抱闸制动原理一样，当电动机通电运转时，并联在电动机端子的电磁铁励磁线圈3也通电励磁，电磁铁的动、静铁心立即吸合，使与动铁心2固定在一起的静摩擦片4与动摩擦片5分开，于是动摩擦片5在电动机的带动下常起动运转。当电动机断开电源时，刹车励磁线圈3失电，制动弹簧6立即将静摩擦片4连同动铁心2推向因惯性而转动着的动摩擦片5，强大的弹簧张力使动摩擦片5与静摩擦片4之间产生足够大的摩擦力，使电动机在断电后立即制动停车。电磁离合器控制的制动线路与电磁抱闸断电制动控制电路相同。

任务实施

教学阶段	学习任务	知识点	活动设计（讲解、示范、组织、指导、安排和操作）	课时/min
1. 资料查询	查找电磁抱闸的结构、种类、作用等知识	电磁抱闸的结构、种类、作用等知识	教材的阅读； 课程网站的利用	20
2. 观看拆装动画	观察常用电磁抱闸的结构，了解电磁抱闸的拆装步骤	工具的使用； 工作顺序； 安全注意事项	观看相关动画； 强调、指出注意事项	5
3. 拆装电磁抱闸	掌握电磁抱闸的结构、拆装要领（电子电气员评估）	拆装步骤； 安装要领； 接线要领	动手、提问（安装、接线、选用注意事项）、讨论、答疑	20
4. 讨论，完成给定思考题	掌握电磁抱闸的参数及选择	课堂小结	讨论，提交报告	25
5. 布置作业	拓展知识	抱闸、松闸延时的产生及作用	思考、课前提问	20

任务评价

评价内容		评价标准	权重	分项得分
任务完成情况	任务 1	在规定时间内完成任务，操作安全、规范	30	
	任务 2	操作安全、规范，无元器件损坏，无工具损坏，分析正确，解决问题的方法合理	40	
	任务 3	能积极思考、主动学习，理论结合实际，小组协调好，总结报告透彻	25	
职业素养		遵守劳动纪律，遵守安全操作规程，有序、整洁，不迟到早退	5	
总分			评价者签名：	

任务拓展

1. 比较交、直流电磁机构的工作特性。
2. 如何实现电动机的缺相保护？
3. 过流保护与过载保护有什么不同？
4. 比较热继电器与熔断器的保护特性。

项目二 电动机基本控制电路的安装与调试

核心概念

电动机、控制环节、控制原则。

学习目标

1. 能安装与调试电动机各种控制电路；
2. 能对照电气原理图排除电路常见故障；
3. 撰写电气控制系统检修维护报告书；
4. 学会识读船舶电气原理图及规范；
5. 会分析电动机的基本控制电路；
6. 能分析电动机各种控制电路故障。

项目描述

交流电动机的基本控制电路是船舶电力拖动的基础。对交流电动机基本控制电路的安装与调试是海船电子电气员的重要职责。以船舶电力拖动实训设备为教学基础，通过对本项目的实践认知，使学生在今后的工作岗位上能够对交流电动机基本控制电路进行安装与调试。本项目的具体内容包括：电气识图、磁力起动器的安装与调试、正反转电路的安装与调试、能耗制动电路的安装与调试。

工作任务

1. 安装与调试电动机起动、正反转、能耗制动控制电路；
2. 分析、排除各种控制电路故障。

模块1 电气识图

学习目标

学会识读船舶电气原理图及规范。

模块描述

为便于阅读和理解电气控制电路图，国家颁布了统一的图形和文字符号。图形符号用于表示控制电路中各个器件和部件。为满足一定的控制要求，将电气元件用导线按一定的规律连接成电气控制电路图。作为电气维护人员首先应熟练识读各种电气图。本模块旨在让学生掌握各种船舶电气原理图的识读方法、熟悉相关设计规范。

工作任务

按照原理图、接线图绘制原则画简单电路。

知识准备

继电器-接触器控制电路主要由控制电器和执行元件组成。控制电器在电路中承担着信号元件和控制元件的作用。信号元件用于开关信息的发令、检测与变换，作为系统的主令控制信号，包括主令电器、信号继电器等。控制元件将信号元件的开关信息进行逻辑运算并加以传递，以控制执行元件按要求进行工作，包括继电器、接触器等。执行元件是用于操纵机械的执行机构，包括电动机、电磁阀、电磁铁等。为满足一定的控制要求，上述元件必须用导线按一定的规律连接成电气线路图。

为便于阅读和理解电气线路图，国家颁布了统一的图形和文字符号。图形符号用于表示控制电路中各个器件和部件，它是逐步演变过来的。各国的图形符号有所差异，但由于象形和习惯，因此有些类似。

文字符号为电气控制电路各种器械或部件提供字母代码和功能字母代码，通常可分为基本文字符号和辅助文字符号2类。

表2-1-1为常用电气图形、文字符号新旧对照表。

表 2-1-1　常用电气图形、文字符号新旧对照表

名称		新标准 图形符号	新标准 文字符号	旧标准 图形符号	旧标准 文字符号
一般三极电源开关			QK		K
低压断路器			QF		UZ
位置开关	常开触头				
	常闭触头		SQ		XK
	复合触头				
熔断器			FU		RD
按钮	起动				QA
	停止		SB		TA
	复合				AN
线圈			KM		C

名称		新标准 图形符号	新标准 文字符号	旧标准 图形符号	旧标准 文字符号
接触器	主触头				
	常开辅助触头		KM		C
	常闭辅助触头				
速度继电器	常开触头		KS		SDJ
	常闭触头				
时间继电器	线圈				
	常开延时闭合触头				
	常闭延时打开触头		KT		SJ
	常闭延时闭合触头				
	常开延时打开触头				
热继电器	热元件		FR		RJ

（续表）

名称		新标准		旧标准	
		图形符号	文字符号	图形符号	文字符号
热继电器	常闭触头		FR		RJ
其他继电器	中间继电器线圈		KA		ZJ
	欠电压继电器线圈		KA		QYJ
	过电流继电器线圈		KI		CLJ
	常闭触头		相应继电器符号		相应继电器符号
	常闭触头				
	欠电流继电器线圈		KI	与新标准相同	QLJ
转换开关			SA	与新标准相同	HK
制动电磁铁			YB		DT
电磁离合器			YC		CH
电位器			RP	与新标准相同	W

名称	新标准		旧标准	
	图形符号	文字符号	图形符号	文字符号
桥式整流装置		VC		ZL
照明灯		EL		ZD
信号灯		HL		XD
电阻器	或	R		R
接插器		X		CZ
电磁铁		YA		DT
电磁吸盘		YH		DX
串励直流电动机		M		ZD
并励直流电动				
他励直流电动机				
复励直流电动机				
直流发电机		G		ZF
三相鼠笼式异步电动机		M		D

（续表）

名称	新标准 图形符号	新标准 文字符号	旧标准 图形符号	旧标准 文字符号
三相绕线式异步电动机	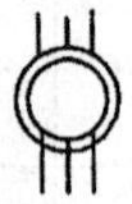	M	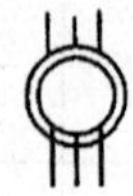	D
单相变压器	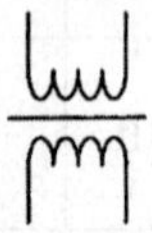	T	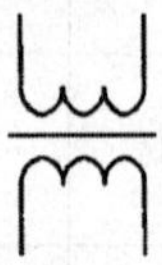	B
整流变压器				ZLB
照明变压器				ZB
控制电路电源用变压器		TC		B
三相自耦变压器		T		ZOB
半导体二极管		V		D

名称	新标准 图形符号	新标准 文字符号	旧标准 图形符号	旧标准 文字符号
PNP 型三极管	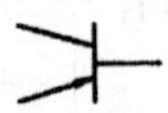	V		T
NPNB 型三极管	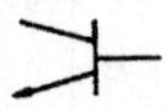			T
晶闸管（阴极侧受控）	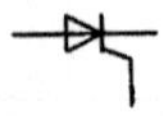			SCR

为便于设计、阅读、安装和维修，电气线路图可绘制成不同的形式。图 2－1－1（a）所示的是一个液位控制系统示意。图中在水箱上部安装有一个液位继电器 SL 作为系统的液位检测元件，当水位达高限或低限时，继电器触头相应断开或接通，通过控制元件线路接触器 KM 传递后使执行器件电动机停止和运转。显然，这样的系统示意图无论从电路角度分析工作原理或从工艺角度安装维修和安装敷设电缆都是不方便的，随着系统复杂程度的提高，将更是如此。因此，根据不同使用要求，电气线路通常绘制成电路图（原理线路图）、电器元件布置图和接线图 3 种形式。

一、电路图

电路图又称原理线路图或简称原理图，是电气线路图的主要形式。将图 2－1－1（a）所示的控制系统画成电路图，如图 2－1－1（b）所示。电路图用以说明控制系统的作用原理，图中应按规定的图形符号画出整个控制系统的电动机、控制电器和其他器件，并用电路表示出各种电气元件本身的作用以及元件间的相互关系。电路图按通过电流的不同分成主电路和控制电路。主电路包括电动机的电枢电路，接触器的主触点及电流继电器的线圈等通过大电流的电路。控制电路包括接触器和电压继电器的线圈，接触器的辅助触点，继电器和其他控制电器的触点以及自动装置的其他部件。控制电路中还包括信号电路、保护电路及各种联锁电路等。

由图 2－1－1（b）表示的特征并作进一步推广，可将电路图的特征及其绘制规则归纳为以下几点：

（1）电路图应以规定的图形和文字符号表示出控制系统中的全部电机、电器和其他器械的带电部件或它们之间的电气联系。

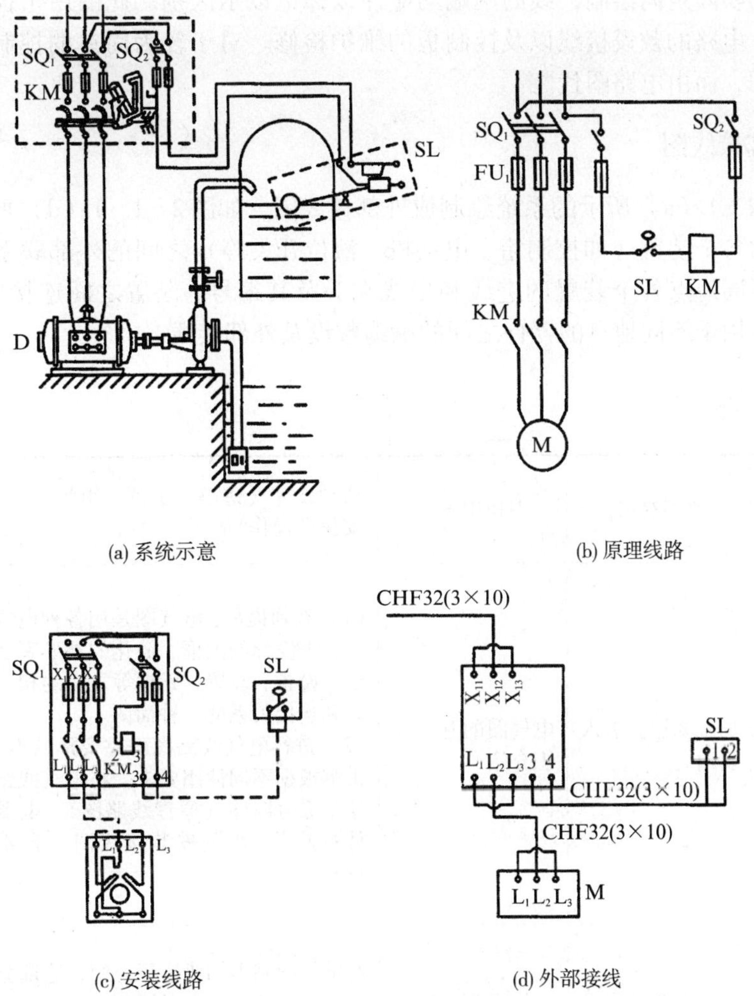

图 2－1－1　液位控制系统

(2) 电路图中主电路和控制电路分成 2 部分分别绘制，图中器件的各个部件及其连线，按便于阅读和分析控制电路原理的原则进行安排，同一器件的不同部件可以画在电路的不同部位，不必考虑它们的实际位置。为了表明是属于同一器件，不同部位的这些部件应以相同的文字符号表示。

(3) 图中电器触点的开闭状态均以吸引线圈未通电、衔铁未吸合、手柄置于零位、按钮没有受到外力作用、生产机械处于原始位置作为原态。例如，当衔铁未吸合时，触点呈“开断”状为常开触点，触点呈“闭合”状为常闭触点，

(4) 为了阅读、查找，电路图常采用在图的下方沿横坐标方向划分图区，并以数字表示，同时在图的上方沿横坐标方向划区并注明该图区电路的功能。

二、布置图

安装接线图简称接线图，如图 2－1－1（c）所示。图中所有器件都必须按照它们的

实际安装位置布置，属于同一器件的各个部件必须按实际情况画在一起。电路的布置也必须按电线的实际走向绘制，线的两端均应注以标记以示区别。此图用于控制板内电器设备的安装、电路的敷设接线以及控制板的维护检修。对于较为简单的控制电路，往往不另画布置图，而由电路图代之。

三、外部接线图

将图2-1-1（a）所示的系统绘制成外部接线图，如图2-1-1（d）所示。此图表示同一系统的各个装置（如控制箱、电动机、液位开关等）之间的外部联系。图中应标明系统处于不同地点各个装置的进线和出线端头及其编号，装置之间连接电缆的牌号、线径等。此图用于不同地点的器件之间的电缆敷设及外部接线。

任务实施

教学阶段	学习任务	知识点	活动设计（讲解、示范、组织、指导、安排和操作）	课时/min
1. 引入新课	回顾知识，引入新内容	电气图的基本知识介绍	（1）教师提示：电气图是用各种电气符号、带注释的围框、简化的外形表示系统、设备、装置、元件等之间的相互关系和连接关系的一种简图。 （2）进行电气线路图的主要形式概述，讲解根据不同使用要求，将电气线路图绘制成电路图（原理线路图）、电器元件布置图、电气安装接线图3种不同形式	10
2. 精讲知识（1）	电气图基本构成	电气图基本构成	对电气图基本构成进行介绍，这部分结合实际电路图和电子图片进行讲解，为学生以后识读电路图作铺垫	10
3. 精讲知识（2）	电气符号含义详述	图形符号、文字符号和回路标号	（1）教师提示：电气符号包括图形符号、文字符号和回路标号等。 （2）给出常见电气符号，并与实物相对比，让学生分组讨论学习后，选出小组代表回答。 （3）教师做最后总结：图形符号、文字符号和回路标号，它们相互关联、互为补充，以图形和文字的形式从不同角度为电气图提供各种信息；因此只有弄清楚电气符号的含义、构成及使用方法，才能正确地看图	25

（续表）

教学阶段	学习任务	知识点	活动设计（讲解、示范、组织、指导、安排和操作）	课时/min
4. 精讲知识（3）	电路图的特征及其绘制规则	电气原理图、布置图、电气安装接线图的识读	通过具体的电路图对电气原理图、布置图、电气安装接线图进行讲解，这部分结合实际电路系统和仿真软件等进行演示。讲解电路图的特征及其绘制规则	15
5. 精讲知识（4）	读图的基本方法和步骤（电子电气员评估）	结合电工、电子知识识图；结合电路图中各种器件的工作原理看图；图形符号、文字符号的含义要牢记且会用；结合相关图纸的技术资料（如目录、元器件清单等）看图	读图与识图的基本步骤： （1）详看图纸说明，即要看图纸的主标题栏和图纸目录、技术说明、元器件明细表等，从整体上了解图纸的概况和所要表述的重点； （2）看系统图或框图，其目的是了解整个系统或分系统概况，即基本组成、相互关系及其主要特征等，为看原理图打下基础； （3）看原理图，首先要有哪些文字符号和图形符号，了解图中各组成部分的作用，分清主、辅回路，然后再按照先主回路，再辅助回路的方法识读； （4）原理图要与放线表对照识读，可以弄清楚线路的走向和电路的连接方法	25
6. 布置作业	拓展知识	对照电气安装接线图接线	思考、课前提问	5

模块 2　磁力起动器的安装与调试

学习目标

1. 会使用、安装磁力起动器；
2. 会排除磁力起动器故障；
3. 会对磁力起动器进行维护保养。

模块描述

IEC 将开关电动机的力由电磁力产生的起动装置称为磁力起动器，大于 0.5 kW 的电动机起动必须使用磁力起动器。正确认识磁力起动器并掌握其安装维护要点是十分必要的。本模块旨在让学生在安装与调试过程中，掌握磁力起动器的使用。

工作任务

磁力起动器的安装与调试。

知识准备

一、点动和多地点控制

生产机械常需要试车或调整，此时就需要有“点动”操作，即按下按钮时，电动机驱动生产机械运行，松开按钮时停止运行。如图 2－2－1（a）所示，即能实现点动控制。也可在图 2－2－1（a）的基础上增设一个复合按钮 SB_3，如图 2－2－1（b）所示。当需要点动控制时，按下点动按钮 SB_3，由于自保电路被 SB_3 的常闭触点切断，电动机处于点动控制状态；当需要连续运行时，可按下 SB_2，自保电路被接入，电动机连续运行。

有些生产机械常需要 2 个或 2 个以上地点进行控制，即所谓“多点”控制。例如，船内机舱许多泵浦电动机不但要求能在泵的附近进行起、停控制，而且要求能在集中控制室进行遥控操纵，为此可将多点起动按钮并接形成“或”逻辑关系，多点停止按钮串接形成“与”逻辑关系。图 2－2－2 为可由 3 个地点控制电动机起、停的控制电路。显然，若按 SB_2，SB_3，SB_4 中的任一个起动按钮，则接触器触 KM 均通电吸合；若按下 SB_1，SB_5，SB_6 中任一个停止按钮，则接触器 KM 均断电释放，从而实现多地点控制。根据规范规定：凡超过 36 人的客船，一切通风机均应设有应急切断装置；一切船舶的燃油驳运泵、锅炉燃油泵、柴油机燃油低压输送泵及燃油分离器应设有应急切断装置。

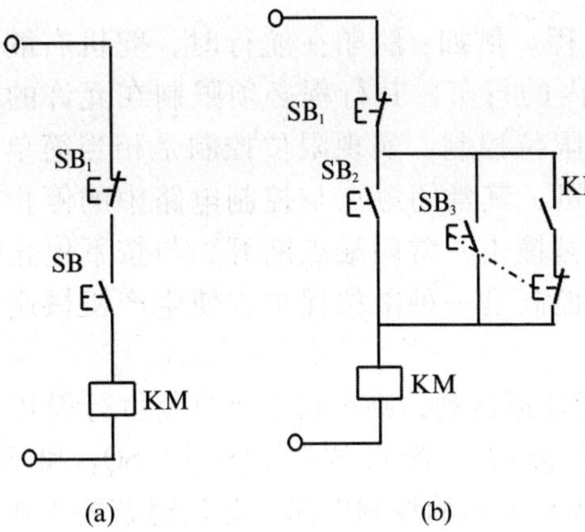

图 2-2-1　具有点动和长动的控制电路

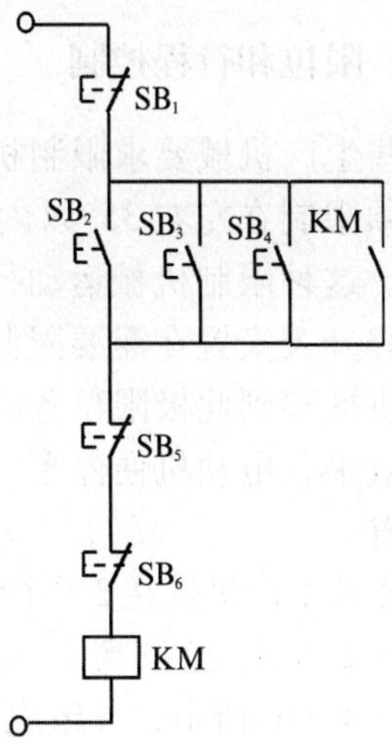

图 2-2-2　多地点控制电路

二、顺序起、停控制

具有多台拖动电动机的生产机械常有各台电动机顺序起、停要求。例如，拖动压缩机的主电动机通常必须在为其鼓风的通风电动机运转后才能起动运行，通风电动机则必须在主电动机停车后才能停止运行。图 2-2-3 所示的是 2 台电动机顺序起、停控制电路，电路能满足起动时 M_1 先于 M_2 顺序起动，停止时 M_2 先于 M_1 顺序停止的要求。

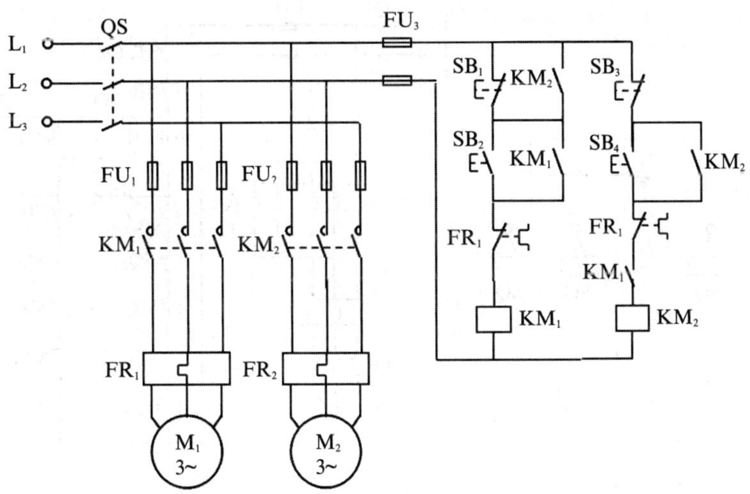

图 2-2-3　2 台电动机顺序起、停控制电路

如图 2-2-3 所示，在 M_2 的接触器 KM_2 线圈电路中串联 M_1 的接触器 KM_1 常开辅助触点，即只有在接触器 KM_1 吸合 M_1 起动运转后，起动 M_2 才有可能，这样仅满足 M_1 先于 M_2 的顺序起动要求。此外在 M_1 的停止按钮 SB_1 的两端并接接触器 KM_2 的常开触点。这样当接触器 KM_2 吸合 M_2 运转时，M_1 的停止按钮被短接，即在 M_2 运行期间，SB_1 失去停止功能，只有当接触器 KM_2 释放、M_2 停车后，SB_1 才恢复停止功能，这样便满足 M_2 先于 M_1 的顺序停止要求。

三、限位和行程控制

某些生产机械要求限制机械运行的行程。例如：船舶在航行时，舵机右舵、左舵的行程须限制在左右35°以内；生产车间内的行车，其行程必须限制在允许的轨道范围内等。这种限制机械运动行程的方法为限位控制。实现限位控制是相当简单的，只要将行程开关安置在需要限制的位置上即可，其常闭触点与控制电路中的停止按钮串联，当机械移到此极限位置时，行程开关被撞击，常闭触点断开，与按下停止按钮有同样的效果，电动机便停车。显然，限位控制是一种限位保护，使生产机械避免进入异常位置。

若要求生产机械在2个行程位置内来回往返运动，则可将2个自复位行程开关SQ_1，SQ_2置于2个行程位置并在行程的2个极限位置安放限位开关SQ_3和SQ_4，如图2-2-4（a）所示，并组成图2-2-4（b）所示的控制电路。起始时若要工作台向右移动，则可按正转起动按钮SB_2，正转接触器KM_1通电吸合，电动机便带动工作台向右移动。当工作台移动到右端行程位置时，便碰撞行程开关SQ_2，其常闭触点SQ_{2-2}断开，切断正转接触器KM_1线圈电路，常开触点SQ_{2-1}闭合，接通反转接触器KM_2线圈电路，电动机便反转带动工作台向左移动。当工作台离开右端行程位置后，SQ_2自动复位，为下次工作做好准备。工作台移至左端极限位置后的换接过程与上述的分析类似。当左右往返行程控制失灵，工作台超过原定的行程移动范围，碰撞左端SQ_3或右端SQ_4时，接触器断电释放，实现限位保护功能。

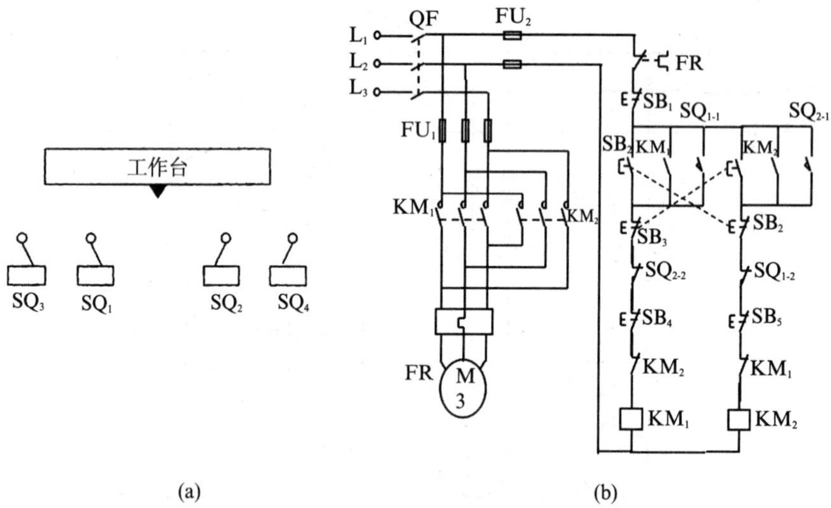

图2-2-4　行程开关控制的正反转控制电路

图2-2-5所示的是升降机行程自动控制电路，该电路能按操作人员的控制命令，在升降机上升或下降到指定甲板位置时自动停止。图中，正反转接触器KM_1和KM_2分别使电动机正转或反转以拖动升降机上升或下降。双滚轮非自动复位行程开关SQ_1 ~ SQ_4分别安置在上下各层甲板口，当升降机上行时，每到达一层甲板口，该层甲板的行程开关被撞击至“上限”位置；当升降机下行时，每到达一层甲板口，该层甲板的行程开关

被撞击至“下限”位置。按钮 SB_1 ~ SB_4 及中间继电器 KA_1 ~ KA_4 也分别与各层甲板相对应，KA_5 为电压继电器。

控制电路接通电源后，电压继电器 KA_5 通电动作，其常开触点闭合，为升降机工作做好准备。假如各层甲板口的行程开关如图中表明的那样，都在上限位置，则表明升降机正处于最高一层（第四层）甲板。若使升降机下降到最低一层（第一层）甲板，则只要按动 SB_1，此时继电器 KA_1 通电吸合，除其中一个常开触点闭合自保外，另一个常开触点接通反转接触器 KM_2 线圈电路，电动机反转带动升降机下降。随着升降机下降到达某层甲板，该层甲板口的行程开关均被撞击至“下限”位置。当到达第一层甲板时，SQ_1 也被撞击至“下限”位置，于是切断了 KM_2 线圈电路，电动机停车，升降机停于第一层甲板口。若要从第一层甲板上升至第三层甲板，则只要按动 SB_3，此时继电器 KA_3 动作，除自保外，接通正转接触器 KM_1，电动机正转带动升降机上升，随着升降机上升经过某层甲板，该层甲板口的行程开关被撞击至“上限”位置，为升降机的再次下降做好准备。当升降机上升至第三层甲板时，SQ_3 切断正转接触器 KM_1 线圈电路，电动机停车，升降机便停在第三层甲板口。

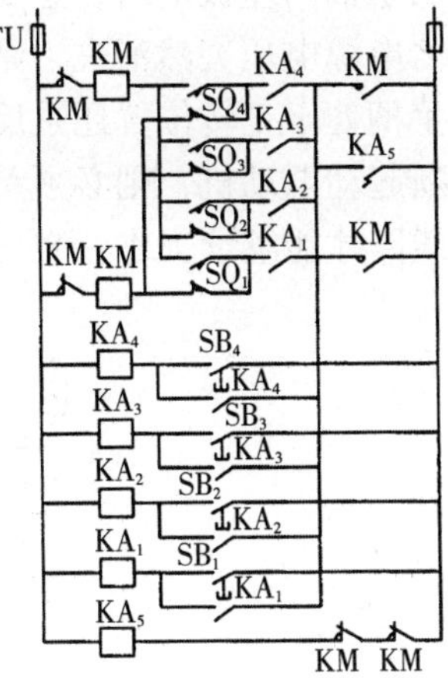

图 2-2-5 升降机行程自动控制电路

四、主令控制

某些起重机械，如船舶上的电动起货机、锚机等在运行时都需要频繁地起动、制动和反转，这时用主令控制器操作比按钮更为方便、可靠。主令控制具有操作形象化特点，不用看着主令控制器便能正确地进行正反转及变速操作。

主令控制器是一种主令电器，可以有不同的手柄工作位置和控制电路数，以满足不同的控制要求。主令控制器的接触系统、凸轮及其内部结构与万能转换开关类似，也是借助于不同形状的凸轮随轴转动时构成不同的触点闭合规律。由于主令控制器需要换接控制电路，触点允许通过的持续电流、接通电流和断开电流都比万能转换开关要大，因此它的体积和外形与万能转换开关不一样。又由于主令控制器大多安装于露天场合（如船舶甲板等），因此对它有紧固的外壳及防水密封要求。

主令控制器的触点及其在各个位置的通断状况，通常以触头闭合表的方式表示，为此在控制电路中应附以触点闭合表，如图 2-2-6（a）所示。此外，也可以用图形符号表示，如图 2-2-6（b）所示。图中纵列虚线表示手柄的不同位置，其中的黑点表示手柄在此位置时对应的触点是闭合的。

图 2-2-6（b）为主令控制器控制的正反转电路，其中主令控制器有 3 个触点 SA_0，SA_1 和 SA_2，手柄有 3 个工作位置，分别为零位、左位、右位。

如图 2-2-7 所示，当主电路和控制电路的电源开关合上后，主令控制器处于中间零位，触点 SA_0 闭合，零压保护用电压继电器 KA 通电吸合，其常开触点闭合。当主令控制器手柄离开零位时，触点 SA_0 断开，控制电路则经过继电器 KA 的触点得到供电。

当手柄向右扳动时，主令控制器触点 SA_1 闭合，接通正转接触器 KM_1，使电动机正向运转；当手柄向左扳动时，主令控制器触点 SA_2 闭合，电动机则反向运转。在电动机运转时，若电源电压突然消失，则电压继电器 KA 释放；当电压重新恢复时，不论主令控制器的手柄处于正转位置还是反转位置，电动机均不会在无人过问的情况下自行起动。若需重新起动电动机，则必须首先将主令控制器手柄扳回零位，待电压继电器 KA 再次吸合后线路才能继续工作，实现了零压保护。

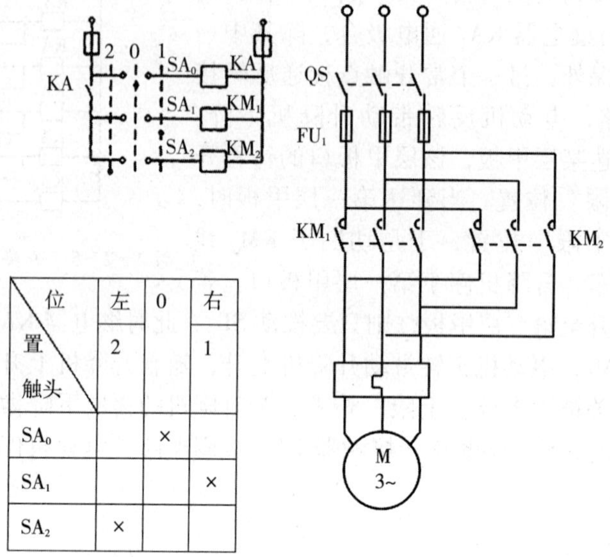

位置 / 触头	左 2	0	右 1
SA_0		×	
SA_1			×
SA_2	×		

(a)　　(b)

图 2-2-6　主令控制器可逆电路

任务实施

磁力起动器的安装与调试

一、选用组件

1. 实训设备

实训设备如表 2-2-1 所示。

表 2-2-1　实训设备

序号	型号	名称	数量/件
1	DJ24	三相鼠笼式异步电动机（△/220 V）	1
2	D61	继电接触控制挂箱（一）	1
3	D62	继电接触控制挂箱（二）	1

2. 屏上挂件的排列顺序

D61，D62。

注：若未购买 D62 挂箱，图中的 Q_1 和 FU 可用控制屏上的接触器和熔断器代替，学生可从 *U*，*V*，*W* 端子开始接线。后续同此。

二、实训方法

实训前要检查控制屏左侧端面上的调压器旋钮须在零位，下面“直流电动机电源”的“电枢电源”开关及“励磁电源”开关须在“关”断位置。开启“电源总开关”，按下起动按钮，旋转调压器旋钮将三相交流电源输出端 *U*，*V*，*W* 的线电压调到 220 V。再按下控制屏上的“关”按钮以切断三相交流电源。以后在实验接线之前都应如此。

1. 三相异步电动机点动控制电路

按图 2－2－7 接线。图中 SB_1 和 KM_1 选用 D61 上元器件，Q_1，FU_1，FU_2，FU_3 和 FU_4 选用 D62 上元器件，电动机选用 DJ24（△/220 V）。接线时，先接主电路，它是从 220 V 三相交流电源的输出端 *U*，*V*，*W* 开始，经三刀开关 Q_1，熔断器 FU_1，FU_2 和 FU_3，接触器 KM_1 的主触点到电动机 M 的 3 个线端 *A*，*B*，*C* 的电路，用导线按顺序串联起来，有 3 路。主电路经检查无误后，再接控制电路，从熔断器 FU_4 插孔 V 开始，经按钮 SB_1，接触器 KM_1 的线圈到插孔 W。线接好经指导老师检查无误后，按下列步骤进行试验：

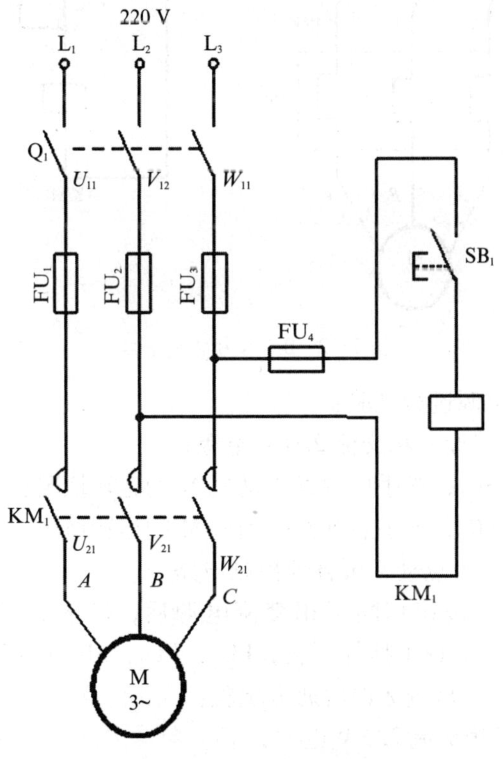

图 2－2－7　点动控制电路

（1）按下控制屏上“开”按钮；

（2）先合 Q_1，接通三相交流 220 V 电源；

（3）按下起动按钮 SB_1，对电动机 M 进行点动操作，比较按下 SB_1 和松开 SB_1 时电动机 M 的运转情况。

2. 三相异步电动机自锁控制电路

按下控制屏上的“关”按钮切断三相交流电源，按图 2－2－8 所示接线，图中 SB_1，SB_2，KM_1 和 FR_1 选用 D61 挂件，Q_1，FU_1，FU_2，FU_3 和 FU_4 选用 D62 挂件，电动机选用 DJ24（△/220 V）。

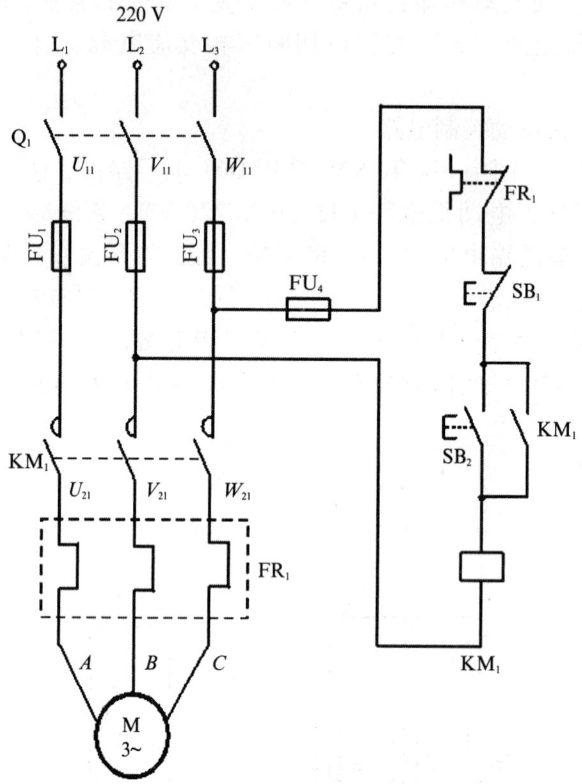

图 2－2－8　自锁控制电路

检查无误后，起动电源进行试验：

（1）合上开关 Q_1，接通三相交流 220 V 电源；

（2）按下起动按钮 SB_2，松手后观察电动机 M 的运转情况；

（3）按下停止按钮 SB_1，松手后观察电动机 M 的运转情况。

3. 三相异步电动机既可点动又可自锁控制电路

按下控制屏上“关”按钮切断三相交流电源后，按图 2－2－9 接线，图中 SB_1，SB_2，SB_3，KM_1 和 FR_1 选用 D61 挂件，Q_1，FU_1，FU_2，FU_3 和 FU_4 选用 D62 挂件，电动机选用 DJ24（△/220 V），检查无误后通电试验：

（1）合上 Q_1 接通三相交流 220 V 电源；

（2）按下起动按钮 SB_2，松手后观察电动机 M 是否继续运转；

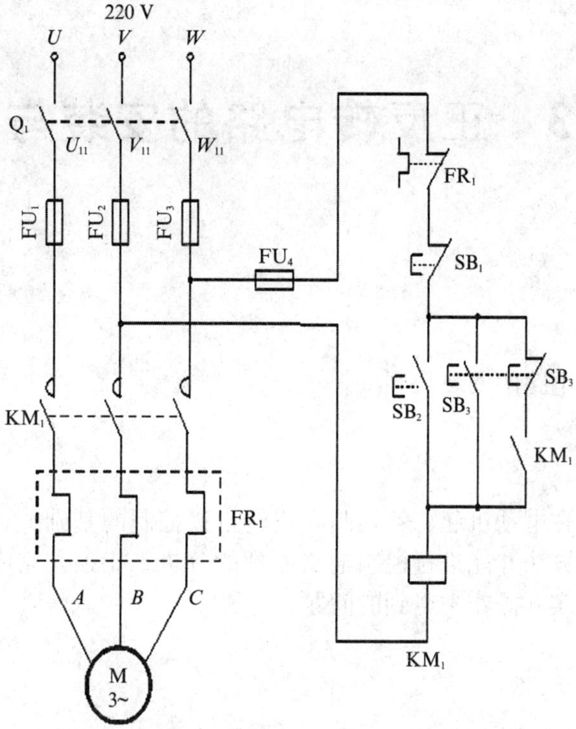

图 2-2-9　既可点动又可自锁控制电路

（3）运转半分钟后按下 SB_3，然后松开，观察电动机 M 是否停转；连续按下和松开 SB_3，观察此时属于什么控制状态；

（4）按下停止按钮 SB_1，松手后观察电动机 M 是否停转。

三、讨论题

1. 试分析什么是点动？什么是自锁？并比较两者在结构和功能上有什么区别。

2. 图中各个电器如 Q_1，FU_1，FU_2，FU_3，FU_4，KM_1，FR，SB_1，SB_2 和 SB_3 各起什么作用？已经使用熔断器为何还要使用热继电器？已经有开关 Q_1 为何还要使用接触器 KM_1？

3. 图 2-2-9 所示的电路能否对电动机实现过流、短路、欠压和失压保护？

4. 画出图 2-2-7，2-2-8 和 2-2-9 的工作原理流程。

模块 3　正反转电路的安装与调试

学习目标

掌握正反转控制电路的安装与调试。

模块描述

本模块要求学生在电动机起、停控制和正转自锁控制的基础上，熟练掌握电动机正反转控制电路的设计方法并能进行控制电路原理的分析，能独立完成正反转控制电路的安装与调试并能解决实际操作中遇到的问题。

工作任务

正反转控制电路的安装与调试。

知识准备

交流三相异步电动机正反转控制

有些生产机械既需要正向运转，又需要反向运转。例如，起锚机的起锚和抛锚作业，起货机提升货物和下放货物等，这就要求控制电路能保证电动机可靠地正转和反转。

实现异步电动机正反转控制的电路如图 2－3－1 所示。在主电路中，正转接触器 KM_1 和反转接触器 KM_2 的 2 个主触点所接的相序反相交叉；在控制电路中增加了 1 条反转接触器 KM_2 线圈的并联电路。由于增加这些电气设施就能改变电动机的转向，既能控制电动机正转，又能控制电动机反转。

如图 2－3－1（a）所示，欲使电动机正向运转，可按下正转起动按钮 SB_2，正转接触器 KM_1 的线圈通电吸合、主触点闭合，接入电动机定子绕组的电源相序为 $U—V—W$，电动机正向运转，与此同时正转接触器 KM_1 的常开辅助触头闭合实现“自保”。反转时电路的工作过程与正转时相似。在电动机停止状态按下反转按钮 SB_3 后，反转接触器 KM_2 通电吸合，此时接入电动机的电源相序为 $W—V—U$，电动机便反向起动运转。

欲需在电动机运转时改变转向，即在正转时变为反转（或在反转时变为正转），应先按下停止按钮 SB_1 使正转控制电路断开，然后才能按反转按钮 SB_3 起动电动机反转。这是因为在反转控制电路中串联了正转接触器 KM_1 的常闭辅助触点，因此在电动机正转控制电路接通时，直接按动反转起动按钮，反转接触器 KM_2 的线圈无法通电，电动机是不会反转的。控制电路如此安排排除了接触器 KM_1 和 KM_2 的线圈同时通电吸合的可能性。这是因为一旦 KM_1 和 KM_2 同时通电吸合，它们的主触点便同时闭合，由于其中2个主触点的下端连接在两相电源上，造成两相短路故障。因此，在正转和反转控制电路中必须分别串联反转接触器 KM_2 和正转接触器 KM_1 的常闭触点，KM_1 和 KM_2 的这 2 对常闭触点在电路中所起的作用称为电气联锁，这 2 对常闭触头就称为联锁触头，联锁环节是正反转控制电路中的重要环节。除在电路上设置联锁环节外，对于需经常正反转的电动机控制电路，为确保安全，通常还在正转和反转接触器的衔铁之间设置1个机械连杆。当任一接触器通电吸合后，衔铁就带动连杆将另一接触器的衔铁锁住在释放位置，此时即使另一接触器线圈通电，也无法吸合，因此两接触器就不可能同时闭合，这种联锁称为机械联锁。

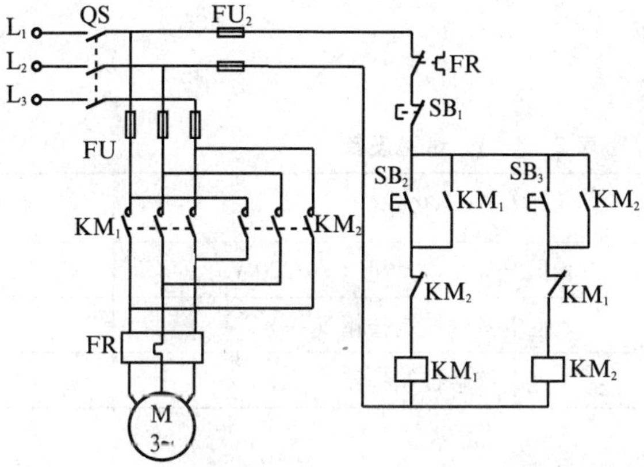

(a) 方案一

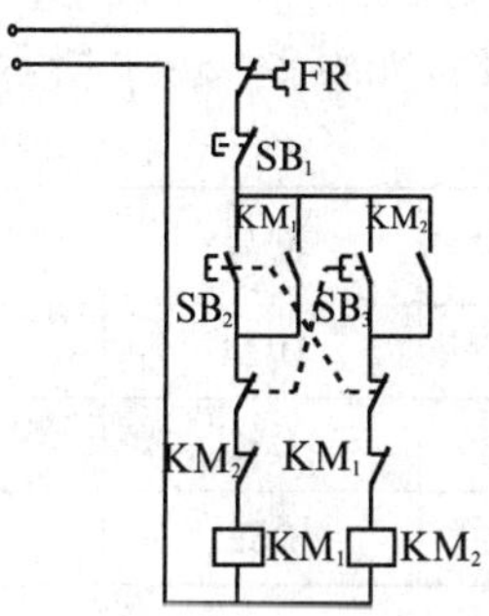

(b) 方案二

图 2-3-1　接触器联锁的正反转控制电路

电器间的联锁控制基本上有 2 种形式。

（1）当电器甲动作后，不允许电器乙动作，为此将甲的常闭触头串接在乙的线圈电路中。

（2）当电器甲动作后，才允许电器乙动作，为此将甲的常开触点串接在乙的线圈电路中。

上述电路的缺点是操作不太方便，这是因为要改变电动机的转向，必须先后按动2次按钮。若把图 2-3-1 中正转和反转控制电路中的常闭联锁触点换上复合按钮的常闭触点，则可实现按钮联锁的正反转控制，如图 2-3-1（b）所示，这时欲改变电动机转向，只要按动1次按钮就能完成。若电动机处于正向运转状态，欲使电动机反向运转，则可直接按下反转按钮 SB_3。由于同时具有常闭及常开触点的电器在动作时，遵循“先断开后接通”的顺序，因此 SB_3 的常闭触点切断正转接触器 KM_1 线圈电路，使 KM_1 释放返回，紧接着 SB_3 的常开触点接通反转接触器 KM_2 的线圈，使电动机反向起动运转。这种电路的特点是操作方便。图中，有了按钮联锁之后，仍加入正反转接触器 KM_1 和 KM_2 的常闭辅助触点联锁，也是为了防止短路故障。当正转接触器 KM_1 的主触点发生熔焊故障时，如果直接操作反转按钮进行换向，那么尽管正转接触器 KM_1 的线圈因 SB_3 的常闭触点断开而失电，但 KM_1 的动、静主触头因相互熔焊仍不能返回，此时反转接触器 KM_2 通电吸合便发生短路故障。为此在图 2-3-1（b）中仍需加入辅助触点电气联锁或机械联锁，这样既保持了操作方便的优点，又避免了可能发生短路故障的缺点。

任务实施

一、任务目的

（1）通过对三相异步电动机正反转控制电路的接线，掌握由电路原理图接成实际操作电路的方法。

（2）掌握三相异步电动机正反转的原理和方法。

（3）掌握手动控制正反转控制、接触器联锁正反转控制、按钮联锁正反转控制以及按钮和接触器双重联锁正反转控制电路的不同接法，并熟悉在操作过程中有哪些不同之处。

二、选用组件

1. 试验设备

试验设备如表2－3－1所示。

表2－3－1　试验设备

序号	型号	名称	数量/件
1	DJ24	三相鼠笼异步电动机（△/220 V）	1
2	D61	继电接触控制挂箱（一）	1
3	D62	继电接触控制挂箱（二）	1

2. 屏上挂件的排列顺序

D61，D62。

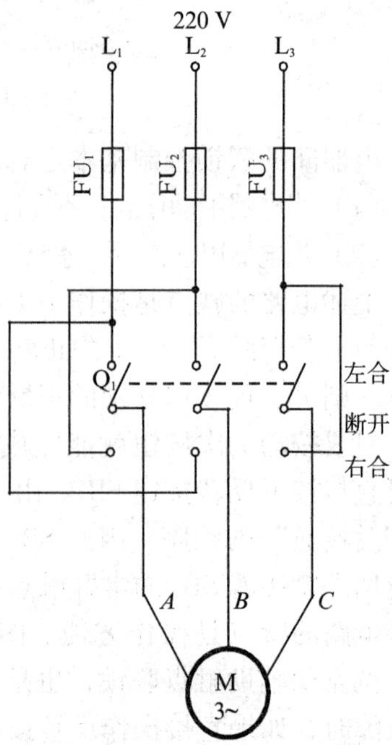

图2－3－2　倒顺开关正反转控制电路

三、实施步骤

1. 倒顺开关正反转控制电路

旋转调压器旋钮将三相调压电源 U，V，W 输出的线电压调到220 V，按下“关”按钮切断交流电源。

按图2－3－2接线。图中 Q_1（用以模拟倒顺开关），FU_1，FU_2，FU_3 选用D62挂件，电动机选用DJ24（△/220 V）。

起动电源后，把开关 Q_1 合向“左合”位置，观察电动机转向。

运转半分钟后，把开关 Q_1 合向“断开”位置后，再扳向“右合”位置，观察电动机转向。

2. 接触器联锁正反转控制电路

按下“关”按钮切断交流电源，按图2－3－3接线。图中 SB_1，SB_2，SB_3，KM_1，KM_2 和 FR_1 选用D61挂件，Q_1，FU_1，FU_2，FU_3 和 FU_4 选用D62挂件，电动机选用DJ24（△/220 V）。经指导老师检查无误后，按下“开”按钮通电操作。

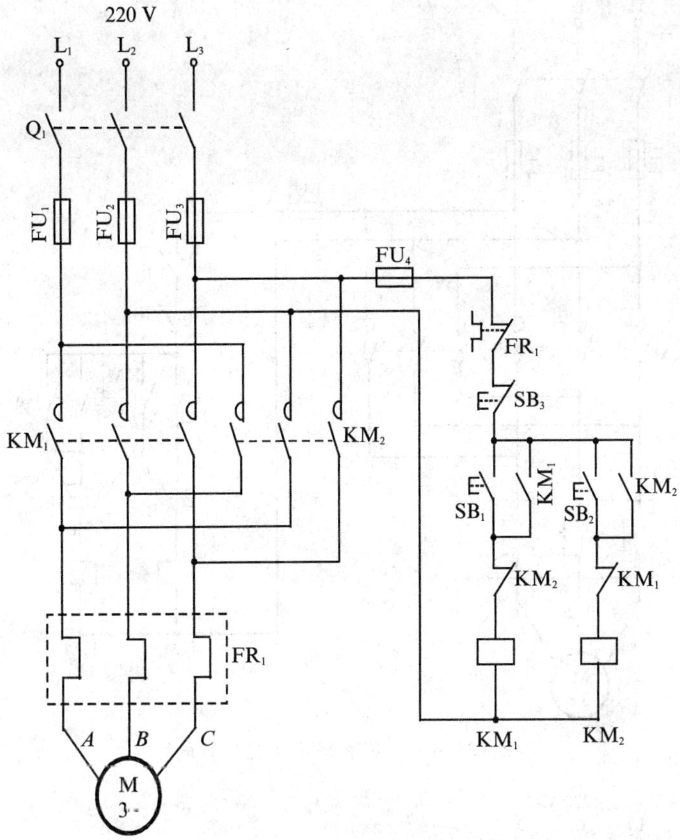

图 2－3－3　接触器联锁正反转控制电路

合上电源开关 Q_1，接通 220 V 三相交流电源。

按下 SB_1，观察并记录电动机 M 的转向、接触器自锁和联锁触点的吸断情况。

按下 SB_3，观察并记录电动机 M 的运转状态、接触器各触点的吸断情况。

按下 SB_2，观察并记录电动机 M 的转向、接触器自锁和联锁触点的吸断情况。

3. 按钮联锁正反转控制电路

按下“关”按钮切断交流电源。按图 2－3－4 接线。图中 SB_1，SB_2，SB_3，KM_1，KM_2 和 FR_1 选用 D61 挂件，Q_1，FU_1，FU_2，FU_3 和 FU_4 选用 D62 挂件，电动机选用 DJ24（△/220 V）。经检查无误后，按下“开”按钮通电操作。

合上电源开关 Q_1，接通 220 V 三相交流电源。

按下 SB_1，观察并记录电动机 M 的转向、各触点的吸断情况。

按下 SB_2，观察并记录电动机 M 的转向、各触点的吸断情况。

按下 SB_3，观察并记录电动机 M 的转向、各触点的吸断情况。

4. 按钮和接触器双重联锁正反转控制电路

按下“关”按钮切断三相交流电源，按图 2－3－5 接线。图中 SB_1，SB_2，SB_3，KM_1，KM_2 和 FR_1 选用 D61 挂件，FU_1，FU_2，FU_3，FU_4 和 Q_1 选用 D62 挂件，电动机选用 DJ24（△/220 V）。经检查无误后，按下“开”按钮通电操作。

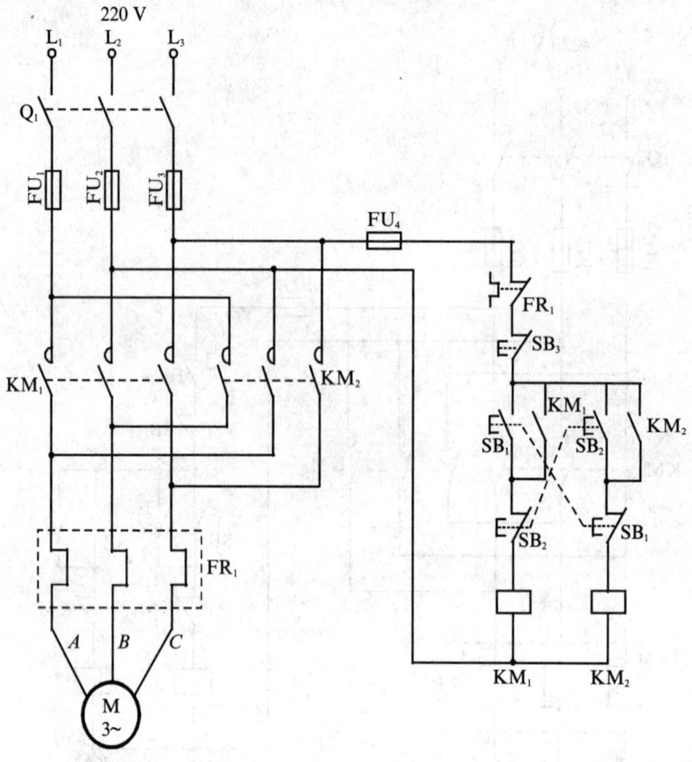

图 2-3-4　按钮联锁正反转控制电路

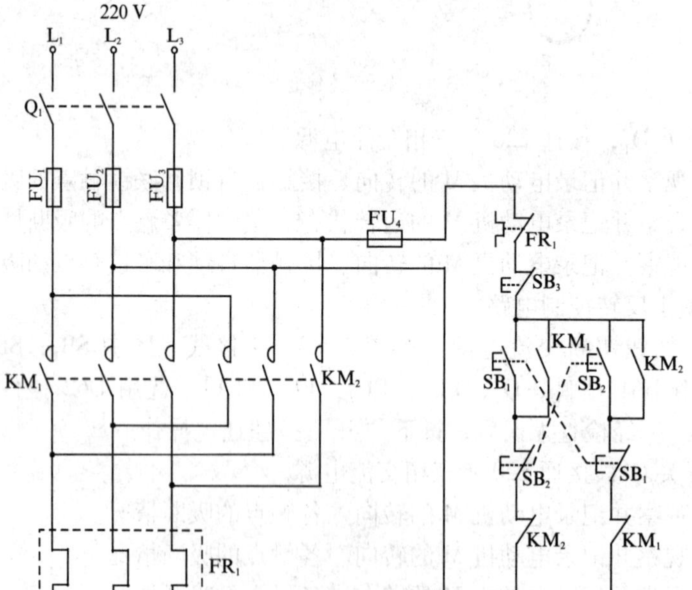

图 2-3-5　按钮和接触器双重联锁正反转控制电路

合上电源开关 Q_1，接通 220 V 交流电源。

按下 SB_1，观察并记录电动机 M 的转向、各触点的吸断情况。

按下 SB_2，观察并记录电动机 M 的转向、各触点的吸断情况。

按下 SB_3，观察并记录电动机 M 的转向、各触点的吸断情况。

四、讨论题

1. 在图 2-3-2 中，欲使电动机反转，为什么要把手柄扳到“停止”使电动机 M 停转后，才能扳向“反转”使之反转？若直接扳至“反转”会造成什么后果？

2. 试分析图 2-3-2，2-3-3，2-3-4 和 2-3-5 各有什么特点？并画出运行原理流程。

3. 图 2-3-3 和 2-3-4 虽然也能实现电动机正反转直接控制，但容易产生什么故障，为什么？图 2-3-5 比图 2-3-3 和 2-3-4 有什么优点？

4. 接触器和按钮的联锁触点在继电接触控制中起到什么作用？

模块 4　能耗制动电路的安装与调试

学习目标

掌握能耗制动电路的安装与调试。

模块描述

当按下电动机停止按钮时，电动机断开三相电源做惯性运行，在定子绕组中通入半波直流电源，使之产生固定磁场并与定子相切割，产生感应直流电。此直流电在磁场中的受力方向与旋转方向相反，使之产生制动并停车。本模块要求学生熟练掌握能耗制动电路的设计方法，能进行控制电路原理的分析，能独立完成能耗制动电路的安装与调试以及能解决实操中遇到的问题。

工作任务

完成能耗制动电路的安装与调试。

知识准备

交流异步电动机分为鼠笼式和绕线式 2 类。在交流电制的船舶上，不需要调速的电力拖动系统大多数用三相异步鼠笼式电动机。只有功率较大而且要求起动转矩大，频繁重载起动或调速的电力拖动系统才采用三相绕线式异步电动机。这 2 类电动机的起动方法有所不同，分别叙述。

交流电动机的起动方式有全压直接起动和降压限流起动 2 种。

一、鼠笼式异步电动机的起动控制

1. 全压直接起动

全压直接起动指起动时电动机所加电压与正常工作时电压相同，没有任何其他措施或附加装置的直接起动。

全压直接起动控制方法的优点是电器设备少、电路简单、维护修理工作量小、寿命较长。然而，并不是所有的异步电动机在任何情况下都可以采用全压直接起动。这是因为鼠笼式异步电动机在直接起动时，在定子接通电源电压瞬间，转子由于惯性不能立即起动，此时感应电动势和转子电流较大，因此定子电流也较大；这时，电动机的工作特点与变压器原理一样，定子绕组相当于变压器的初级绕组，转子绕组相当于短路的次级绕组。因此，定子绕组中起动电流很大，为额定电流的 5 ~ 8 倍。但是，由于起动时功率因数很低，因此起动转矩不大。例如，中小容量的鼠笼式异步电动机的起动转矩只有额定转矩的1~2倍。由于鼠笼式异步电动机的结构比较简单，工作可靠，转子比较牢固（与直流电动机相比），过载能力较强，因此从电动机本身来看一般允许全压直接起动。但是，由于鼠笼式异步电动机在直接起动时，起动电流大、功率因数低，对于容量较大的鼠笼式异步电动机将会引起较大的船舶电网电压跌落。船舶对电站的电压变化率和稳定时间都有一定的要求，所以在电站的各种运行工况下，起动功率最大的电动机时，不应引起正在运行中的电动机失步、停转和自动开关的自行脱扣及机组的自行解列。因此，鼠笼式异步电动机能否全压直接起动，关键在于船舶电站的容量和调压器的性能是否满足《钢质海船入级与建造规范》的要求。

一般规定：电源容量在180 kV · A以上的，电动机的功率在10 kW以下的三相异步电动机可采用全压直接起动。

判断1台交流电动机能否全压直接起动，可以用下面的经验公式来确定：

$$\frac{3}{4}+\frac{S_{\mathrm{B}}}{4\times P_{\mathrm{N}}}\geqslant\frac{I_{\mathrm{st}}}{I_{\mathrm{N}}} \tag{2-4-1}$$

对于容量不大的交流电动机，起动转矩小，一般为额定转矩的0.8~1.3倍，适用于空载或轻载下起动，待转速上升后，就可以承担额定负载。此时，虽然起动电流很大，但起动时间很短，约在几分之一秒至数秒之间，对电动机和电网都不会有太大的影响，可以全压直接起动。这类需要不大的起动转矩和长期连续运行的电力拖动系统比较多，如电力拖动的离心泵、通风机等机械设备。

对于需要很大的起动转矩和长期连续运行的电力拖动系统或者重载下起动，虽然容量不大，但起动转矩不足成为主要矛盾，有时甚至起动转矩小于负载转矩，即使略大于负载转矩，当电网波动时也可能起动不起来。在这种情况下，可选用特殊的电动机，如可采用双鼠笼式或深槽式电动机，其特点是起动转矩大，起动电流小，一般为额定电流的3~4倍。双鼠笼式异步电动机的机械特性如图2-4-1所示。

对于起动频繁而且需要大的起动转矩和重复短期运行的电力拖动系统，如起货机、锚机等除可用绕线式异步电动机外，还可采用高转差率异步电动机。高转差率异步电动机的转子为深槽式，特点是起动转矩大、起动电流较小，但额定转差率较大、效率低，具有较软的机械特性，如图2-4-2所示。图中1为负载的机械特性，2为电动机的机械特性，3为电流特性。

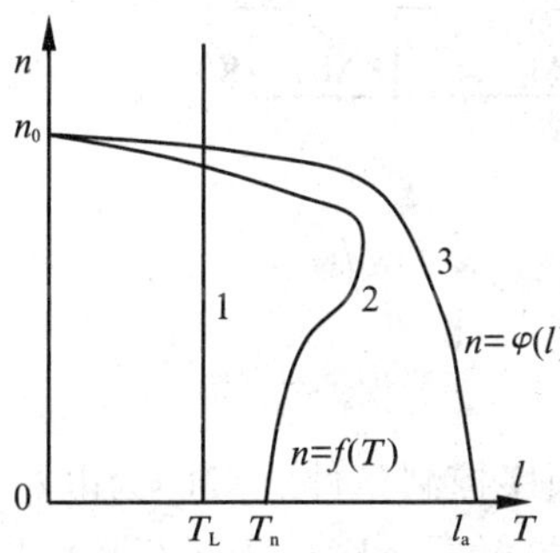

图2-4-1　双鼠笼式异步电动机的机械特性

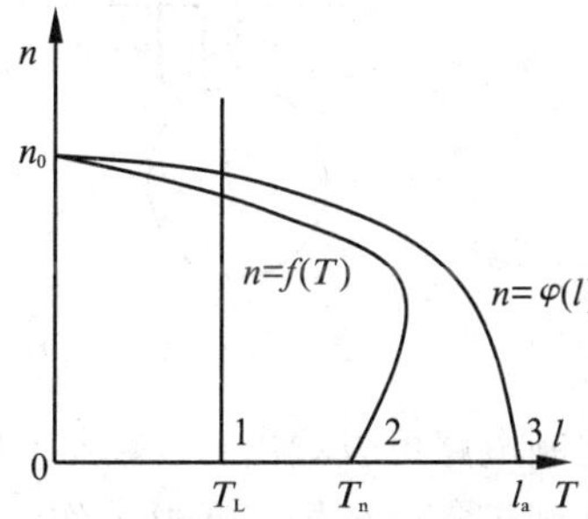

图2-4-2　高转差率异步电动机的特性

由以上分析可得：容量不大的电动机，空载或轻载可以直接起动；起动频繁且需要大的起动转矩的特殊制造的电动机可选用重载或满载起动，也可直接全压起动；异步电动机能否直接起动，一般是从允许电压降落的角度观察确定的。所谓“容量不大”（单机功率）的数量界限，不仅取决于电动机本身，而且取决于电源容量的大小和供电线路的长短。

2. 降压限流起动

降压限流起动是利用起动控制设备将加在电动机定子绕组上的电压降低，以限制起动电流，待电动机转速升高后再将电压升至额定值下运行。这种起动方式（方法）称为降压限流起动，是基于电流与电压成正比的，利用降低电压可以减小起动电流，这是降压限流起动的根本目的。一般降压限流起动控制起动电流在额定电流的 2 ~ 3 倍。由于转矩与电压平方成正比，起动转矩大大降低，因此降压限流起动只适用于空载或轻载起动。

常用的降压限流起动有：定子绕组串接电阻或电抗降压起动、补偿器降压起动、星形-三角形降压起动、延边三角形降压起动等，下面分别予以介绍。

1）定子绕组串电阻或电抗降压起动

当电动机起动时，在定子绕阻上串接电阻或电抗，利用电阻或电抗压降，使加在电动机定子绕组上的电压低于电源电压，待电动机起动后将电阻（或电抗）短接，进入全电压下正常运行。这就是定子绕组串接电阻（或电抗）降压起动的方法。

时间继电器自动控制定子绕组串电阻降压起动电路如图 2－4－3 所示。

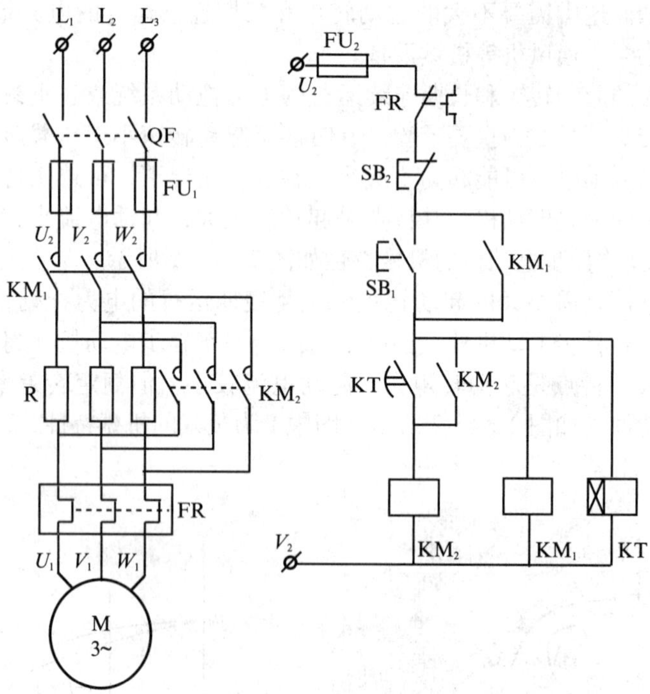

图 2－4－3　时间继电器自动控制定子绕组串电阻降压起动电路

由控制电路可以看出：接触器 KM_1 和 KM_2 满足顺序控制条件。KM_1 为电路接触器，它从起动到正常运行始终通电工作，在起动时为起动接触器。KM_2 为运行接触器，又称加速接触器，短接起动电阻（或电抗），SB_1 为起动按钮，SB_2 为停止按钮，KT 为时间继电器，FR 为热继电器，FU 为熔断器，QS 为开关。起动时只需按下起动按钮 SB_1，由降压起动过程到全压运行过程的切换便可自动完成。动作原理如下：先合上开关 QS，按起动按钮 SB_1，KM_1 的线圈经 FR，SB_1 和 SB_2 得电并自锁，同时时间继电器 KT 得电，KM_1 的主触点闭合，电动机串电阻起动。延时 t 时间后，时间继电器 KT 的常开触点闭合，接触器 KM_2 得电并自锁，短路起动电阻 R，电动机进入正常工作状态。

停止时，按动停止按钮 SB_2 即可实现。

因为电动机的起动转矩与所加电压的平方成正比，当串电阻或电抗降压至额定电压的 0.5 倍时，起动转矩只有全压直接起动转矩的 0.25 倍，所以可从定量角度进一步说明此方法仅适用于起动转矩不大的空载或轻载的场合。

三相异步电动机的起动电阻，一般采用阻值小，功率大，允许通过较大电流的铸铁电阻，如 ZX1，ZX2 系列，三相所串电阻阻值相等。

由于降压限流起动电阻只在起动的短时间内有电流流过，为缩小起动电阻的体积，实际选用的电阻功率可取计算功率值 P_g 的 1/4 或 1/5。

2）补偿器降压起动

补偿器降压起动指利用自耦变压器降低起动电压，达到限制起动电流的目的。对于额定电压为 220 V/380 V，容量较大的三相异步电动机可采用这种方法。

自耦变压器降压起动分为手动控制和自动控制。手动控制的自耦变压器的抽头电压分别是电源电压的 65%，80%；自动控制的自耦变压器的抽头电压分别为电源电压的 40%，60% 和 80%，相应的变比 $K=\frac{W_1}{W_2}$ 分别为 2.5，1.67 和 1.25。

接触器 继电器控制的补偿器降压起动控制电路如图 2－4－4 所示。起动按钮 SB_1，升压按钮 SB_2，停止按钮 SB_3 及热继电器 FR 等实现降压起动控制，其动作原理如下：

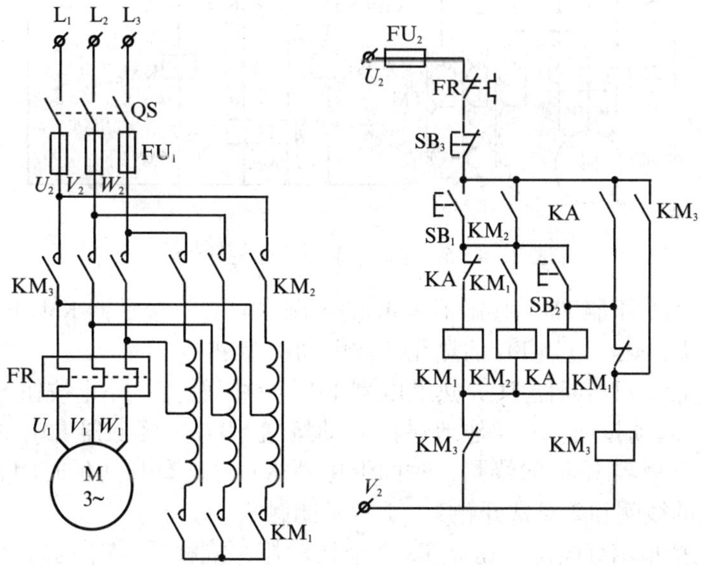

图 2－4－4　接触器-继电器控制的补偿器降压起动控制电路

合上电源开关 QS，按起动按钮 SB_1，KM_1 线圈获电。

待电动机 M 的转速升到一定值后，按动升压按钮 SB_2，转换为全电压运转。

要停车，只需按动停止按钮 SB_3 即可。

接触器-继电器控制的补偿器降压起动控制电路的优点：①若操作者误操，不按降压起动按钮 SB_1 就直接按全压起动按钮 SB_2，则 KM_3 线圈也不会获电，保证电动机不会全压直接起动。②在降压起动后再按下 SB_2，只要接触器 KM_1 的线圈能够断电，接触器 KM_2 线圈电路必然断开，所以，即使接触器 KM_3 出现线圈断线或机械卡阻而无法闭合，也不可能使电动机长时间运行于低电压下。③接触器 KM_3 的闭合时间领先于接触器 KM_2 的释放时间，尽管这个时间差很短，但是这样就不会出现起动过程中电动机间隙断电，也就不会出现第二次起动冲击电流。

该电路的缺点是需 2 次按动按钮，而且每次间隔时间也不能准确掌握。若要改进这些缺点，则可采用时间继电器自动控制的补偿器降压起动控制电路。

在许多需要自动控制的场合，常采用时间继电器自动控制的补偿器降压起动控制办法，现以定型产品自动起动补偿器控制电路原理来说明。这种补偿器由自耦变压器、交流接触器、中间继电器、热继电器、时间继电器、按钮、熔断器、指示灯及降压控制变压器组成，可用于 14～300 kW 三相异步电动机的降压起动。其自动控制电路如图 2－4－5 所示，图中可分为主电路、控制电路和指示电路 3 部分。

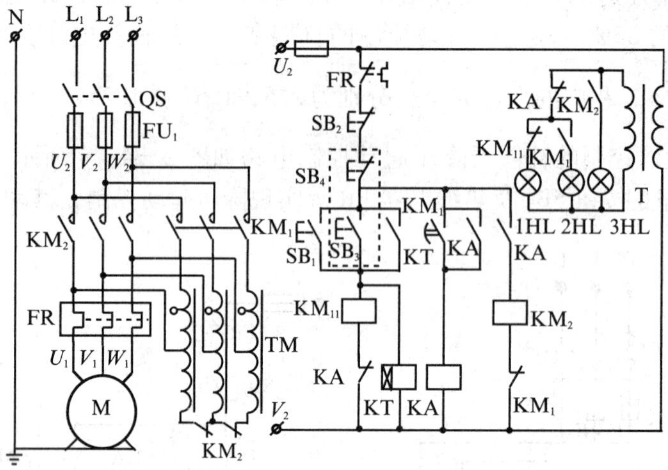

图 2－4－5　自动起动补偿器控制电路

主电路由自耦变压器 TM，接触器 KM_1 的 3 副主触头，接触器 KM_2 的 3 副主触头和 2 副辅助常闭触头，热继电器 FR 的热元件及电动机 M 组成。

控制电路包括 2 只熔断器 FU，热继电器 FR 的常闭触头，停止按钮 SB_2（远地遥控停止按钮 SB_4），起动按钮 SB_1（他地遥控起动按钮 SB_3），接触器 KM_1 的线圈与常开、常闭辅助触头，接触器 KM_2 的线圈，时间继电器 KT 的线圈及其延时闭合的常开触头，中间继电器 KA 的线圈和 2 对常开触头、1 对常闭触头。

指示电路包括指示灯电源变压器 T，3 个指示灯，接触器 KM_1 的常开、常闭辅助触头，KM_2 的常开辅助触头，中间继电器 KA 的常闭触头。

该电路在实际使用中存在一定隐患和不足之处。这里所说的隐患指当电路中的电气元器件处于完好状态时，电路工作正常，但当其中某个电器发生故障时，就有可能导致隐含的事故发生。例如，时间继电器 KT 的线圈与接触器 KM_1 的线圈并联就存在此类问题，当接触器 KM_1 的线圈在起动前已断线或接线松动脱落变成开路状态，则电动机会在按下起动按钮后全压直接起动，这是采用降压起动的该台设备所不允许的。其动作过程请自行分析，再查找一下该定型产品电路还存在的不足之处。

3）星形–三角形降压起动

只有正常运转时定子绕组接成三角形接法的三相鼠笼式异步电动机，轻载或空载起动的设备才能采用星形–三角形变换降压起动方法，以达到限制起动电流的目的。此法既简便又经济，故使用比较普遍。

当起动电动机时，首先将定子绕组连接成星形接法，待转速上升到一定程度时，再将定子绕组的接线由星形改接成三角形，电动机便进入全压正常运行，这就是星形–三角形降压起动方法的基本原理。当星形起动时，定子每相绕组所加的电压为额定电压的 $1/\sqrt{3}$ 倍，即由 380 V 可降为 220 V，此时起动电流为 $I'_{st}=I_{st}/3$，说明星形起动时的线电流是三角形起动时线电流的 1/3，这正是降压起动要达到的目的。然而，由于起动转矩正比于电压平方，只是全电压直接起动时的 1/3，因此降压起动方法只适用于空载或轻载起动。全国统一设计的 Y 系列电动机，额定功率大于 4 kW 的均为三角形接法，其目的就是适应星形–三角形（Y－△）降压起动控制的需要。

时间继电器控制星形–三角形降压起动控制电路如图 2－4－6 所示。从电路结构可知：电路中使用了起动按钮 SB_1，停止按钮 SB_2，熔断器 FU_1 和 FU_2，时间继电器 KT 和 3 个交流接触器 KM，KM_1，KM_2，其中：KM 在起动和运行中始终通电；KM_1 只在起动过程中通电；KM_2 在正常运行时通电工作。而时间继电器则是用于完成“星三角”的自动切换。该电路具有短路、过载、失压和欠压保护，还有 KM_1 和 KM_2 通过常闭触头的联锁保护。

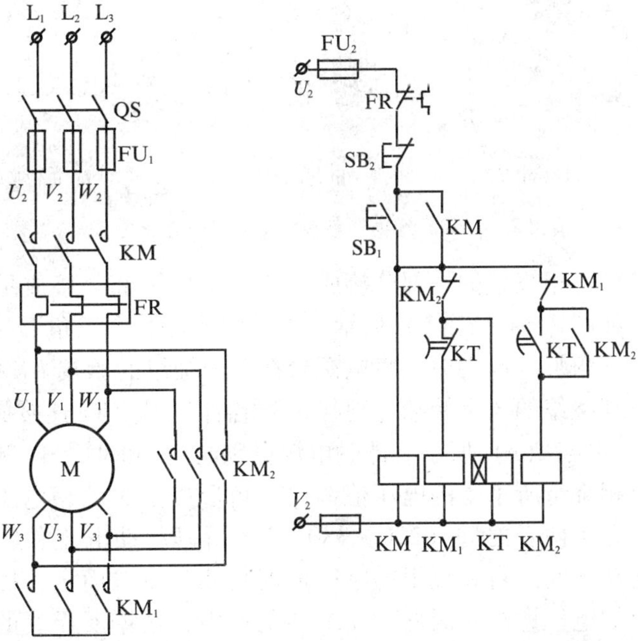

图 2－4－6　时间继电器控制星形–三角形降压起动控制电路

与起动按钮 SB_1 串联的接触器 KM_2 的 1 对常闭触头可以防止 2 种意外事故的发生，使线路工作更为可靠：一种情况是在电动机起动并正常运行以后，接触器 KM_1 已经断电释放，KM_2 已获电吸合。若这时有人误按起动按钮 SB_1，而 KM_2 的常闭辅助触头已经断开，则能防止接触器 KM_1 的线圈通电动作，避免造成电源短路；另一种情况是在电动机停车以后，如果接触器 KM_2 的主触头因焊住或机械故障卡阻而没有断开，那么此时由于设置了接触器 KM_2 的常闭触头，电动机就不可能第二次起动。

目前在电气设备产品市场上，时间继电器控制的星形-三角形降压起动控制电路已经形成定型产品。例如，这类自动起动磁力起动器定型产品有 QX3 - 13 等品种规格。型号中，小横线后面的数字指额定电压为 380 V 时，起动器可控制电动机的最大功率值是多少千瓦（如 13 kW，30 kW，55 kW，125 kW）。船用起动器由于用量不大，在湿热带产品基础上按船用要求进行派生设计生产，除制造工艺、元器件选择有所不同外，工作原理完全相同。

4）延边三角形降压起动

星形-三角形降压起动方法虽然简单方便，实现自动容易，但是由于起动时绕组接成星形使每相绕组相电压降得太低，起动转矩太小，因此仅适用于空载或轻载起动的场合。现在采用延边三角形降压起动法，不仅可以克服起动转矩太小的缺点，而且不用增加专用起动设备。这种起动方法适用于定子绕组为特殊设计的 Y 系列（或 JQ3 系列）异步电动机，正常工作时为三角形接法。通常的电动机定子有 6 个接线头，而这类电动机的中间抽头有 9 个接线头，如图 2 - 4 - 7（a）所示。

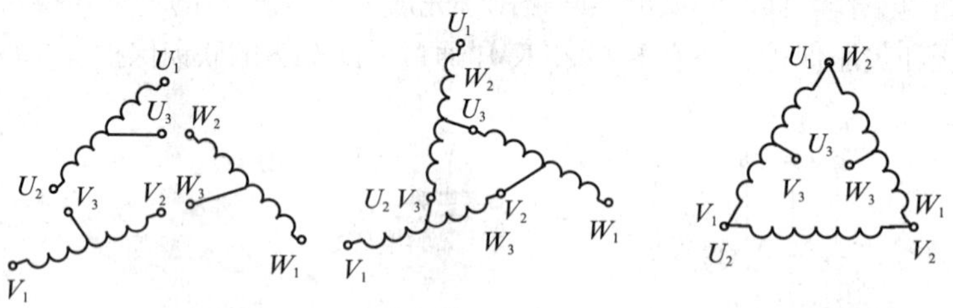

(a) 原始状态　(b) 起动时　(c) 正常运转

图 2 - 4 - 7　延边三角形接法时绕组连接方法

起动时，把定子三相绕组的一部分接成三角形，另一部分接成星形，使整个绕组接成延边三角形，如图 2 - 4 - 7（b）所示，由于图形像一个三角形的三边延长后的图形，所以称为延边三角形。起动时，将电源接在 3 个绕组的始端 $U_1/V_1/W_1$。待电动机起动完毕后，再将其绕组的 3 个始端分别与 3 个尾端 $U_2/V_2/W_2$ 连接成三角形，电动机正常运行，如图 2 - 4 - 7（c）所示。此时电源分别与 U_1 和 W_2，V_1 和 U_2，W_1 和 V_2 相连接。起动时，每相绕组所承受的电压值，比三角形接法时的相电压低，比星形接法时的相电压要高，介于两者之间（220 ~ 380 V），所以起动电流和起动转矩也介于直接起动和星三角起动之间。每相绕组的电压根据其抽头位置而定，接成三角形部分匝数愈多，每相绕组的电压愈高。因此，在上述范围内，根据所需要的相电压、起动电流和起动转矩，通过改变绕组两部分阻抗的比例，即改变绕组的抽头比进行选择调整。在实际应用中可根据不同负载的不同使用要求，选用不同的抽头比进行降压起动控制。匝数比为1∶1，相电压约为268 V，与直接起动相比降低到70%，起动电流和起动转矩都降低50%；匝数比为1∶2，测得相电压为298 V，与直接起动相比降到78.4%，起动电流和起动转矩为全压直接起动的61.5%，与全压直接起动相比，还没有达到重载起动、满载起动所要求的起动转矩，但比星三角起动时的起动转矩提高近1倍。因此，这是一种新的较好的起动方法。当知道绕组阻抗值后，很容易估算延边三角形起动电流值：

$$I_{st} = \frac{U_{1N}}{\sqrt{3(Z_{11}+Z_{12})}} = \frac{\sqrt{3}U_{1N}}{3\sqrt{Z_{11}+Z_{12}}} \tag{2-4-2}$$

在实际应用中，可以根据不同的使用要求选用不同的抽头比，既在降压起动过程限制了冲击电流，又保证起动转矩满足电动机正常带载起动的要求。

三相鼠笼式异步电动机定子绕组接成的延边三角形降压起动控制电路如图2-4-8所示。

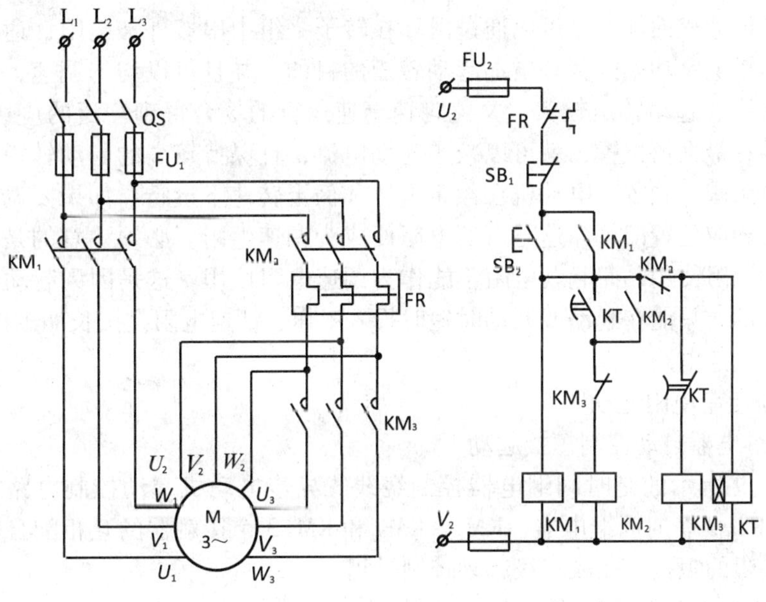

图2-4-8　延边三角形降压起动控制电路

动作原理如下：先合上QS开关，可以起动。

起动时，按下起动按钮SB_1，接触器KM_1和KM_3的线圈和时间继时器KT的线圈同时获电，接触器KM_1和KM_3的主触头闭合，使电动机绕组$U_1/V_1/W_1$点与电源$L_1/L_2/L_3$接通，$U_2/V_2/W_2$点分别与$V_3/W_3/U_3$点连接，电动机接成延边三角形降压起动。KM_1和KM_3相应的辅助触头动作，起自锁、联锁作用。

当电动机转速升高到一定值，即到了时间继电器的整定时间时，时间继电器KT的触头动作，使常闭触头延时断开，切断接触器KM_3线圈的电源，其主触头、辅助触头均复原，电动机绕组的U_2与V_3，V_2与V_3，W_2与V_3等3个接点分别断开；同时，时间继电器KT的常开触头延时闭合，接触器KM_2的线圈获电，主触头闭合，使电动机绕组U_1与

W_2，V_1 与 U_2，W_1 与 W_2 分别接为三角形接法，电动机便正常运转。KM_2 的辅助触头闭合，使 KM_2 的线圈自锁，KM_2 的常闭触点断开，使 KM_3，KT 退出工作实现与 KM_2 的互相联锁。

SB_2 为停止按钮，当需停车时，只要按动 SB_2，断开控制电源回路，KM_1 和 KM_2 的线圈失电，电动机停止。

由以上分析可知：当鼠笼式异步电动机采用延边三角形降压起动时，其起动转矩比星形-三角形降压起动时大，并且可以在一定范围内进行选择。从结构上看比自耦变压器降压起动简单，并克服自耦变压器不允许频繁起动的缺点，而且维修方便。经实际应用证明，它是一种值得推广的起动新方法。由于使用这种新方法要求电动机在制造时备有的抽头较多，而一般电动机（只有 6 个出线端头，无抽头）不能使用这种方法，这是其目前暂时尚未得广泛应用的原因，也就是在更大的范围内人们还没有认识它，没有在使用中体会它的优点和带来的良好效益。

二、绕线式异步电动机的起动控制

三相异步电动机的优点是可以通过滑环在转子绕组中串接外加电阻，达到减小起动电流、提高转子电路功率因数和增加起动转矩的目的，并且可以均匀调速，所以绕线式异步电动机在要求起动转矩较大，又能匀速高速运行的场合得到广泛的应用。起动时，把可变电阻放在最大值位置，就可以减小起动电流，且保持较高的起动转矩，起动完毕后，将可变电阻减小到零，电动机在额定电压和额定转速下运行。如果要调速，只要将可变电阻调到相应位置即可，这时可变电阻便成为调速电阻。必须注意的是，调速电阻可以代替起动电阻使用，而起动电阻不能作为调速电阻使用。这是因为起动电阻是按短时工作制设计的，只能在起动或制动时短时投入工作；调速电阻是按长期工作制设计的，可以长期串入调速电路工作。

1. 转子绕组串电阻起动

1）时间继电器自动控制短接起动

图 2-4-9 所示的是时间继电器控制绕线式异步电动机起动控制电路。它是依靠 KT_1，KT_2 和 KT_3 3 个时间继电器，KM_1，KM_2 和 KM_3 3 个接触器的互相配合实现转子回路三段起动电阻的短接，完成三级起动控制过程。

2）电流继电器控制绕线式电动机起动

图 2-4-10 是利用电流继电器，根据电动机转子电流的变化控制串接电阻的切除。$KA_1/KA_2/KA_3$ 是电流继电器，其线圈串入转子电路中，其动作取决于通过线圈的电流，3 个继电器的吸合电流都一样，但释放电流不一样。KA_1 释放电流最大，KA_2 次之，KA_3 最小。刚起动时电流很大，3 个电流继电器都吸合，它们接在控制电路中的常闭触点都断开，KM_1，KM_2 和 KM_3 的线圈无电流都不动作，全电阻起动。中间继电器 KA 的作用是为 KM_1，KM_2 和 KM_3 提供通路，而且保证起动开始时全部电阻接入转子电路。

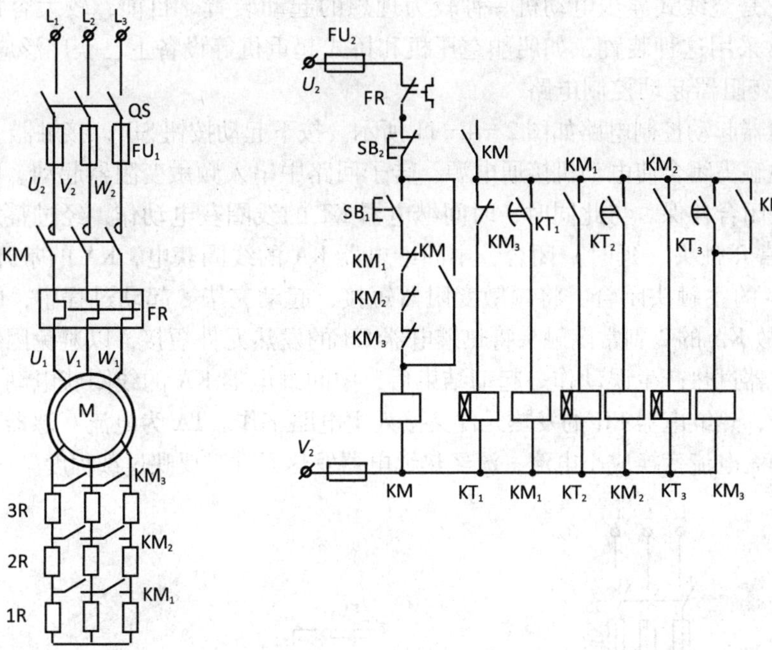

图 2－4－9　时间继电器控制绕线式异步电动机起动控制电路

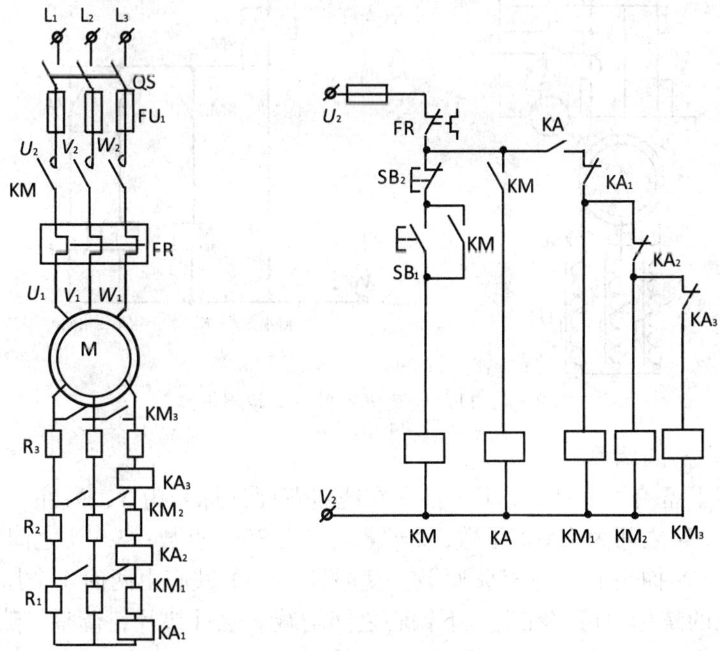

图 2－4－10　电流继电器控制绕线式电动机起动控制电路

2. 转子绕组串接频敏变阻器自控电路

频敏变阻器实质上是一个铁心损耗很大的三相电抗器，由数片 E 型钢板叠成，具有铁心和线圈 2 部分，采用星形接法。频敏变阻器串接在转子回路中，相当于转子绕组接入一个铁损很大的电抗器。由于频敏变阻器的阻抗能够随着转子电流频率的下降而自动减小，因此它是绕线式异步电动机一种较为理想的起动装置。目前，较大容量的绕线式异步电动机常采用这种装置，如船舶空压机和桥式起重机等设备上已获广泛应用。

1）频敏变阻器起动控制电路

频敏变阻器起动控制电路如图 2－4－11 所示。按下起动按钮 SB_1，接触器 KM_1 的线圈获电动作，主触头闭合使电动机接通电源，转子回路中串入频敏变阻器起动。KM_1 的 1 副常开辅助触头闭合自保。与此同时，时间继电器 KT 的线圈获电动作，经过整定的延时时间后，KT 的常开触头（延时）闭合，中间继电器 KA 的线圈获电，KA 的常开触头闭合，使接触器 KM_2 的主触头闭合，将频敏变阻器短接，起动完毕。起动过程中，中间继电器 KA 不带电，故 KA 的 2 副常闭触头将热继电器 FR 的发热元件短接，以避免因起动过程增长而使热继电器过热产生误动作。起动结束后，中间继电器 KA 的线圈获电动作，将 2 副常闭触头打开，热继电器 FR 的发热元件又接入主电路工作。TA 为电流互感器，其作用是将主电路中的大电流变换成小电流，流经热继电器发热元件，反映过载程度。

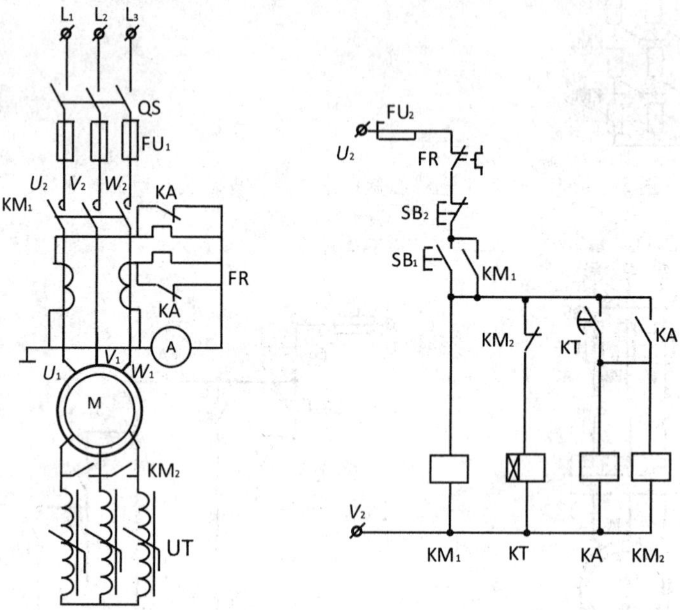

图 2－4－11　频敏变阻器起动控制电路

2）频敏变阻器的调整

频敏变阻器上备有 4 个抽头，1 个抽头在绕组背面，标号为 N，另外 3 个抽头在绕组的正面。抽头 1－N 之间为 100% 匝数；2－N 之间为 85% 匝数；3－N 之间为 70% 匝数。出厂时接线在 2－N 抽头上，为 85% 匝数。变阻器上、下铁心由两面 4 个压紧螺栓固定，拧开夹紧螺栓上的螺母，可以在上、下铁心之间增减非磁性垫片，调整气隙。出厂时上、下铁心的气隙为 0。

在使用中遇到如下情况应调整匝数和气隙：

当起动电流过大，起动过快时，应增加匝数，换接抽头。匝数增加使起动电流减小，但起动转矩也同时减小。

当起动电流过小，起动转矩过小，起动太慢时，应减少匝数。匝数减少使起动电流，起动转矩也同时增大。

在刚起动时，起动转矩过大而有冲击现象；起动完毕，稳定转速偏低，这时可在上、下铁心间增加气隙，使起动电流有所增加，起动转矩稍有减小，但起动完毕，转矩有所增加，可以提高稳定转速。

直流电动机能耗制动时，电枢断开电源后，励磁仍接电源，此时电动机变成发电机运行，其电磁转矩起制动作用。交流异步机则不同，当定子绕组脱开电源后，磁通消失不可能建立制动转矩。通常做法是在三相定子绕组与三相电源脱开后，在定子两相绕组中立即加入一个低压直流励磁电压。这时的电动机事实上成为1台定子励磁的隐极式发电机，负载为转子电阻。拖动系统的动能或位能变为电能，该电能在转子电路的电阻中发热损耗，故称为能耗制动。能耗制动有自励和他励2种形式。前述方法为他励方式，自励方式是将交流电动机接电容器，使其成为一台单独的异步发电机而产生制动转矩。这种方式依靠转子剩磁和足够大的电容量取得自励励磁电压而工作在发电状态。

能耗制动时，流过定子绕组的直流电流在空间产生一静止磁场，转子由于惯性仍在旋转，转子在此磁场中旋转产生一交流电动势，在转子中产生电流。该转子电流与静止磁场相互作用产生电磁转矩，其大小与定子磁场强弱、转子电阻大小和电动机转速高低有关，其方向由左手定则确定，与转速 n 的旋转方向相反，为制动转矩。

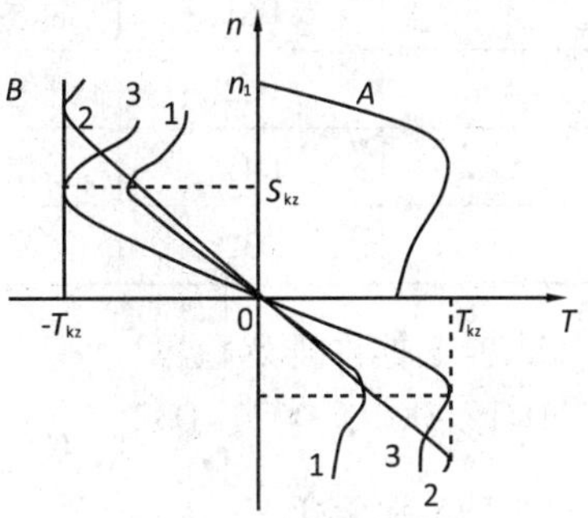

图 2－4－12　直流电动机能耗制动机械特性

直流电动机能耗制动机械持性曲线为通过原点的第二、第四象限的曲线，如图 2－4－12 所示。特性曲线1和3是在同一转子电阻下，特性曲线3是更大的直流励磁电流。特性曲线2和3是在同一直流励磁下，特性曲线2有更大的转子电阻，产生最大制动转矩 T_{kz} 的临界转差率 S_{kz} 与转子电阻成正比，而 T_{kz} 与励磁电流的平方成正比。

能耗制动时，定子二相绕组为得到所需要的直流励磁，必须加较低的直流电压，这是因为定子绕组电阻很小（只有欧姆级以内）。

对于绕线式异步电动机，可通过改变转了回路电阻 R 调节制动转矩，如特性曲线2和3；对于鼠笼式异步电动机，可通过改变定子加上低压直流励磁电流大小调节制动转矩，如特性曲线1和3。

在船舶起货机和锚机的电力拖动控制中，经常利用能耗制动快速停车和低速下降控制，即能耗制动过程和能耗制动运行状态。

任务实施

三相异步电动机的起动、能耗制动电路的安装与调试

一、任务目的

（1）通过对三相异步电动机降压起动的接线，进一步掌握降压起动在机床控制中的应用。

（2）了解不同降压起动控制方式时电流和起动转矩的差别。
（3）掌握在各种不同场合下应用何种起动方式。

二、选用部件

1. 试验设备

试验设备如表 2-4-1 所示。

表 2-4-1 试验设备

序号	型号	名 称	数量/件
1	DJ16	三相鼠笼式异步电动机（△/220 V）	1
2	DJ24	三相鼠笼式异步电动机（△/220 V）	1
3	D61	继电接触控制挂箱（一）	1
4	D62	继电接触控制挂箱（二）	1
5	D41	三相可调电阻箱	1
6	D32	交流电流表	1

2. 屏上挂件排列顺序

D41，D61，D62，D32。

三、实施方法

1. 手动接触器控制串电阻降压起动控制电路

把三相可调电压调至线电压 220 V，按下屏上“关”按钮，按图 2-4-13 接线。图中 FR_1，SB_1，SB_2，SB_3，KM_1 和 KM_2 选用 D61 挂件，FU_1，FU_2，FU_3，FU_4 和 Q_1 选用 D62 挂件，R 用 D41 上 180 Ω 电阻，安培表选用 D32 上 2.5 A 挡，电动机选用 DJ24（△/220 V）。

（1）按下“开”按钮，合上 Q_1 开关，接通 220 V 交流电源。

（2）按下 SB_1，观察并记录电动机串电阻起动运行情况、安培表读数。

（3）再按下 SB_2，观察并记录电动机全压运行情况、安培表读数。

（4）按下 SB_3 使电动机停转后，按住 SB_2 不放，再同时按 SB_1，观察并记录全压起动时电动机和接触器运行情况、安培表读数。

（5）试比较 $I_{串电阻}/I_{直接}$ = ＿＿＿＿＿＿，并分析差异原因。

2. 时间继电器控制串电阻降压起动控制电路

关断电源后，按图 2-4-14 接线。图中 FR_1，SB_1，SB_2，KM_1，KM_2 和 KT_1 选用 D61 挂件，FU_1，FU_2，FU_3，FU_4 和 Q_1 选用 D62 挂件，R 选用 D41 上 180 Ω 电阻，安培表选用 D32 上 2.5 A 挡，电动机选用 DJ24（△/220 V）。

（1）起动电源，合上 Q_1，接通 220 V 交流电源。

（2）按下 SB_2，观察并记录电动机串电阻起动时各接触器吸合情况、电动机运行状态、安培表读数。

（3）隔一段时间，时间继电器 KT_1 吸合后，观察并记录电动机全压运行时各接触器吸合情况、电动机运行状态、安培表读数。

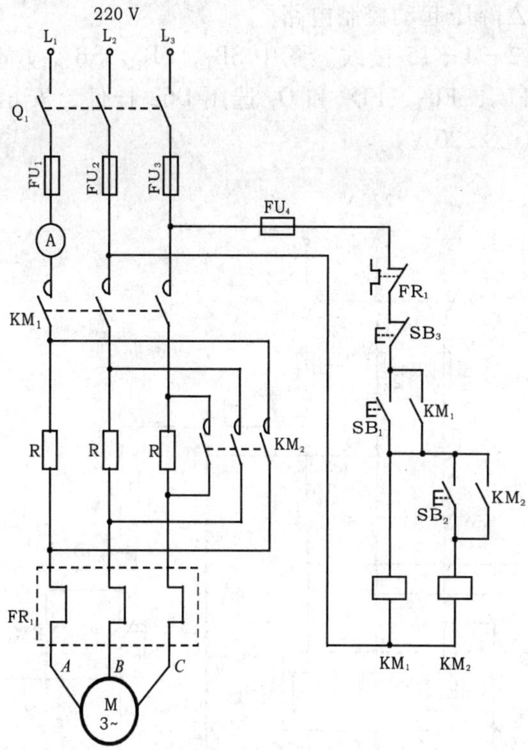

图 2－4－13　手动接触器控制串电阻降压起动控制电路

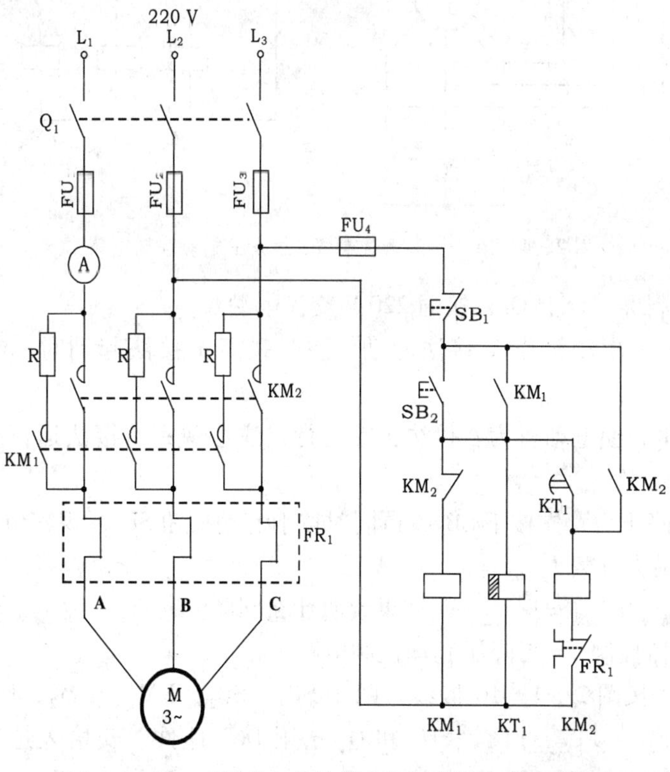

图 2－4－14　时间继电器控制串电阻降压起动控制电路

3. 接触器控制 Y－△降压起动控制电路

关断电源后，按图 2－4－15 接线。图中 SB_1，SB_2，SB_3，KM_1，KM_2，KM_3 和 FR_1 选用 D61 挂件，FU_1，FU_2，FU_3，FU_4 和 Q_1 选用 D62 挂件，安培表选用 D32 上 2.5 A 挡，电动机选用 DJ24（△/220 V）。

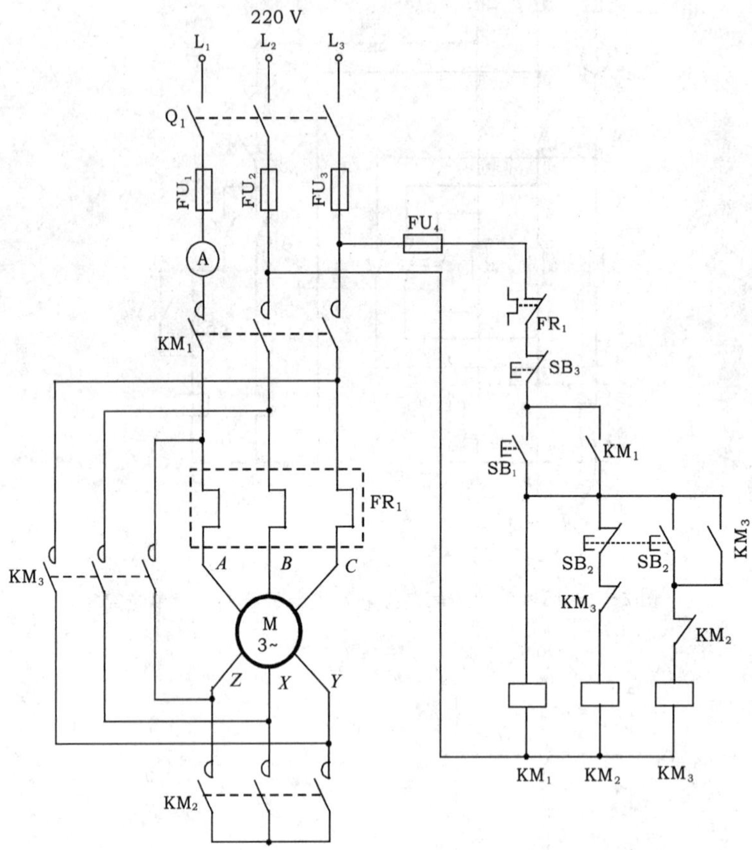

图 2－4－15　接触器控制 Y－△降压起动控制电路

（1）起动控制屏，合上 Q_1，接通 220 V 交流电源。

（2）按下 SB_1，电动机作 Y 接法起动，注意观察 Y 接法起动时，电流表最大读数 $I_{Y起动}$ = ______A。

（3）按下 SB_2，使电动机为△接法正常运行，注意观察△接法运行时，电流表读数 $I_{△运行}$ = ______A。

（4）按 SB_3 停止后，先按下 SB_2，再同时按下起动按钮 SB_1，观察电动机在△接法直接起动时电流表最大读数 $I_{△起动}$ = ______A。

（5）比较 $I_{Y起动}/I_{△起动}$ = ______，结果说明什么问题？

4. 时间继电器控制 Y－△降压起动控制电路

关断电源后，按图 2－4－16 接线。图中 SB_1，SB_2，KM_1，KM_2，KM_3，KT_1 和 FR_1 选用 D61 挂件，FU_1，FU_2，FU_3，FU_4 和 Q_1 选用 D62 挂件，安培表选用 D32 上 2.5 A 挡，电动机选用 DJ24（△/220 V）。

（1）起动控制屏，合上 Q_1，接通 220 V 三相交流电源。

（2）按下 SB_1，电动机作 Y 接法起动，观察并记录电动机运行情况和交流电流表读数。

（3）经过一定时间延时，电动机按△接法正常运行后，观察并记录电动机运行情况和交流电流表读数。

（4）按下 SB_2，电动机停止运转。

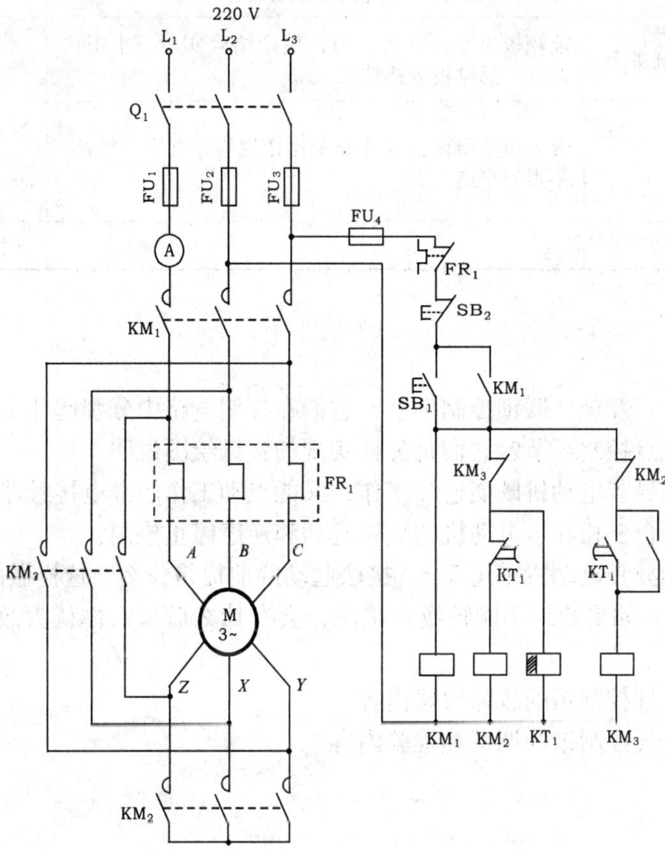

图 2－4－16　时间继电器控制 Y－△降压起动控制电路

四、讨论题

1. 画出图 2－4－13，2－4－14，2－4－15 和 2－4－16 的工作原理流程。
2. 时间继电器在图 2－4－14 和 2－4－16 中的作用是什么？
3. 图 2－4－14 比图 2－4－13 中串电阻方法有什么优点？
4. 采用 Y－△降压起动的方法时对电动机有何要求？
5. 降压起动的最终目的是控制什么物理量？
6. 降压起动的自动控制电路与手动控制电路比较有哪些优点？

任务评价

<table>
<tr><th colspan="2">评价内容</th><th>评价 标 准</th><th>权重</th><th>分项得分</th></tr>
<tr><td rowspan="3">任务完成情况</td><td>任务 1</td><td>在规定时间内完成任务，操作安全、规范</td><td>30</td><td></td></tr>
<tr><td>任务 2</td><td>操作安全、规范，无元器件损坏，无工具损坏，分析正确，解决问题的方法合理</td><td>40</td><td></td></tr>
<tr><td>任务 3</td><td>能积极思考、主动学习，理论结合实际，小组协调好，总结报告透彻</td><td>25</td><td></td></tr>
<tr><td colspan="2">职业素养</td><td>遵守劳动纪律，遵守安全操作规程，有序、整洁，不迟到早退</td><td>5</td><td></td></tr>
<tr><td colspan="2">总分</td><td></td><td colspan="2">评价者签名：</td></tr>
</table>

任务拓展

1. 什么是自锁、互锁、联锁控制环节？它们在控制电路中分别起什么作用？
2. 什么是多地点控制环节？它们是怎样实现的？试绘图说明。
3. 试画出三相异步电动机既能连续工作，又能点动工作的继电接触器控制电路。
4. 如何实现 2 台三相异步电动机的顺序起动和逆序停止控制？
5. 鼠笼式三相异步电动机采用 Y－△接法起动的前提是什么？这样做的目的是什么？在起动加速过程中，如果始终不能转换△接法，会有什么后果？你认为故障主要出现在哪些元件上？
6. 简述船用电气控制箱的故障检修内容。
7. 简述船用电气控制箱的调试和检验内容。

项目三 机舱泵浦的电气控制箱的维护

核心概念

安装调试、故障检修、主备用切换。

学习目标

1. 能安装与调试主机冷却水泵、船舶空压机系统的控制电路；
2. 对照主机冷却水泵、船舶空压机系统电气原理图排除电路常见故障；
3. 能撰写主机冷却水泵、船舶空压机电气控制系统检修维护报告书；
4. 了解船舶空压机系统的作用、结构、分类；
5. 学会识读主机冷却水泵、船舶空压机电气系统图、原理图、接线图及规范；
6. 会分析主机冷却水泵、船舶空压机系统的控制电路；
7. 能对主机冷却水泵、船舶空压机系统进行调试及故障排查。

项目描述

船舶上有许多小型辅机电力拖动系统，虽然结构简单，设备小，但都能完成各种特定任务，对船舶安全航行起着必不可少的作用，如主机冷却水泵、空压机等。本项目选取典型船舶电力拖动控制电路，叙述其电力拖动控制原理。通过本项目的学习，使学生在今后的工作岗位上能够自主完成机舱泵浦的电气控制箱的维护。本项目的具体内容包括：主机冷却水泵控制电路的维护、空压机电路的维护、综合训练。

工作任务

安装与调试主机冷却水泵、船舶空压机系统的控制电路。

模块1　主机冷却水泵控制电路的维护

学习目标

1. 能安装与调试主机冷却水泵控制电路；
2. 对照主机冷却水泵电气原理图排除电路常见故障。

模块描述

选取典型船舶电力拖动控制电路，叙述其电力拖动控制原理。通过本任务的学习，使学生在今后的工作岗位上能够自主完成主机冷却水泵控制电路的维护。

工作任务

安装与调试主机冷却水泵控制电路。

知识准备

一、认识主机冷却水泵控制电路

主机冷却水泵控制电路如图3－1－1所示。

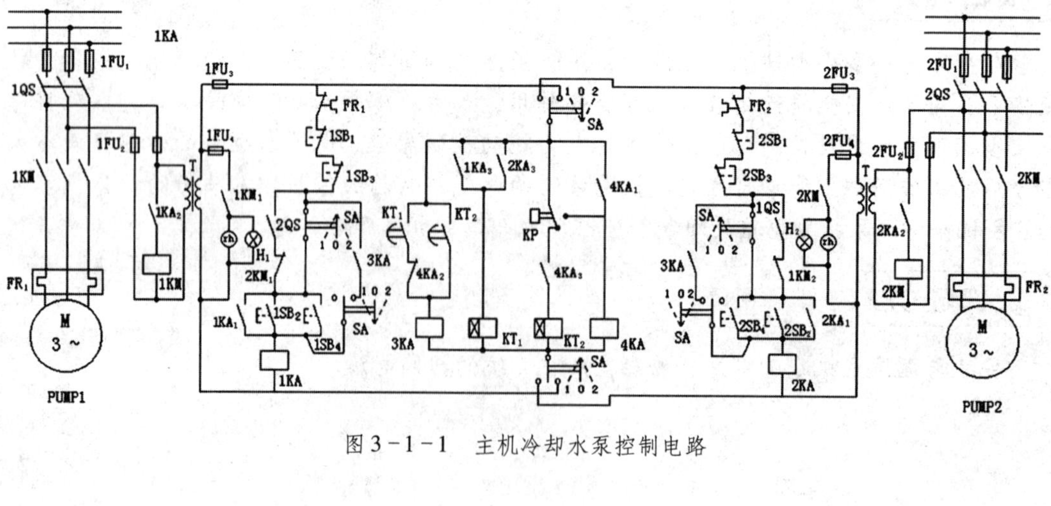

图3－1－1　主机冷却水泵控制电路

二、主机冷却水泵控制电路常见故障

任务实施

教学阶段	学习任务	知识点	活动设计（讲解、示范、组织、指导、安排和操作）	课时/min
1. 内容引入	交流电动机基本控制电路的安装与调试知识的回顾； 主机冷却水泵控制电路的引入	主机冷却水泵控制要求	(1) 知识回顾：交流电动机基本控制电路； (2) 新内容引入：为保障船舶主机正常工作，主机冷却水泵必须按要求可靠地运行，因此主机冷却水泵控制电路的维护非常重要。对控制电路进行概述	20
2. 资料查询	查询船舶主机运行时冷却水泵的工作要求	主机冷却水泵控制要求分析	教材的阅读； 课程网站的利用	25
3. 精讲知识（1）	控制电路的分析、安装和调试	主机冷却水泵控制原理图	动手、提问（安装、接线、选用注意事项）、讨论、答疑	45
4. 精讲知识（2）	主机冷却水泵控制电路的保养和维护	主机冷却水泵控制电路的保养和维护要点、规范	动手、提问（安装、接线、选用注意事项）、讨论、答疑	45
5. 讨论，完成给定思考题	主机冷却水泵控制电路常见故障分析（电子电气员评估）	课堂小结	对设置的故障点进行排除、讨论，提交报告	25
6. 布置作业	拓展知识	主机冷却水泵控制电路的 PLC 改造	思考、课前提问（互换使用的结果）	20

模块2 空压机电路的维护

学习目标

1. 能安装与调试船舶空压机系统的控制电路；
2. 对照船舶空压机系统电气原理图排除电路常见故障。

模块描述

在大型船舶自动化迅速发展的今天，船舶空压机系统是船舶辅机系统的重要组成部分。现代化船舶由于主机和发电机的功率越来越大，起动能源主要依靠压缩空气，同时在船舶其他系统也广泛应用，因此正确熟练的对空压机电路进行维护是十分必要的。本模块旨在使学生在安装、调试过程中，掌握空压机电路的工作原理，能够对空压机电路进行维护。

工作任务

安装与调试船舶空压机系统的控制电路。

知识准备

一、认识空压机电路

图3-2-1为某万吨级无人机舱自动化船舶主空压机系统电气原理图。下面以此电路为例介绍船舶空压机系统的具体工作过程。

“手动”起动空压机的工况。当船舶主配电板440 V 60 Hz电源供到空压机控制箱时，在空压机控制箱上的控制位置转换开关置于“就地”位置，合上控制箱电源开关Q_1，控制电路有电，这时电源指示灯H_1指示电源有电。控制电路延时继电器K_7得电工作，经30 s延时后，控制电路中K_7的延时闭合触点闭合。控制电路电源经压缩机热继电器F_1的常闭触点，空压机温度开关F_{12}的常闭触点，高温报警回路中报警继电器K_4的常闭触点，低油压报警回路继电器K_3的常闭触点，就地转换开关S_2的闭合触点到起动方式控制开关S_1的上端。将S_1开关打到“手动”方式，空压机的接触器K_1通电工作，空压机M_1起动，空压机运行指示灯H_2亮，空压机上的泄放电磁阀Y_3开始泄荷工作，与接触器K_1并联的延时继电器K_2同时得电动作。在K_7延时闭合后，延时准备回路中延时继电器K_8的工作线圈得电动作，空压机泄放电磁阀回路中K_8的瞬时闭合延时断开触点闭合，同时切断低油压报警回路中串接的触点。K_2经3～5 s延时后，泄放回路中K_2

的延时闭合触点闭合，泄放电磁阀 Y_3 通电关闭（泄放电磁阀为断电打开，通电关闭型）停止泄荷。空压机开始工作向系统内提供压缩空气。

“停止”空压机工作的过程。如果要停止空压机，只需要将控制方式装置转换开关 S_1 打到“0”位，K_1 断电，空压机断电停机。

空压机低油压停机。如果低于系统设定的最低压力值，则延时继电器 K_8 延时电路中串接的油压压力继电器 F_{13} 的常开触点闭合，延时继电器 K_8 断开线圈得电动作，开始延时；如果在 5 ~ 15 s 后，油压仍然低于设定值，那么此时 K_8 延时断开触点断开，泄放电磁阀开始泄荷。接通低压报警继电器 K_4，其常闭触点断开，使 K_1 断电，空压机停机，低压报警灯 H_4 报警。如果要重新起动压缩机，则需要在排除油压低故障后，按下手动复位开关 S_3，K_3 断电，K_1 线圈工作，复位后空压机才能再次起动。

空压机高温停机。如果空压机在工作过程中出现高温情况，那么这时温度继电器 F_{12} 的常闭触点断开，高温报警继电器回路中的报警控制继电器 K_3 得电动作，使 K_1 断电，空压机停机泄荷，高温报警灯 H_3 报警。如果要重新起动空压机，则需要在排除高温故障后，同样将手动复位开关 S_3 按下，复位后空压机才能再次起动运行。

在空压机电机电流过大或断相工作时，热继电器 F_1 动作，同样切断空压机控制电路电源，使 K_1 断电，空压机停止运行。排除故障后，手动复位热继电器才能重新起动空压机。

无论是低油压报警停机、高温报警停机，还是电动机过载停机均属于非正常停机，都属于保护空压机系统安全的。所以，当出现上述故障停机时，要查清原因排除故障后才能起动空压机，切莫盲目复位后立即起动空压机，以免对空压机造成损坏。

空压机的自动控制过程。在电气原理图中 F_{11} 的 2 个压力继电器分别起主用和备用作用。2 台空压机的主用和备用不是固定的，可以根据实际工作状态进行相互转换。主用、备用的转换是通过控制箱上的转换开关 S_0 实现的。主用空压机的自动控制压力为 2.5 ~ 3 MPa，备用空压机的自动控制压力值设定为 2.3 ~ 2.8 MPa。现在假定 1#空压机为主用空压机，2#空压机为备用空压机来说明空压机的自动起、停工况。在电气原理图中只给出了 1#空压机的控制原理图。2#空压机的控制原理图与 1#空压机的控制原理图是一样的。2 台控制箱共用 1 组压力继电器。2 个控制箱之间自动控制部分连接起来。将 1#空压机控制箱上的控制位置转换开关置于“就地”位置，合上控制箱电源开关 Q_1，控制电路有电。同样操作 2#空压机控制箱的开关。假设此时压缩空气瓶的压力为 2 MPa 以下。首先将主用、备用转换开关打到“1”位置。控制方式开关打到“自动”位置。这时控制电源经自动起停压力开关 F_{13} 的常闭触点使空压机的主接触器 K_1 得电动作，空压机起动运行。在高温报警、低油压以及过载状态下的工况与手动时作用一样。运行指示灯 H_2 亮，计时器 P_2 开始计时。2#空压机同样运行工作，泄荷结束后 2 台空压机开始向空气瓶内压缩空气。

2 台空压机运行一段时间后，空气瓶的压力不断升高。当空气瓶的压力达到备用空压机停机设定值 2.8 MPa 时，备用空压机压力继电器 F_{11} 的触点断开，备用空压机停止运行。这时主用空压机继续运行，当空气瓶的压力达到 3 MPa 时，主用空压机压力继电器 F_{11} 的触点断开，主用空压机停止运行。

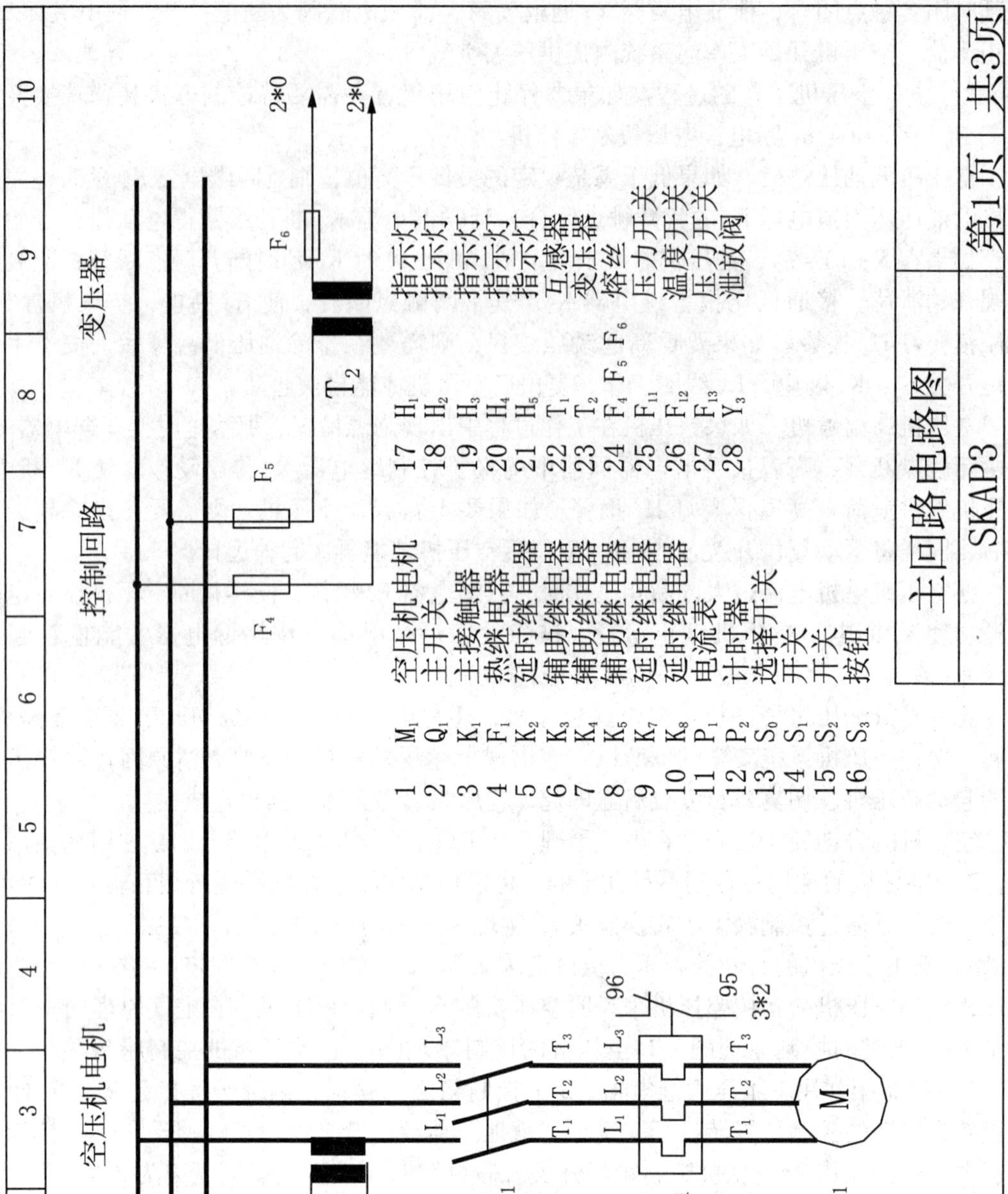
电源回路
电流表
空压机电机
控制回路
变压器
1 M1 空压机电机
2 Q1 主开关
3 K1 主接触器
4 F1 热继电器
5 K2 延时继电器
6 K3 辅助继电器
7 K4 辅助继电器
8 K5 辅助继电器
9 K7 延时继电器
10 K8 延时继电器
11 P1 电流表
12 P2 计时器
13 S0 选择开关
14 S1 开关
15 S2 开关
16 S3 按钮
17 H1 指示灯
18 H2 指示灯
19 H3 指示灯
20 H4 指示灯
21 H5 指示灯
22 T1 互感器
23 T2 变压器
24 F4 F5 F6 熔丝
25 F11 压力开关
26 F12 温度开关
27 F13 压力开关
28 Y3 泄放阀
主回路电路图
SKAP3
第1页 共3页

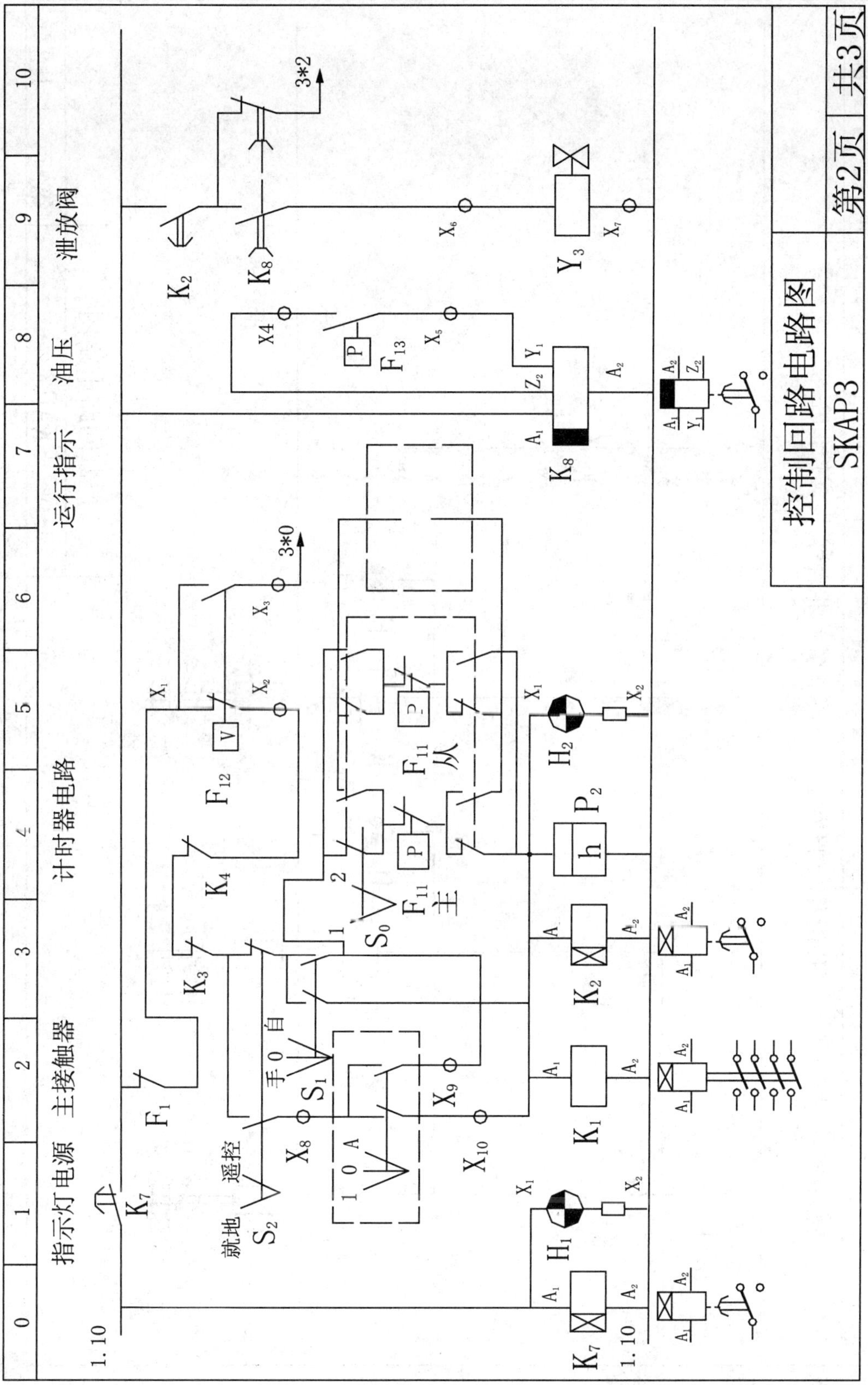
指示灯电源
主接触器
计时器电路
运行指示
油压
泄放阀
控制回路电路图
SKAP3
第2页
共3页

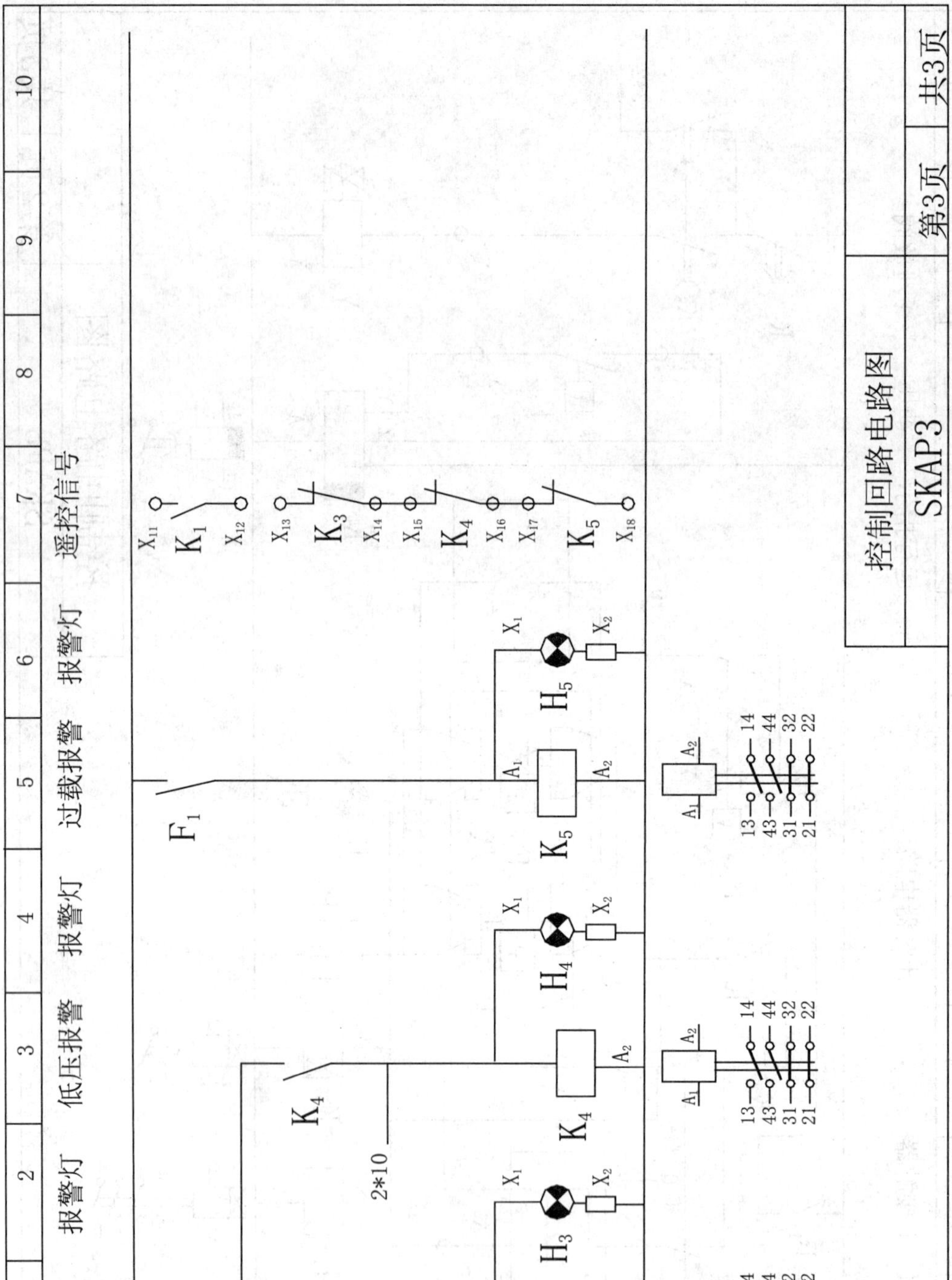

图3-2-1 某万吨级无人机舱自动化船舶主空压机系统电气原理

当空气瓶压力降低到2.5 MPa时，主用空压机的压力开关F_{11}重新闭合，主用空压机重新起动运行，当空气瓶压力达到3 MPa时，空压机受压力开关控制自动停车。在没有故障停车的情况下，自动起停循环工作。如果空气瓶压力降低到2.5 MPa后由于各种原因继续降低，那么当压力降低到2.3 MPa以下时，备用空压机的压力开关F_{11}也闭合。备用空压机起动运行，在自动工况下2台空压机同时工作。当压力升高到2.8 MPa时，备用空压机停止运行；当压力升高到3 MPa时，主用空压机停止运行，如此往复。

空压机的遥控控制过程。遥控位置一般在机舱集控室的控制台上。在控制箱电源开关合上，控制箱和系统具备起动条件后，将控制位置转换开关S_2打到“遥控”位置。在集控台上进行手动操作，其工作过程与“就地”手动控制过程一样。遥控自动起动的工作过程与“就地”自动控制也是相同的。根据控制位置开关的变换，在实际工作中，根据具体工作要求选择控制方式和控制地点，这为操作者提供了方便。

二、空压机电路的常见故障

在调试以前首先根据空压机电气系统图进行核对，确保电气系统的完整性。根据图纸检查控制箱外设的安装接线情况。要在安装以及接线完整且交验后进行调试。

1. 调试准备工作

（1）图纸资料的准备：空压机电气系统图、电气原理图、空压机系统随机资料、空压机系统交验程序。

（2）环境的准备：要保证在调试前完成空压机控制箱、电机以及其他相关电气设备的维护保养。空压机及控制箱周围有施工空间和照明等条件。

（3）工具仪器仪表的准备：500 V兆欧表、万用表、手压泵、适当值的压力表、钳形电流表、纱布、酒精、电水壶、温度计以及常用调试工具（扳手、螺钉刀、剥线钳等）。

（4）按照系统接线图对整个系统的接线进行核对，确保接线的正确性。

2. 外观检查

（1）控制箱、电机以及温度继电器、压力开关、电磁阀等是否破损。

（2）上述设备的接线是否牢固无松动。

（3）控制箱内的熔断器熔芯有无缺损，指示灯、按钮开关等有无缺损。

（4）各元件的油漆是否完好。

以上外观检查结束，对缺损问题进行反馈或处理，同时作好记录。

3. 绝缘检查

（1）电源绝缘的检查：在主配电板上断开电源开关，在控制箱电源开关的上端用500 V兆欧表进行绝缘测量。

（2）外接电机、电磁阀、压力继电器等绝缘的检查：在控制箱接线端子处用500 V兆欧表进行以上元件的绝缘测量。

（3）控制电路的检查：在控制熔断器的下端进行控制电路绝缘的测量。

在上述绝缘检查后，要记录测量的绝缘值。

4. 通电调试

1）参数整定及电源的准备

（1）根据电气原理图检查控制箱内的熔断器熔芯是否与具体标注值一致。

（2）检查控制箱的热继电器的整定值是否与实际匹配，且在标志范围内。

（3）温度继电器报警温度的整定，用电热水壶或其他加热设备对温度开关的感温部分加热，对温度继电器进行调整，使其在试验程序大纲要求的温度动作，同时作好标记。

（4）控制电路延时继电器延时时间的整定，根据试验大纲要求将 K_7，K_8，K_2 和延时继电器的时间调整完毕。

（5）油压压力继电器值的设定，用手压泵打压调整压力继电器，当压力达到报警压力值时压力继电器动作，同时作好标记。

（6）自起、停压力继电器值的设定，首先确定主用压力继电器和备用压力继电器。用手压泵打压调整压力继电器，使备用压力继电器在高于 2.8 MPa 时触点断开，当压力低于 2.3 MPa 时触点闭合；当调整主用压力开关值时，使主用压力继电器在高于 3 MPa 时触点断开，在压力低于 2.5 MPa 时触点闭合。

（7）将所有开关（配电网络电源开关、控制箱电源开关、控制电路电源开关等）处于分闸断开或停止位置。

（8）在主配电板上合上空压机控制箱电源开关，将电源送至控制箱开关上端，用万用表检测电源电压达到额定值，三相电压平衡满足通电要求后，合上控制箱电源开关。

（9）观察电源指示灯工作，待电源指示灯正常工作后，合上控制电路电源开关。

2）功能试验调试

功能试验调试过程一般在系统全部具备运行条件后进行调试，根据系泊试验大纲及空压机试验程序进行。如果在空压机系统还没有完全具备运行条件时进行功能调试，则可以将空压机拖动电机的电源脱离进行。下面按照系统完整的情况介绍以下功能调试。

（1）“手动”功能调试：将控制位置转换开关打到“就地”位置，准备用钳形电流表测量空压机的起动电流和运行电流。在控制箱上把起动方式控制开关转换到“手动”，此时空压机的主接触器 K_1 的线圈得电工作，空压机起动运行，记录空压机的起动电流和运行电流。将转换开关转换到“0”位，空压机主接触器断电，空压机停止工作。遥控手动功能试验，在控制箱上将控制位置转换开关打到“遥控”位置。在集控台上操作起动方式开关，将起动方式控制开关转换到“手动”，空压机起动运行。将转换开关转换到“0”位，同样使空压机的主接触器断电，空压机停止工作。

（2）泄荷功能调试：泄荷电磁阀此时为常开阀，空压机起动处于泄荷状态，经延时继电器 K_2 的延时后，泄荷电磁阀得电关闭，停止泄荷。当空压机停止工作时，泄荷电磁阀失电变为常开，再次泄荷。

（3）“自动”功能调试：在手动调试结束后，当空压机的空气瓶压力低于 2.3 MPa 时进行“自动”功能试验。控制位置转换开关在“就地”位置，在就地控制箱上把起动方式控制开关转换到“自动”，此时 2 台空压机开始自动运行工作。当压力值升高到 2.8 MPa时，备用压力继电器的触点断开，备用空压机停机。当压力值升高到 3 MPa 时，主用压力继电器的触点断开，主用空压机停机。缓慢泄放空气瓶内压力，当压力值降低到 2.5 MPa 时，主用压力继电器动作，主用空压机重新起动。继续泄放空气瓶内压力，当压力值降低到 2.3 MPa 时，备用压力继电器动作，备用空压机也重新起动。此时关闭空气瓶泄放阀重复以上工作过程。

（4）滑油压力低报警功能调试：将取样管上的阀关闭，在压力继电器的取样管上连接手压泵的接头，用手压泵将压力提高到报警值以上，然后起动空压机运行，将手压泵的压力缓慢泄放，待压力值降低到报警值偏低时停止泄放。待继电器 K_8 延时后油压低报警回路得电工作，报警指示灯报警，同时空压机停止工作。手动复位后将压力提高再试验一次。

（5）系统高温报警功能调试：首先起动空压机运行，将温度继电器的感温部分拆下，放在加热水壶中加热，当温度达到报警温度值时，温度报警电路动作，报警指示灯亮，空压机停止工作。待手动复位后，将温度降低再试验一次。

将“遥控”和“就地”转换开关转换到遥控重复 2 个起动、停止过程。停机后测量热态绝缘，作好记录。

将所有调整准确的整定值作好标记，同时将位置锁紧螺母锁紧。

清洁保养控制箱使设备系统处于正常工作状态。

5. 故障分析与排除

故障的原因及排除方法如表 3－2－1 所示。

表 3－2－1　故障的原因及排除方法

序号	故障现象	故障原因	排除方法
1	系统无电源	（1）配电网络有问题； （2）控制变压器故障； （3）控制电路熔断器故障； （4）控制箱电源开关故障； （5）电源继电器故障	（1）检查主配电板电源是否合闸； （2）测量变压器原、副边电压； （3）更换控制电路熔断器熔芯； （4）检查电源开关是否合闸； （5）检查电源继电器是否正常
2	空压机高温报警	（1）温度继电器故障； （2）空压机机械故障； （3）空压机压缩空气出口阻塞	（1）检查温度继电器的整定值； （2）检查空压机盘车是否正常； （3）清洁管路、检查系统阀门是否打开
3	滑油压力低报警	（1）压力继电器故障； （2）滑油压力取样管阻塞； （3）系统滑油低于标准值	（1）检查压力继电器的整定值； （2）检查取样管阀门，清洗取样管路； （3）向系统加入润滑油
4	泄放电磁阀不泄荷	（1）泄放电磁阀卡死； （2）泄放控制回路故障	（1）检修泄荷电磁阀； （2）检查泄放电路及控制元件
5	空压机手动不能起动	（1）操作位置与开关位置不一致； （2）空压机热继电器过载； （3）高温、低油压报警未复位	（1）将转换开关打到对应操作位置； （2）检查电机是否过载或过载后未复位； （3）将手动复位开关复位

（续表）

序号	故障现象	原因	排除方法
6	空压机遥控不能控制	（1）选择开关位置不对； （2）空压机热继电器过载； （3）高温、低油压报警未复位	（1）将选择开关打到“遥控”位置； （2）检查热继电器； （3）将报警消除并复位
7	空压机自起、停失控	（1）控制选择开关没打到“自动”位置； （2）压力开关设定值有问题； （3）压力开关误动作； （4）压力继电器取样管路阻塞	（1）将开关置到“自动”方式； （2）重新按要求整定设定值； （3）修复或更换压力继电器； （4）检查并清洗取样管路

任务实施

教学阶段	学习任务	知识点	活动设计（讲解、示范、组织、指导、安排和操作）	课时/min
1. 内容引入	船舶空压机系统的引入	船舶空压机系统概述	新内容引入：船舶空压机系统是船舶辅机系统的重要组成部分。现代化船舶由于主机和发电机的功率越来越大，起动能源主要依靠压缩空气。在船舶其他系统也广泛应用	5
2. 精讲知识（1）	船舶空压机系统	船舶上压缩空气的作用； 船舶空压机系统的分类； 船舶空压机系统的组成； 空压机系统自动起运和停止控制	对船舶空压机系统进行介绍，并展示相关部件实物，为以后学生对设备进行实际操作作铺垫	10
3. 精讲知识（2）	船舶空压机系统的电力拖动控制实例	船舶空压机系统的电力拖动控制	动手、提问（安装、接线、选用注意事项）、讨论、答疑	25

（续表）

教学阶段	学习任务	知识点	活动设计（讲解、示范、组织、指导、安排和操作）	课时/min
4. 精讲知识（3）	船舶空压机的调试方法、常见故障分析和维护保养	船舶空压机的调试方法、常见故障分析、维护保养	动手、提问（安装、接线、选用注意事项）、讨论、答疑	10
5. 讨论，完成给定思考题	叙述自动泄荷电路的作用	课堂小结	讨论，提交报告	15
6. 布置作业	拓展知识	空压机的主要调试内容是否可以优化	思考、课前提问（互换使用的结果）	20

模块3　综合训练

学习目标

1. 掌握小型辅机电力拖动系统控制原理；
2. 能够排除小型辅机电力拖动系统故障。

模块描述

船舶上有许多小型辅机电力拖动系统，如燃油输送泵、润滑油泵、海水泵、淡水泵、消防总用泵、应急消防泵、压载水泵、舱底水泵、机舱送风抽风机组、驳油泵、淡水泵和卫生水泵等。本模块的任务是选取典型机舱泵浦控制电路，叙述其电力拖动控制原理。通过本模块的训练，要求学生熟练掌握应急消防泵、压载水泵、舱底水泵、机舱送风抽风机组的维护保养，能独立解决实操中遇到的问题。

工作任务

小型辅机电力拖动系统的认识与检修。

知识准备

一、船舶管隧排风机的电气控制电路

图3－3－1为船舶管隧排风机的电气控制电路图。船舶管隧排风机主要排出管隧中的废气。电动机的额定功率为3.7 kW，为直接起动，其电路原理为：

合上低压断路器MCCB，变压器输出220 V电压，灯WL亮，指示电源通电。合上互联开关，空间加热器指示灯亮，加热器给电动机绕组加热除湿。

按下起动按钮PB_1，接触器88的线圈得电、常闭辅助触点断开，加热器停止加热。接触器主触点闭合，通风机电动机起动并运行，接触器88的一个常开辅助触点闭合实现自锁，另一个常开辅助触点闭合，灯GL亮，指示风机运行。

按下停止按钮PB_2，接触器88的线圈失电，主触点断开，通风机电动机停转。电路有热继电器OL做过载保护，熔断器F做短路保护。C_1和C_2间的按钮为遥控装置。

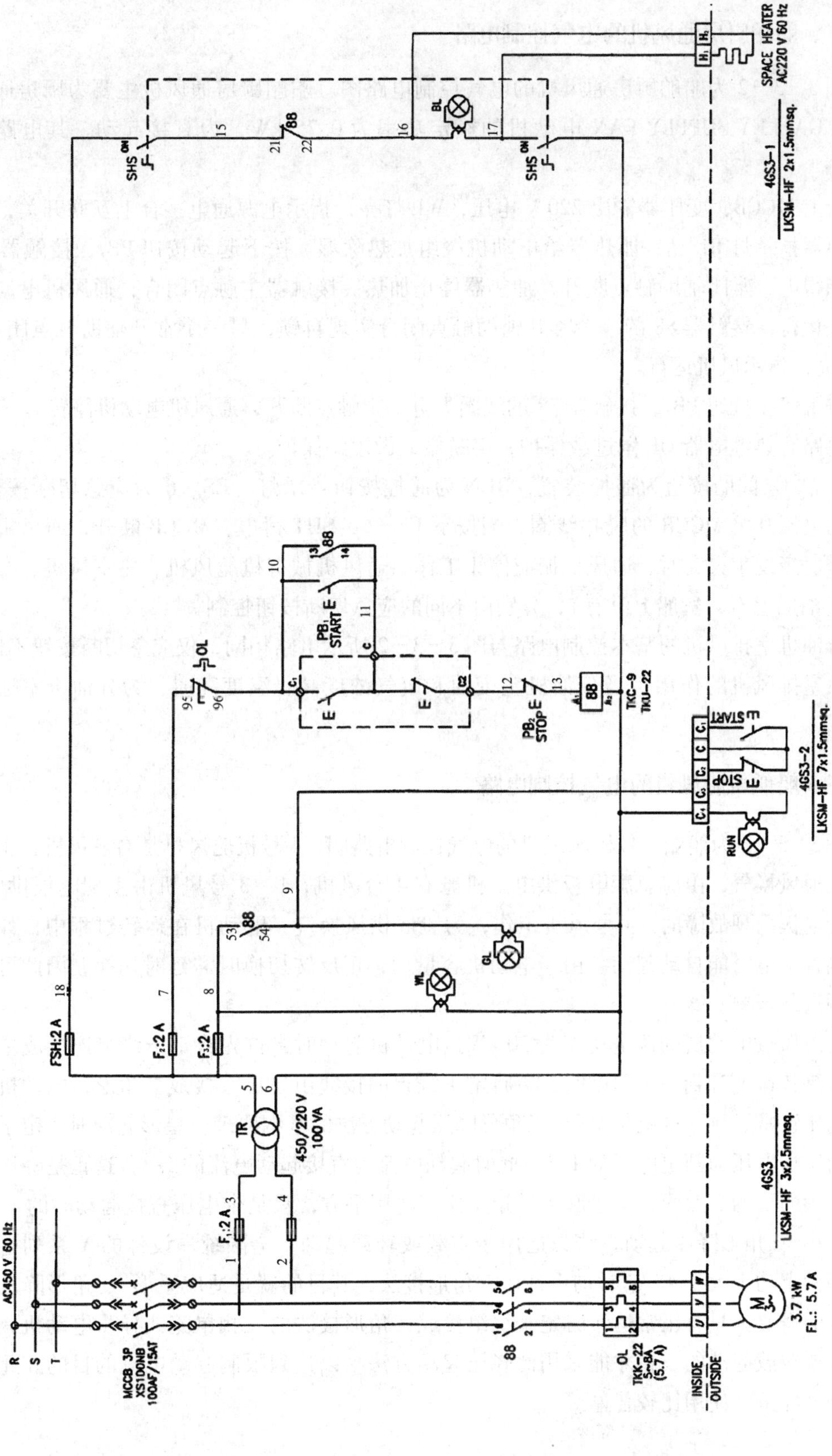

图3-3-1　船舶管隧排风机的电气控制电路

二、船舶厨房通风机的电气控制电路

图 3－3－2 为船舶厨房通风机的电气控制电路图。船舶厨房通风机主要为厨房通风换气。GALLEY SUPPLY FAN 电动机的额定功率为 0.75 kW，为直接起动。其电路原理为：

合上 MCCB，变压器输出 220 V 电压，WL 灯亮，指示电源通电。合上互联开关，空间加热器指示灯 BL 亮，加热器给电动机绕组加热除湿。按下起动按钮 PB_1，接触器 88 的线圈得电、常闭辅助触点断开，加热器停止加热。接触器主触点闭合，通风机电动机起动并运行，接触器 88 的一个常开辅助触点闭合实现自锁，另一个常开辅助触点闭合，GL 灯亮，指示风机运行。

按下停止按钮 PB_2，接触器 88 的线圈失电，主触点断开，通风机电动机停转。

电路有热继电器 OL 做过载保护，熔断器 F 做短路保护。

C_1 和 C_2 间的按钮为遥控装置，RUN 为遥控按钮指示灯。ES－6 为应急切断按钮，SHT 为电源开关 MCCB 的脱扣线圈，当按下 ES－6，SHT 得电，MCCB 断开，通风机停止工作。当发生火灾时，通风机械应停止工作。通风机械有机舱风机、舱室风机、泵舱风机（油船上有，货船上没有），分别由不同的应急切断按钮控制。

分油机室排风机的基本控制电路与图 3－3－2 所示电路相同，仅应急切断按钮不同。分油机室排风机的作用是当分油机室废油和废气浓度高、温度高时，为分油机室通风换气。

三、船舶机舱风机的电气控制电路

图 3－3－3 为船舶 4 号机舱风机的电气控制电路图。4 号机舱风机是右舷风机，主要为机舱通风换气，由应急配电板供电。机舱有 4 台风机，1～3 号风机由主配电板供电，当主配电板出现故障时，4 号风机工作，为舱底供风换气。电动机在运转过程中，如停电，当再来电时能自动起动。由于电动机容量大，正反转切换时需延时切换，因此可防止出现过载现象。

机舱风机电动机的额定功率为 30 kW。电动机起动时，首先将定子绕组连接成星形接法，待转速上升到一定程度时，再将定子绕组的接线由星形改接成三角形，电动机便可全电压正常运行，这就是星形-三角形降压起动方法的基本原理。星形起动时，定子每相绕组所加电压为额定电压的 1/3，此时起动电流为直接起动电流的 1/3，这正是降压起动要达到的目的。然而，由于起动转矩正比于电压平方，只是全电压直接起动时的 1/3，因此星形-三角形降压起动方法只适用于空载或轻载起动。全国统一设计的 Y 系列电动机，当额定功率大于 4 kW 时均设计成三角形接法，其目的就是适应星形-三角形降压起动控制的需要。只有正常运转时定子绕组接成三角形接法的三相鼠笼式异步电动机，以及轻载或空载起动的设备才能采用此降压起动方法，以达到限制起动电流的目的。此法既简便又经济，使用比较普遍。

图 3-3-3 所示电路的工作原理是：合上断路器 DS，变压器输出 220 V 电压，WL 灯亮，指示电源通电。合上互联开关，空间加热器指示灯 BL 亮，加热器给电动机绕组加热除湿。按下正转起动按钮 PB1R，接触器 88RX 的线圈得电，接通驾驶室运行指示灯。同时，接触器 88R 的线圈得电，接触器 88 的常闭辅助触点断开，加热器停止加热。接触器 88R 的主触点闭合，为机舱风机电动机正转起动和运行做准备，接触器 88R 的常开辅助触点闭合实现自锁，GLR 灯亮、本地控制运行指示灯亮指示风机正转运行，集控室指示灯亮，接触器 6 的线圈得电、常开辅助触点闭合，接触器 88 的线圈得电、主触点闭合，电动机定子绕组结成“Y”正转起动。接触器 6 的线圈得电的同时，时间继电器 19T 得电计时，19T 的触点延时断开，接触器 6 断开，接触器 6 的常闭触点闭合，19T 的触点延时闭合，接触器 42 的线圈得电、主触点闭合，与接触器 88 共同作用，将电动机定子绕组结成“△”正转运行。

由于电动机的容量较大，当电动机正反转切换时，为防止出现过载，只有当转速降下来时，电动机才能反转起动。在电动机正转起动开始时，时间继电器 T 的线圈得电、触点延时闭合。当电动机正转停车时，按下停止按钮 PB_2，时间继电器 T 断电，T 的触点瞬间断开，此时按下反转起动按钮 PB1F，电动机不能马上反转起动，当时间继电器 T 的触点延时闭合后，电动机才能反向起动运行。

电动机反转起动运行的情况与电动机正转起动运行的情况相同。

电路有热继电器 OL 做过载保护，熔断器 F 做短路保护，还有失压、欠压保护以及 88R1，88F 通过常闭触头的联锁保护。

四、船舶应急消防泵的电气控制电路

图 3-3-4 为船舶应急消防泵的电气控制电路图。应急消防泵位于舱底的应急消防舱，主要用于打海水、进行消防灭火和起锚过程中冲洗锚链上的泥沙。

应急消防泵电动机的额定功率为 55 kW。电动机起动时，首先将定子绕组连接成星形接法，待转速上升到一定值时，再将定子绕组的接线由星形改接成三角形，电动机便可全压正常运行。

图 3-3-4 所示电路的工作原理是：合上断路器 DS，变压器 TR 输出 220 V 电压，WL 灯亮，指示电源通电。合上互联开关，空间加热器指示灯 BL 亮，加热器给电动机绕组加热除湿。

按下起动按钮 PB_1，继电器 4X 的线圈得电，接通驾驶室运行指示灯。同时，继电器 4的线圈得电、常闭辅助触点断开，加热器停止加热。4 的常开辅助触点闭合，接触器 6 的线圈得电、常开辅助触点闭合，接触器 88 的主触点闭合，电动机定子绕组结成“Y”起动。接触器 6 的线圈得电的同时，时间继电器 19T 得电计时，时间继电器 19T 的触点延时断开，接触器 6 断电，接触器 6 的常闭触点闭合，19T 的触点延时闭合，接触器 42 的线圈得电、主触点闭合，与接触器 88 共同作用，将电动机定子绕组结成“△”运行。

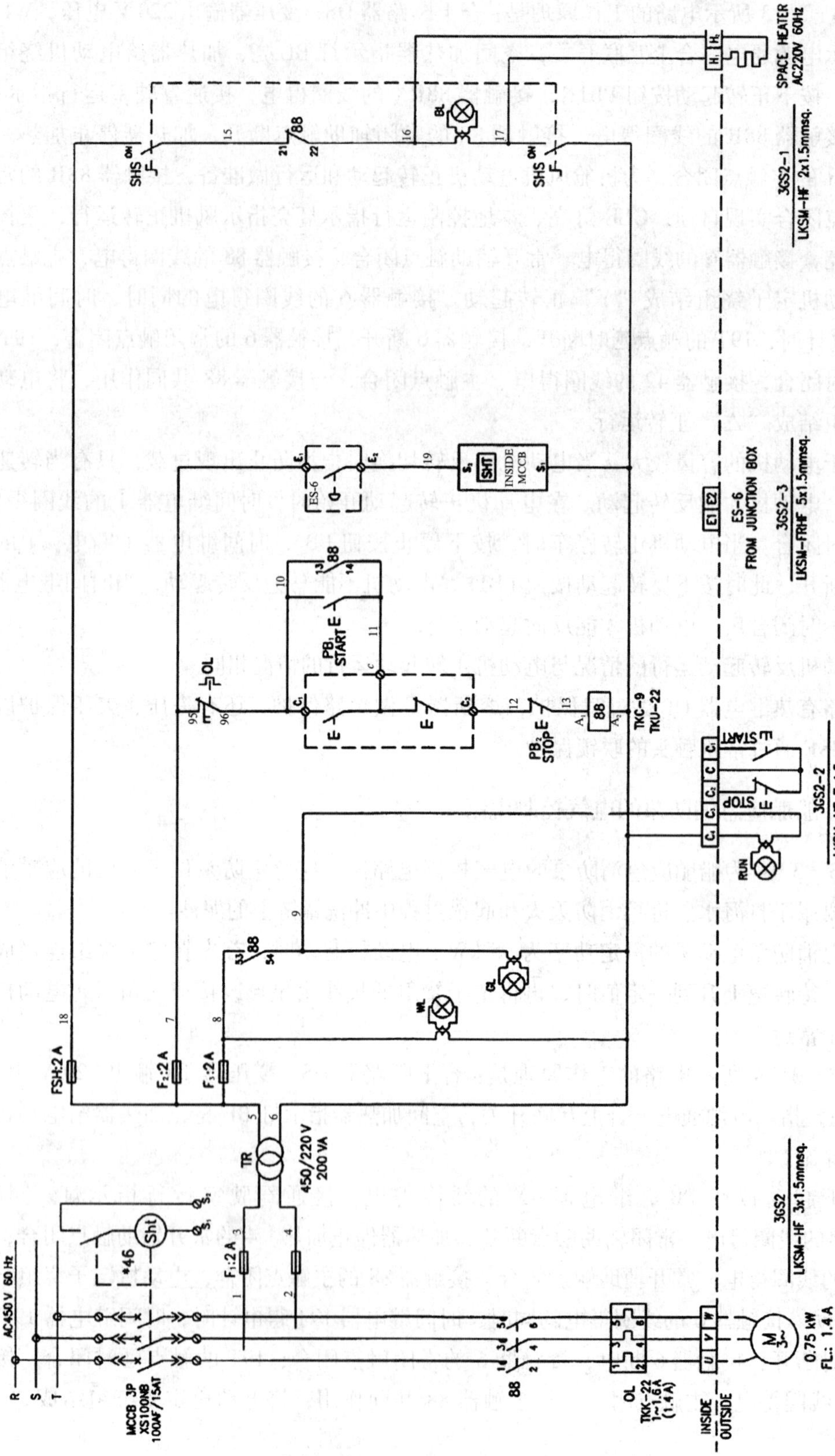

图3-3-2 船舶厨房通风机的电气控制电路

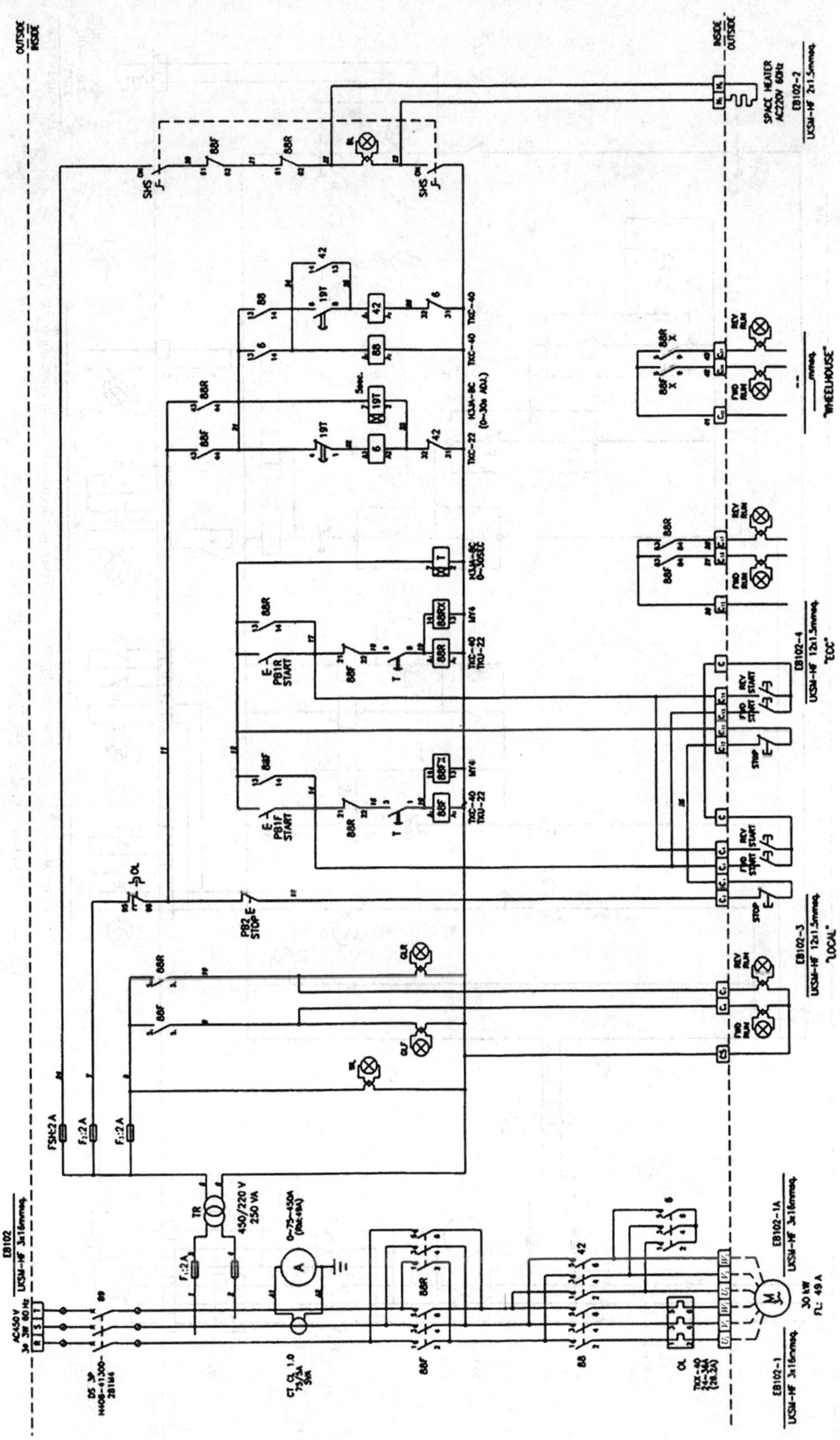

图3-3-3　船舶4号机舱风机的电气控制电路

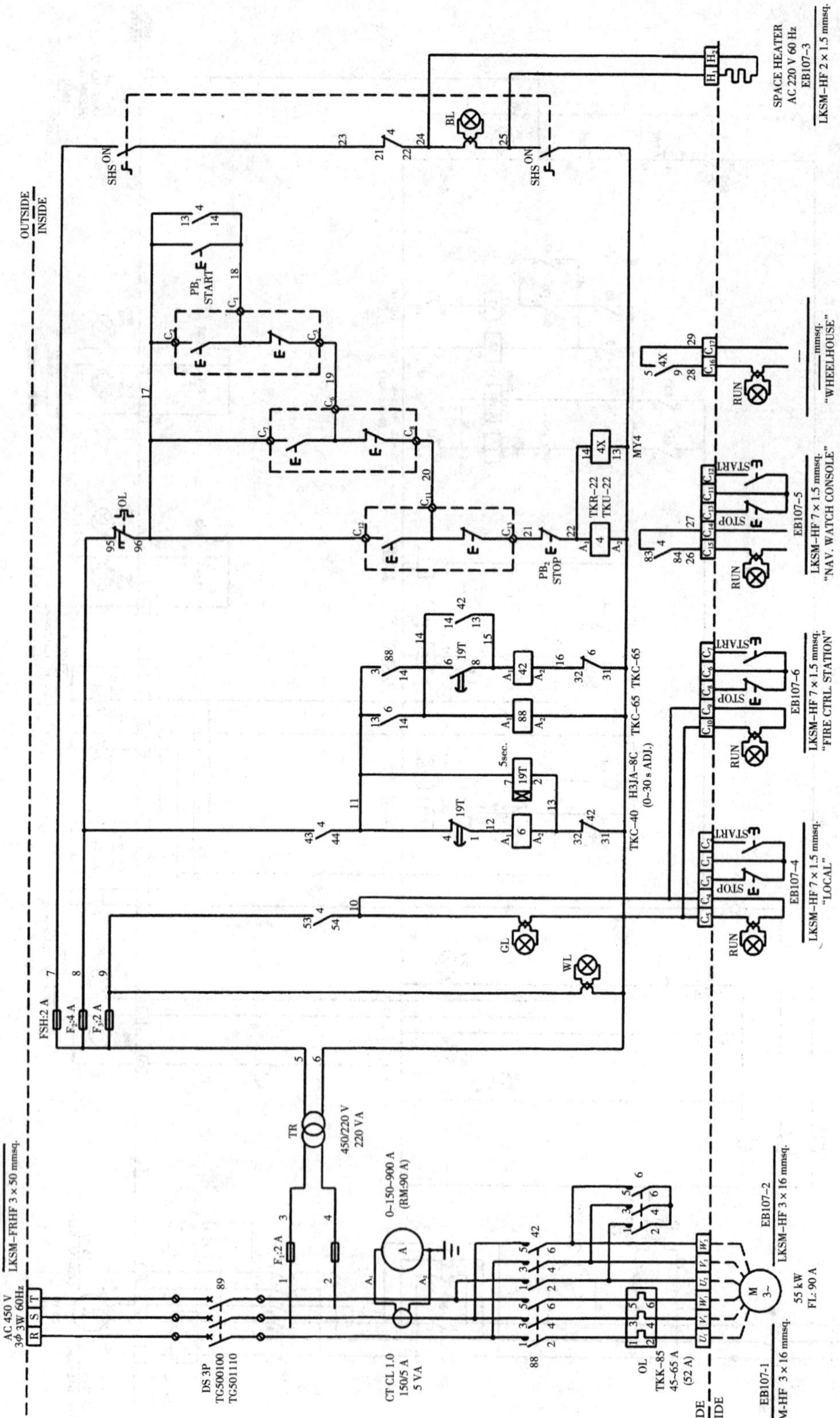

图3-4　船舶应急消防泵的电气控制电路

电路有热继电器 OL 做过载保护，熔断器 F 做短路保护，还有失压、欠压保护以及驾驶室、应急控制室等控制及指示。

五、船舶压载泵的电气控制电路

位于舱底的压载泵的作用：船舶在空载或轻载时，如螺旋桨或者舵在水面，不能正常航行，就需要打海水压载，满足正常的航行条件；可代替舱底总用泵，打锚链水，冲洗锚链；当舱底有水时，可用于抽舱底水向舱外排水。

压载泵带有自吸装置，向排水管路中送风，使管路形成真空状态，将水自吸排除，如图 3－3－5 所示。当管路压力达到一定值时，压力开关 PS 动作，关闭电磁阀 SV，切断风路。

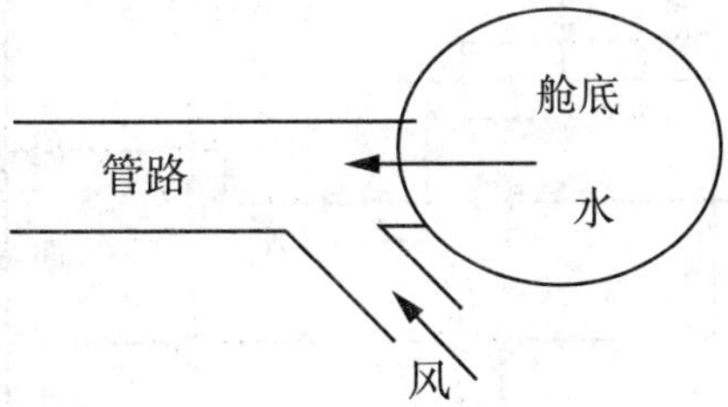

图 3－3－5　压载泵自吸系统示意

压载泵电动机的额定功率为 315 kW，电动机采用自耦变压器降压起动，以达到限制起动电流的目的。自耦变压器降压起动分手动控制和自动控制。手动控制的自耦变压器的抽头电压分别是电源电压的 65% 和 80%；自动控制的自耦变压器的抽头电压分别是电源电压的 40%，60% 和 80%，相应的变比 K 分别为 2.5，1.67 和 1.25。

图 3－3－6 为船舶舱底的压载泵的电气控制电路。其工作原理为：

合上电源开关 DS，合上互联开关 SHS，空间加热器给电动机定子除湿，同时绕组加热指示灯 BL 亮。按起动按钮 PB_1（带指示灯 GL），STRQ 的线圈得电、常开辅助触点闭合，FCT 的线圈得电，延时 1 s 后，FUT 的常开触点闭合，PB IN No.1 GSP 指示灯亮，FCT 得电的同时，STAV 的线圈得电、常开辅助触点闭合（4－8），中间继电器 4 的线圈得电、常开辅助触点闭合（43－44），时间继电器 KTX 的线圈得电、常开触点延时闭合，起动指示灯 GL 亮，同时接触器 6－1 线圈得电，时间继电器 1T 开始计时，6－1 的主触点闭合，自耦变压器接成“Y”，6－1 的常开辅助触点闭合，接触器 6－1X 和 6－1X1 的线圈得电，接触器 6－2 的线圈得电、主触点闭合，电源接入自耦变压器原边，自耦变压器副边接电动机定子绕组，接触器 6－1 和 6－2 的主触点共同接通使电动机自耦变压器降压起动。当时间继电器 1T 的触点延时断开，接触器 6－1 的线圈失电、常闭触点恢复闭合，再加上时间继电器 1T 的触点延时闭合，接触器 88 的线圈得电、主触点闭合，电动机全压运行，同时6－2和 1T 同时断电。

要停车，只需按动停止按钮 PB_2。

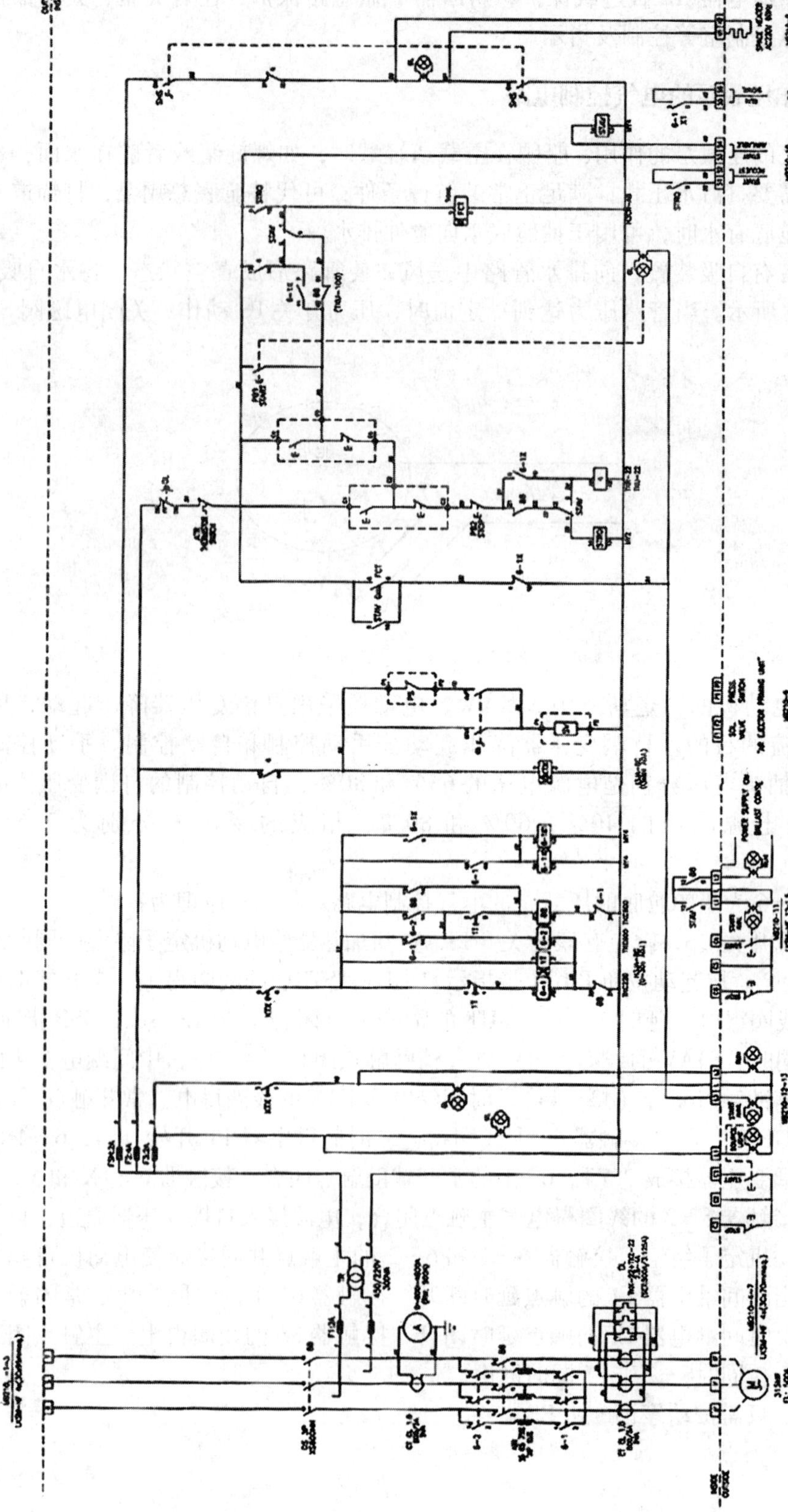

图3-3-6 船舶舱底的压载泵的电气控制电路

任务实施

教学阶段	学习任务	知识点	活动设计（讲解、示范、组织、指导、安排和操作）	课时/min
1. 内容引入	典型机舱泵浦控制电路的引入	典型机舱泵浦控制电路系统概述	新内容引入：船舶上有许多小型辅机电力拖动系统，如燃油输送泵、润滑油泵、海水泵、淡水泵、消防总用泵、应急消防泵、压载水泵、舱底水泵、机舱送风抽风机组、驳油泵、淡水泵和卫生水泵等	5
2. 精讲知识（1）	船舶厨房通风机的电气控制电路	船舶厨房通风机的电气控制电路的原理分析； 安装、调试； 维护保养和故障排除	动手、提问（安装、接线、选用注意事项）、讨论、答疑	10
3. 精讲知识（2）	船舶机舱风机的电气控制电路	船舶机舱风机的电气控制电路的原理分析； 安装、调试； 维护保养和故障排除	动手、提问（安装、接线、选用注意事项）、讨论、答疑	10
4. 精讲知识（3）	船舶应急消防泵的电气控制电路	船舶应急消防泵的电气控制电路的原理分析； 安装、调试； 维护保养和故障排除	动手、提问（安装、接线、选用注意事项）、讨论、答疑	10
5. 精讲知识（4）	船舶压载泵的电气控制电路	船舶压载泵的电气控制电路的原理分析；安装、调试；维护保养和故障排除	动手、提问（安装、接线、选用注意事项）、讨论、答疑	10
6. 布置作业	拓展知识		思考、课前提问（互换使用的结果）	

任务评价

<table>
<tr><td colspan="2">评价内容</td><td>评价标准</td><td>权重</td><td>分项得分</td></tr>
<tr><td rowspan="3">任务完成情况</td><td>任务 1</td><td>在规定时间内完成任务，操作安全、规范</td><td>30</td><td></td></tr>
<tr><td>任务 2</td><td>操作安全、规范，无元器件损坏，无工具损坏，分析正确，解决问题的方法合理</td><td>40</td><td></td></tr>
<tr><td>任务 3</td><td>能积极思考、主动学习，理论结合实际，小组协调好，总结报告透彻</td><td>25</td><td></td></tr>
<tr><td colspan="2">职业素养</td><td>遵守劳动纪律，遵守安全操作规程，有序、整洁，不迟到早退</td><td>5</td><td></td></tr>
<tr><td colspan="2">总分</td><td></td><td colspan="2">评价者签名：</td></tr>
</table>

任务拓展

1. 压缩空气在船舶上有哪些应用？
2. 空压机的主要保护作用有哪些？
3. 叙述自动泄荷电路的作用。
4. 简述空压机的常见故障和排除方法。
5. 空压机主要调试的内容有哪些？
6. 简述主、副空压机是如何切换工作的。

项目四 船舶电动锚机的安装与调试

核心概念

电动锚机、控制电路、高速挡过载。

学习目标

1. 能安装与调试三速电动锚机系统的控制电路；
2. 能安装与调试电动液压锚机系统的控制电路；
3. 能对照电气原理图排除电路常见故障；
4. 能撰写电气控制系统检修维护报告书；
5. 了解锚机系统的作用、结构；
6. 掌握锚机的运行特点；
7. 学会识读船舶电气系统图、原理图、接线图及规范；
8. 会分析三速电动锚机系统的控制电路；
9. 会分析电动液压锚机系统的控制电路；
10. 能对三速电动锚机系统进行调试及故障排查；
11. 能对电动液压锚机系统进行调试及故障排查。

项目描述

甲板机械（Deck Machinery）是安装在露天甲板上的机械设备的统称，是船舶的重要组成部分。甲板机械是为保证船舶正常航行及船舶停靠码头、装卸货物、上下旅客所需要的机械设备和装置，可分为大、小甲板机械。大甲板机械主要包括起锚机和绞车、液压舱口盖、艏侧推、克令吊（Crane）；小甲板机械主要包括导缆器、带缆桩（系揽桩）、导缆滚轮等。本项目包括4个模块，分别是“电动锚机的结构、原理认识”“电动锚机控制电路的安装与调试”“锚机故障检测”“综合训练”。通过对本项目的学习旨在使学生掌握船舶甲板机械拖动控制系统的组装和调试，能对照船舶甲板机械的电气原理图排除电路常见故障以及能撰写船舶甲板机械的电气控制系统检修维护报告书。

工作任务

船舶电动锚机电气控制电路的安装与调试；故障检修；维护保养。

模块1　电动锚机的结构、原理认识

学习目标

1. 掌握锚机系统的作用、结构；
2. 掌握锚机的运行特点。

模块描述

本模块旨在使学生在安装锚机的过程中，掌握锚机系统的结构组成、原理以及锚机的运行特点和工作过程。

工作任务

现场认识锚机系统的作用、结构。

知识准备

船舶在停泊时，受到风力、水力以及船体摇摆时的惯性力的作用。为平衡这些力，使船舶安全地停泊在水面或系留于码头或浮筒上，常采用锚机和系缆设备。

船舶的起锚、抛锚和系缆操作是由锚机和系缆设备完成的。锚机和系缆设备组成一个联动机，在锚机上装有绞缆筒用来起锚和系缆。按链轮中心线的不同，锚机可分为卧式和立式2种。

现在船舶锚机大多由电力拖动，也有液压拖动的。大型油货船的锚机则用柴油机通过传动减速装置直接拖动。锚设备的组成如图4－1－1所示。

一、锚机运行工作特点

当船舶抛锚时，若水深不大，则可松开锚机的制动器，依靠锚及锚链的自重进行重力抛锚，此时可由手动带式制动控制抛锚速度。当海水较深时，锚及锚链的自由下落速度很快，手动制动器难以控制抛锚速度，为避免过大的抛锚速度，需要采用机械抛锚，这时电动机工作在再生制动状态，以获得稳定的抛锚速度。起锚时，锚机必须有足够的力矩以克服风、水流及锚链的阻力，

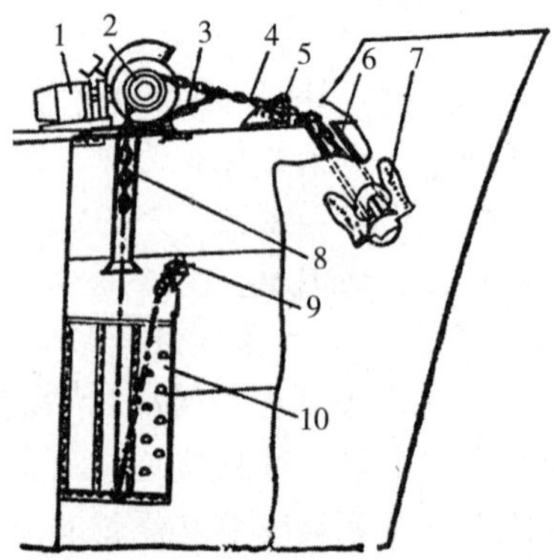

1—电动机；2—绞盘；3—制链钩；4—锚链；5—制链器；6—锚链筒；7—锚；8—锚链管；9—弃链器；10—锚链舱

图4－1－1　锚设备的组成

收进锚链。锚机在运行中有正常起锚和应急起锚2种工作情况。

1. 正常起锚过程

正常起锚过程如图4－1－2所示，整个过程按拉力的变化特性可分为5个阶段。

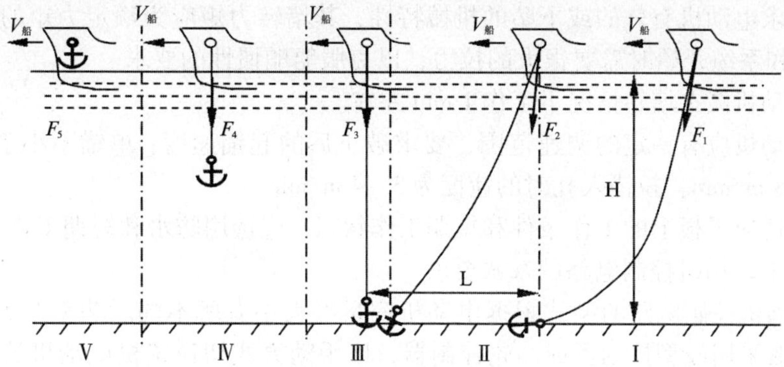

图4－1－2　正常起锚过程

1）第一阶段：收起躺在海底的锚链

锚机以全速收起躺在海底的一段锚链，此时认为锚链悬垂部分的形状不变，只作平行移动。船舶在锚机收链的拉力 F_1 的作用下慢慢接近抛锚点，此时锚机轴上的负载转矩 T_1 不变，如图4－1－2中“Ⅰ”所示。

2）第二阶段：收紧锚链

此阶段锚爪紧紧抓住锚地泥土或石头，锚机将锚链拉紧，船在此力的作用下前进，负载转矩逐渐增加，转速下降，拉力由 F_1 增至 F_2，如图4－1－2中“Ⅱ”所示。

3）第三阶段：拔锚出土

在锚链拉紧后开始拔锚出土，这时电动机的负载转矩突然增大，若电动机的拉力尚不能使锚出土，则电动机便进入堵转状态。为防止电动机因较大的堵转电流而烧坏，要求锚机电动机的堵转力矩为额定力矩的2倍，并能承受一定的堵转时间，此时可依靠主机推进船舶前进拔锚出土，如图4－1－2中“Ⅲ”所示。

4）第四阶段：收起悬在水中的锚及锚链

锚出土后，电动机的负载力矩突然降低，随着锚链长度不断缩短，拉力逐渐减小，电动机的负载力矩逐渐下降，如图4－1－2中“Ⅳ”所示。

5）第五阶段：将锚拉入锚链孔中

锚出水面后电动机应以很小的速度将锚拉入锚链孔，这时由于锚与锚链孔间的摩擦，电动机的负载力矩有所增大，如图4－1－2中“Ⅴ”所示。

2. 应急起锚

若抛锚深度大于锚链全长，则锚将抛不到海底，锚机电动机应将悬于水中的锚及锚链（全长一般为200 m左右）收起，称为应急起锚状态。因此，电动机的工作状态很繁重（如每节锚链为25 m、重1.5 t，全长10节、重15 t）

二、对电力拖动及控制的要求

1. 对电力拖动的要求

（1）根据我国《钢质海船入级与建造规范》规定，锚机电力拖动装置在规定的海区内，应能满足破土后起单锚，起双锚，拉锚入锚链孔等不同的速度要求。

（2）电动机能在最大负荷力矩下起动，要求锚机、绞缆机工作定额不小于 30 min，且应满足 30 min 内起动 25 次的要求。

（3）要求电动机有软的或下坠的机械特性，其堵转力矩应为额定力矩的 2 倍，以满足拔锚出土和系缆开始时需要很大的拉力，以克服船舶惯性的要求。

（4）电动机能在堵转情况下工作 1 min 左右。

（5）电动机应有一定的调速范围，要求破土后的起锚速度：单锚不小于 12 m/min；双锚不小于 8 m/min；拉锚入孔时的速度为 3 ~ 4 m/min。

（6）为适应甲板上的工作条件和短期工作状态，应选用防水和短期工作制电动机。

2. 对于电动锚机控制电路的基本要求

锚机电动机控制电路的型式根据电动机容量的大小有所不同。功率在 5 kW 以下的电动机，一般采用鼓型控制器或凸轮控制器，以手动方式切换锚机电动机的主回路，实现电动机的换向和速度调节；功率在 5 ~ 50 kW 的电动机，50 kW 以上的 G－M 系统，常采用主令控制器、继电器-接触器控制系统，以主令方式控制继电器-接触器、励磁发电机或主发电机的励磁系统、磁放大器等，进而控制电动机的换向和调速。此外，对电动锚机的控制电路一般还有下列要求：

（1）当主令控制器手柄从“0”位迅速扳到高速挡位时，控制电路应具有按时间或电流方式逐级自动起动的环节，以免过大的冲击电流给电动机带来危害。

（2）控制电路应能满足电动机在超负荷时堵转 1 min 的要求，这可以从调整热继电器或过电流继电器的动作整定值上得到保证。

（3）在深水处抛锚时，控制电路应具有使电动机自动进入反馈和能耗制动的功能，以实现变加速抛锚为等速抛锚。

（4）控制电路应有短路、失压、过载和断相等保护环节。

（5）控制电路还应具有电气制动和机械制动相配合的可靠制动环节，以达到快速停车的目的。

三、电动锚机的控制电路

锚机和系缆设备的控制电路有多种：

（1）用凸轮控制器控制复励电动锚机电路、主令控制器控制复励电动锚机电路。它们的原动机为直流电动机，锚机的速度控制通过改变串在电动机电枢电路中的起动调速电阻实现。

（2）用凸轮控制器控制绕线式电动锚机控制电路、主令控制器控制绕线式电动锚机电路。它们的原动机为交流电动机，锚机的速度控制通过改变在转子电路内串入的调速电阻实现。

下面叙述用主令控制器控制交流三速电动锚机的控制电路。

主令控制器控制交流三速电动锚机的控制电路如图 4－1－3 所示。其电动机为三速双绕组鼠笼式船用起重电动机，通过主令控制器进行控制，正、反转各有 3 挡速度，对称线路。低速和中速合用一套绕组，可进行三角形与星形转换；高速单独用一套绕组。低速和中速可直接起动；高速延时起动。电动机高速与中速功率是相等的，故电路具有高速挡过载时能自动转换到中速挡的保护环节，以产生较大转距。该保护通过过电流继电器实现。为避免高速挡起动电流使过电流继电器动作，由一时间继电器控制，以暂时短接过电流继电器。

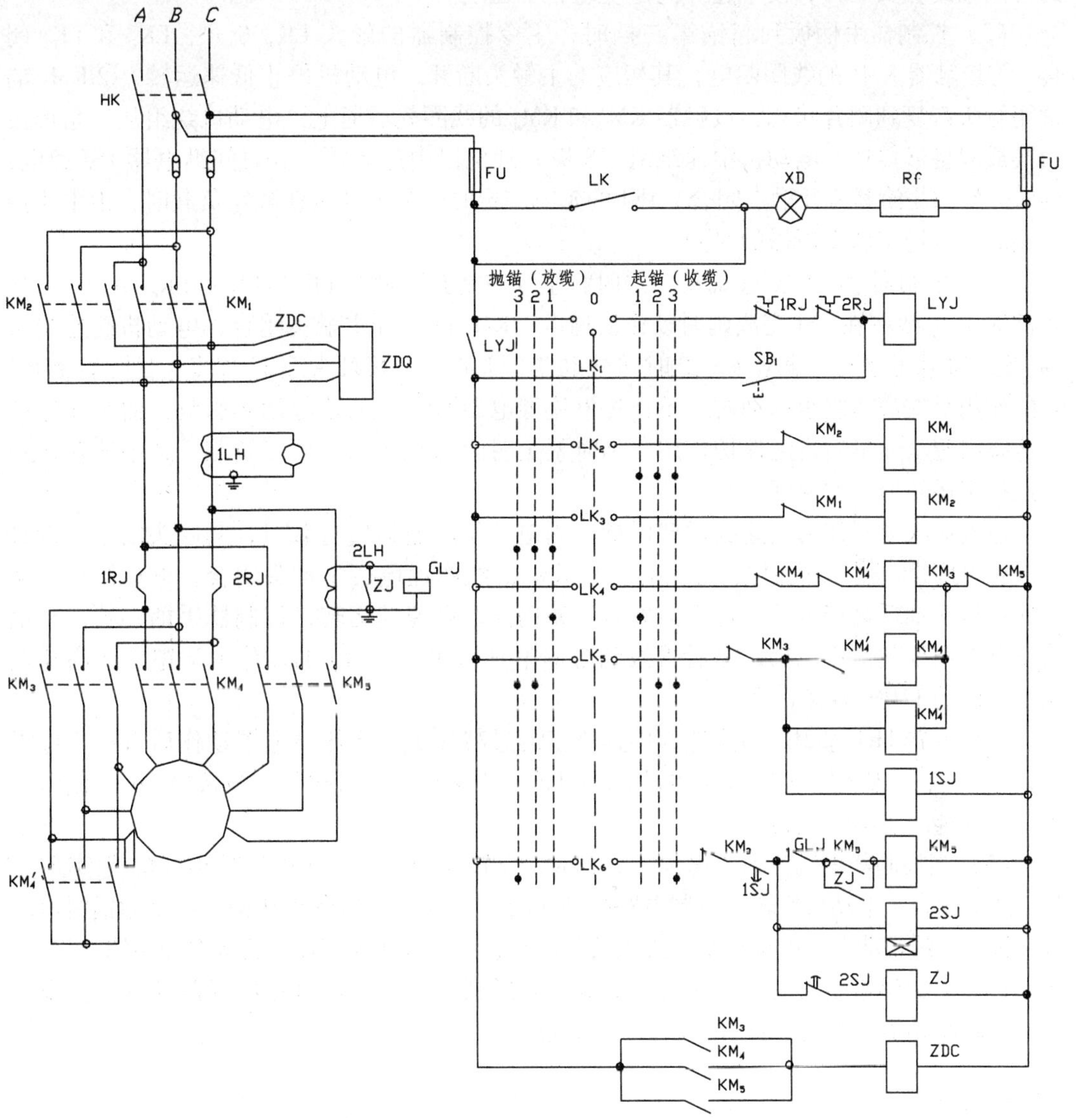

图4-1-3　主令控制器控制交流三速电动锚机的控制电路

当高速挡工作时，低速挡绕组接成三角形，可保证不产生环流影响。其工作原理如下所述。

（1）合上电源开关 HK 及控制开关 LK，指示灯 HL 亮。

主令控制器手柄在“0”位，其触头 LK_1 闭合。零位继电器线圈 LYJ 通电使触头闭合，实现自保和零位联锁，为以后各接触器工作做准备。

（2）控制器手柄扳到起锚第一挡时，主令控制器的触头 LK_1 断开，LK_2 和 LK_4 闭合：①正转（起锚）方向接触器 KM_1 通电动作，其常开主触头闭合、常闭辅助触头断开，实现正、反转电气联锁。②接触器 KM_3 通电动作，其触头闭合，制动接触器线圈 ZDC 通电，其触头闭合使电磁制动器线圈 ZDQ 通电，松开电动机刹车；同时接触器 KM_3 的主触头闭合，电动机低速绕组（16 极）通电，电动机正转低速运转。③接触器 KM_3 的常闭辅助触头断开，使中速和高速绕组暂不通电。

（3）控制器手柄扳到起锚第二挡时，主令控制器的触头 LK_4 断开，LK_2 和 LK_5 闭合：①接触器 KM_3 的线圈断电，其相应的主触头断开，电动机停止低速运转。②KM_3 的常闭触头恢复到闭合状态，接触器 KM_4' 和 KM_4 的线圈先后通电，电动机绕组从三角形接法换成双星形接法，电动机中速绕组（8 极）通电以中速运转。③时间继电器 1SJ 通电，延时0.5 ~ 2 s 使其常开触点闭合。1SJ 的延时整定时间为电动机在额定负载时，由中速挡直接起动至稳定状态所需的时间。

（4）控制器手柄扳到起锚第三挡时，主令控制器的触头 LK_2，LK_5，LK_6 闭合：①接触器 KM_5 的线圈在 1SJ 完成延时动作后通电，KM_5 的常开主触头闭合，电动机高速绕组（4 极）通电而进入高速运转。②时间继电器 2SJ 通电，其触头经 1 ~ 2.5 s 延时后断开，它的作用是在高速绕组起动时，不让过电流继电器 GLJ 对高速起动有影响，而是让它在高速绕组起动完毕后再起保护作用。延时整定时间为在电动机额定负载下，中速转换到高速稳定运转所需的时间。

过电流继电器作为高速级过载保护。当电动机高速运转过载时，其触头断开，接触器 KM_5 的线圈断电，同时接触器 KM_4 和 KM_4' 的线圈通电、主触头闭合，电动机自动从高速挡转换到低速挡运转。过载消失后，如仍需在高速挡运转，控制器手柄必须从起锚第三挡退回到起锚第二挡，然后再扳到起锚第三挡才行。GLJ 的动作电流整定在高速挡额定电流的 110% 为宜。

热继电器 1RJ 和 2RJ 为低速和中速绕组的过载保护，当热继电器动作后自动复位需要 2 min 左右。如在急需时要求电动机仍以低、中速运转，可按下应急按钮 SB_1，使电动机在过载情况下继续运转。

（5）当控制器手柄转到“抛锚”各挡时，反转（抛锚）方向接触器 KM_2 的线圈通电，其主触头闭合，电动机反转。控制电路的动作与“起锚”对应各挡相同。深水抛锚时电动机在锚的重量带动下，由电动状态进入反馈制动状态，以实现变速抛锚为等速抛锚。

目前，新建船舶的交流三速电动锚机的电磁制动器多采用直流电磁制动器，克服了交流电磁制动器工作可靠性差，噪声大的缺点。

任务实施

教学阶段	学习任务	知识点	活动设计（讲解、示范、组织、指导、安排和操作）	课时/min
1. 内容引入	掌握船舶锚机的用途	锚机的作用	船舶在停泊时，受风力、水力等惯性力的作用，锚机和系缆设备的作用是为了平衡这些力，使船舶安全地停泊在水面	5

（续表）

教学阶段	学习任务	知识点	活动设计（讲解、示范、组织、指导、安排和操作）	课时/min
2. 资料查询	查找锚机系统的组成和布置，各部分的作用等知识； 查找锚机的类型及特点等知识	锚设备的组成； 锚设备各部件的作用； 锚机的类型； 各类锚机的特点	教材的阅读； 课程网站的利用	40
3. 观看锚机系统的实物照片	观察锚机系统的结构，了解锚机的拆装步骤	结构组成； 工作原理	观看相关实物照片； 讲解、提示	5
4. 安装锚设备	掌握电动锚机的结构、安装和调试要领	安装要领； 注意事项	动手、提问（安装、接线、注意事项）、讨论、答疑	45
5. 观看起锚、抛锚视频片段	掌握正常起锚的工作过程； 掌握抛锚的工作过程	起锚的工作过程； 抛锚的工作过程	观看起锚、抛锚视频； 强调、指出注意事项	15
6. 分析锚机的工作过程	掌握锚机的运行特点、工作过程	起锚的工作过程； 抛锚的工作过程	讲解（正常起锚5个阶段、应急起锚、抛锚）、讨论	45
7. 讨论，完成给定思考题	抛锚的方式及选择	课堂小结	讨论，提交报告	20
8. 布置作业	拓展知识	应急起锚	思考、课前提问	5

模块 2　电动锚机控制电路的安装与调试

学习目标

1. 会分析三速电动锚机系统的控制电路；
2. 能安装与调试电动液压锚机系统的控制电路。

模块描述

本模块通过对控制电路进行原理分析、接线安装和调试，使学生在安装与调试过程中，掌握船舶锚机拖动系统的控制要求、控制原理以及工作过程等。

工作任务

电动锚机控制电路的安装。

知识准备

原理分析见模块 1。

任务实施

教学阶段	学习任务	知识点	活动设计（讲解、示范、组织、指导、安排和操作）	课时/min
1. 内容引入	锚机结构原理知识的回顾； 电动锚机控制电路的引入	锚机的结构原理； 锚机的工作过程	提问	10
2. 资料查询	查找船舶锚机电力拖动系统的控制要求	锚机的电力拖动的要求； 锚机的控制电路的要求	教材的阅读； 课程网站的利用	30

（续表）

教学阶段	学习任务	知识点	活动设计（讲解、示范、组织、指导、安排和操作）	课时/min
3. 分析三速电动锚机控制原理	掌握船舶变极调速锚机电力拖动的原理	电路元器件分析； 电路准备情况分析； 起锚低、中、高速分析； 抛锚低、中、高速分析； 电路中存在保护的分析	介绍主电路元器件及其作用； 介绍控制电路各元器件及其作用； 分析电路准备时的工作情况； 依次分析起锚 1 挡、2 挡、3 挡，启发学生自主分析抛锚 1 挡、2 挡、3 挡； 分析电路中存在的各种保护； 分析低中速过载保护的实现； 分析高速时过载保护的实现	45
4. 安装锚机电力拖动控制电路	掌握电路连接要领	主电路接线； 控制电路接线； 接线要领	动手、提问（接线、注意事项）、讨论、答疑。 主电路正反装接触器主触头接线、机械抱闸接线、电流互感器接线、热继电器热原件接线、过电流继电器线圈接线、锚机两套绕组接线、控制电路主令控制器触头接线、零压继电器接线、各接触器线圈和辅助触头的接线、时间继电器接线	45
5. 调试锚机电力拖动控制电路	调试方法、调试步骤	通电调试注意事项； 安全用电知识； 电动机正转 1 挡、2 挡、3 挡调试； 电动机反转 1 挡、2 挡、3 挡调试	讨论，提交报告	30
6. 讨论，完成给定思考题	手柄起锚“3”时，发生高速过载，锚机怎样动作？电路如何实现上述动作？过载消失之后的动作	课堂小结	讨论，提交报告	15
7. 布置作业	拓展知识	低、中速过载时，在热继电器动作后自动复位的 2 min 内，仍需电动机以低、中速运行，怎么实现	思考、课前提问	5

模块3 锚机故障检测

学习目标

1. 能对照电气原理图排除电路常见故障；
2. 会三速电动锚机系统的调试及故障排查；
3. 能撰写电气控制系统检修维护报告书。

模块描述

本模块通过对锚机电力拖动控制系统进行原理分析以及故障点分析，使学生掌握在根据故障现象分析故障点的过程中，查找出故障点位置并排除的方法。

工作任务

锚机故障检测。

知识准备

能看懂锚机电路原理。

任务实施

教学阶段	学习任务	知识点	活动设计（讲解、示范、组织、指导、安排和操作）	课时/min
1. 内容引入	锚机电力拖动控制过程知识回顾； 故障检测知识内容引入	正常起锚控制电路工作过程	引导、提问	5
2. 资料查询	查找船舶锚机常见故障等知识； 查找船舶锚机常见故障排除方法	电动机故障； 电磁制动器故障； 故障排除方法	教材的阅读； 课程网站的利用； 讨论、答疑	30
3. 锚机电力拖动控制电路原理分析	分析锚机控制电路原理	控制原理	引导学生自行分析控制原理； 讨论、答疑	20
4. 故障点故障现象分析	分析各个故障点的故障现象（电子电气员评估）	故障点的故障现象	启发学生分析每个故障点的故障现象； 讨论、答疑	30
5. 小结，布置作业	拓展知识	课堂小结	思考、课前提问	5

模块4　综合训练

学习目标

1. 能对照电气原理图排除电路常见故障；
2. 会三速电动锚机系统的调试及故障排查；
3. 能撰写电气控制系统检修维护报告书。

模块描述

本模块的任务是对锚机控制电路中故障点的故障现象进行描述，并根据故障现象，通过使用万用表查找故障点并排除。

工作任务

在锚机故障检测台上排除人为设置的故障。

知识准备

电动锚机的调试方法及常见故障

一、调试方法

1. 通电前的准备工作

（1）调节延时继电器1SJ的延时时间为0.5～2 s。

（2）调节延时继电器2SJ的延时时间为1～2.5 s。

（3）过电流继电器GLJ的动作电流整定为高速挡额定电流的110%。

（4）按图纸检查接线的正确性。

（5）断开输入电源，用500 V兆欧表检查电动机的绝缘电阻。

2. 通电试验

（1）检查控制箱熔断器是否完好。

（2）检查控制箱内热继电器电流的整定值是否与电动机要求相符。

（3）脱开锚链，操作指令控制器进行电动机正、反转试验，观察电动机运行情况及电磁制动器工作情况。

（4）脱开锚链，操作指令控制器进行电动机正转的3挡速度试验，用钳型电流表测量并记录电动机的起动电流及运行电流。

(5) 脱开锚链，操作指令控制器进行电动机反转的3挡速度试验，并用钳型电流表测量并记录电动机的起动电流及运行电流。

二、故障分析

1. 操纵凸轮（或主令）控制器，电动机不转

(1) 电源没接通或熔断器烧坏；

(2) 线路接触器的线圈烧坏或触头接触不良；

(3) 控制器触头烧坏以致接触不良，接线头松脱；

(4) 过电流继电器的常闭触头接触不良。

2. 操纵控制器，电动机只向一个方向转动，另一个方向不转

(1) 相应的方向接触器的主触头接触不良或线圈烧坏；

(2) 电气互锁触头接触不良；

(3) 控制器相应触头接触不良。

3. 起动电流大，但能转动

电磁制动器不能完全释放，摩擦片或抱闸安装间隙不符合要求。

4. 起动电流大，电动机不转

(1) 电磁制动器不动作；

(2) 机械部分传动轴锈死；

(3) 电动机电枢短路。

5. 加负载后过电流继电器容易动作

过电流继电器动作值整定较小，应调整到电动机额定电流的2~2.5倍动作。

6. 电磁制动器故障及其原因

(1) 电磁制动器松不开，电动机堵转：电磁制动器线圈固定螺钉、销子断裂，弹簧脱落；电磁线圈断路、短路、接地；控制接触器的触头接触不良。

(2) 电磁制动器不释放：摩擦片卡住；控制接触器的主触头卡住断不开；电磁制动器的线圈不断电。

(3) 电磁制动器温升太高：电磁线圈匝间短路；摩擦片间隙不均匀，造成摩擦。

(4) 负荷重时，电磁制动器刹不住：反作用弹簧力不强或断裂；摩擦片太光滑；电磁制动器衔铁变形严重，已不成平面。

任务实施

教学阶段	学习任务	知识点	活动设计（讲解、示范、组织、指导、安排和操作）	课时/min
1. 内容引入	故障点故障现象知识回顾	各个故障点的故障现象	引导、提问	5

（续表）

教学阶段	学习任务	知识点	活动设计（讲解、示范、组织、指导和安排和操作）	课时/min
2. 使用万用表	掌握万用表、兆欧表的使用方法（电子电气员评估）；熟练使用万用表、兆欧表	使用方法；使用注意事项	动手、提问（使用注意事项）、讨论、答疑	15
3. 控制系统认识	熟悉船舶锚机控制系统的组成	控制系统的组成	介绍、讲授	10
4. 故障点查找	掌握使用万用表查找故障点的方法	故障点查找	动手、提问、讨论和答疑	40
5. 故障排除	掌握排除故障的方法	故障排除的方法	动手、提问、讨论和答疑	15
6. 小结，布置作业	拓展知识	课堂小结	思考、课前提问	5

任务评价

评价内容		评价标准	权重	分项得分
任务完成情况	任务 1	在规定时间内完成任务，操作安全、规范	30	
	任务 2	操作安全、规范，无元器件损坏，无工具损坏，分析正确，解决问题的方法合理	40	
	任务 3	能积极思考、主动学习，理论结合实际，小组协调好，总结报告透彻	25	
职业素养		遵守劳动纪律，遵守安全操作规程，有序、整洁，不迟到早退	5	
总分			评价者签名：	

任务拓展

1. 简述锚机系统的组成及各部分的作用。
2. 简述船舶锚机起锚时的工作过程。
3. 简述锚的抛投方式有哪几种。

4. 对船舶锚机的电力拖动有哪些基本要求？

5. 对船舶锚机的控制电路有哪些基本要求？

6. 对于电动锚机，将控制手柄扳到起锚“3”位，当发生高速过载时，锚机将怎样自动返回到中速运行？高速过载返回到中速后，如果控制手柄仍在起锚“3”位，当负载减轻（如下垂于水中的锚链长度越来越短）后，能否再自动进入高速？

7. 在电动液压锚机中主泵电动机都有哪些报警信号？当出现低液位时，如果没有发出声光报警信号，那么其原因有哪些？

8. 电动液压锚机系统系泊试验的内容有哪些？

项目五 电动起货机电气控制电路的安装与调试

核心概念

控制要求、保护环节、故障分析。

学习目标

1. 了解起货机系统的作用、结构、分类；
2. 学会识读船舶电气系统图、原理图、接线图及规范；
3. 会分析双杆式电动液压起货机系统的控制电路；
4. 会分析船用克令吊系统的控制电路；
5. 会分析桥式电动起货机的控制电路；
6. 会分析起货机系统的调试及故障排查；
7. 能安装与调试双杆式电动液压起货机系统的控制电路；
8. 能安装与调试船用克令吊系统的控制电路；
9. 能安装与调试桥式电动起货机的控制电路；
10. 对照起货机系统电气原理图排除电路常见故障；
11. 能撰写电气控制系统检修维护报告书。

项目描述

本项目的任务是对船舶电动起货机电气控制电路进行安装与调试，使学生在安装调试过程中，掌握其结构、原理、作用。

工作任务

认识起货机系统；识读船舶起货机电气系统图、原理图；安装与调试船用克令吊系统的控制电路。

模块1 电动起货机结构原理的认识

学习目标

1. 了解起货机系统的作用、结构、分类；
2. 学会识读船舶电气系统图、原理图、接线图及规范；
3. 会分析双杆式电动液压起货机系统的控制电路。

模块描述

本模块的任务是对船舶电动起货机进行安装与调试，使学生在安装电动起货机的过程中，掌握起货机系统的结构组成、工作原理及作用，以及船用起货机对电力拖动和控制的要求。

工作任务

1. 认识起货机系统；
2. 识读船舶起货机电气系统图、原理图。

知识准备

一、船舶起货机的类型

船舶起货机按拖动方式分为蒸汽起货机、电动液压起货机和电动起货机等几种类型；按机械结构的形式主要分为吊杆式起货机和回转式起货机两大类。

早期的起货机是用蒸汽机拖动的，随着船舶电气化程度的提高，逐渐被电动起货机和电动液压起货机取代。电动液压起货机在20世纪60年代获得迅速发展，是一种有发展前途的起货机。

蒸汽起货机的优点是：可靠性较大，有较大的起动转矩和自制动能力；在低速时能吊起重物，在空钩时又能随负载的减少而提高转速；调速平滑而且有较大的过载能力等。其主要缺点是：热效率低、经济性较差；需要很长的输送蒸汽管道；噪声和振动较大；使用前要暖缸等。目前，一般船舶上已不使用蒸汽起货机，但在油船上因甲板上要避免电气设备可能产生的电火花，故仍有采用蒸汽起货机的。

电动液压起货机的优点是：无级调速，调速平滑，运行平稳，噪声小；有良好的制动能力；易于吸收冲击负载，并能自动防止过载。由于调速和反向在液压系统中控制，因此不要求电动机频繁地起动、制动、调速和逆转，可采用普通鼠笼式异步电动机拖动油泵，简化了电气控制电路。另外，液压传动系统的优点是：传动效率高，传动装置质量轻，惯性小。缺点是：制造精度要求高；油管道系统复杂；漏油时不易修复；油液中渗入空气会产生噪声。

电动起货机的优点是：便于实现自动化和远距离控制；振动和噪声小；可采用多电动机拖动或选用各种类型电动机来满足起货机对电力拖动提出的要求，因此可设计成紧凑的拖动系统。缺点是：电气控制系统较复杂；在电气管理和维护方面要求较高。

二、起货机的运行特点

起货机与其他设备相同，由原动机、传动机构和工作机构3部分组成。电动起货机的3个主要部分是：电动机、传动机构（由电减速箱和离合器组成）、工作机构（由卷筒、机械刹车装置和吊货杆等组成）。

吊杆式电动起货机的结构示意如图5-1-1所示。电动机通过两级减速齿轮使电动机的转速 n_1 变为卷筒的转速 n_2。主动轴的转速 n_1 与从动轴的转速 n_2 的比值为传动比 i，即 $i=n_1/n_2$。

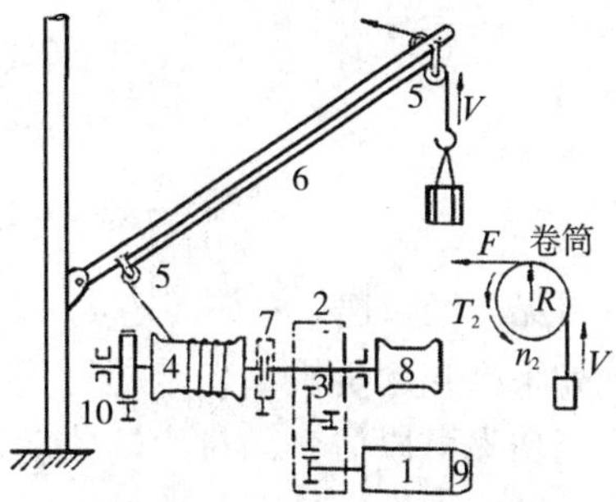

1—电动机；2—减速箱；3—齿轮箱；4—卷筒；5—滑轮；6—钢索；7—离合器；8—系缆筒；9—电磁制动器；10—机械刹车

图5-1-1　吊杆式电动起货机的结构示意

例如，国产HJD3.0型交流起货机的传动比为22.1，电动机的额定转速 $n_N=710$ r/min，则卷筒的转速 $n_2=n_1/i=710/22.1=32.1$ r/min。通过减速箱的传动，由于转速降低，其拖动转矩由电动机轴上的转矩 T_1 变为卷筒上的转矩 T_2。机械传动系统因存在摩擦阻力，使机械功率损耗，用传动系统的机械效率 η 表示，η 不低于80%。主动轴的输出功率为 P_1，传送到从动轴的功率为 P_2，则

$$P_1=\frac{T_1n_1}{9.55\times10^3}\ (\text{kW}) \tag{5-1-1}$$

或

$$T_1=9.55\times10^3\,\frac{P_1}{n_1}\ (\text{N}\cdot\text{m}) \tag{5-1-2}$$

由于

$$P_2=\frac{T_2n_2}{9.55\times10^3} \tag{5-1-3}$$

$$P_2=P_1\eta \tag{5-1-4}$$

因此

$$\frac{T_2n_2}{9.55\times10^3}=\frac{T_1n_1}{9.55\times10^3}\eta \tag{5-1-5}$$

可得

$$T_2=T_1\,\frac{n_1}{n_2}\eta=T_1i\eta \tag{5-1-6}$$

式中：转速的单位是 r/min；转矩的单位是 N·m；功率的单位是 kW。

根据电动机的铭牌数据，能计算电动机在额定状态下工作时卷筒发出的转矩 T_{2N}，额定吊货重量 G_N 和额定起货速度 v_N。

例如：已知 HJD3.0 型起货机，$i=22.1$，$\eta=0.8$，卷筒半径 $R=0.2$ m，电动机的额定功率 $P_N=26$ kW，额定转速 $n_N=710$ r/min，则

$$T_{2N}=9.55\times10^3\frac{P_N}{n_N}i\eta=9.55\times10^3\times\frac{26}{710}\times22.1\times0.8=6\ 183\ \mathrm{N\cdot m}$$

$$G_N=\frac{T_{2N}}{gR}=\frac{6\ 183}{0.2\times9.8}\approx3\ 154\ \mathrm{kg}\approx3\ \mathrm{t}$$

$$v_N=2\pi Rn_2=2\times3.14\times0.2\times32.1=40.3\ \mathrm{m/min}$$

可见，经减速，卷筒转矩 T_2 提高 $i\eta=17.7$ 倍，可吊货 3 t，额定提升速度为 40 m/min。

如果已知起货机的额定起货重量为 G_N，额定吊货速度为 v_N，那么吊杆式起货电动机的额定功率可以估算，对齿轮传动机构传动效率可取 0.8 左右（但实际设计时，按负载图采用等值效率法计算，选择相应暂载率的电动机）。

例如：已知 HJD3.0/5.0 型起货机，$G_N=3$ t，$v_N=40$ m/min，取 $\eta=0.8$，则电动机额定功率为

$$\begin{aligned}P_N&=\frac{G_N\cdot v_N}{60\eta}(\mathrm{W})\\&=\frac{9.8G_N\cdot v_N}{60\eta}(\mathrm{kW})\\&=\frac{9.8\times3\times40}{60\times0.8}=24.5\ (\mathrm{kW})\end{aligned}$$

查电动机产品目录，在 JZF4/8/28 型中，选取接近的功率为 26 kW（指中速功率，即吊额定起货量的功率），可满足要求。

1. 单杆式电动起货机

吊杆式电动起货机有单杆式和双杆式 2 种。单杆式电动起货机是一种具有电动回转和变幅的起货机，如图 5-1-2 所示。图中有 3 台电动绞车，1 是提升和下降货物的升降绞车；2 是吊杆升降的变幅绞车；3 是吊杆回转的回转绞车。其主令控制器有特殊的结构将变幅与回转控制合在一个手柄上操作，可按要求同时控制吊杆的升降和回转。这种起货机操作灵活、平稳，可减少吊杆千斤索的伸缩次数，从而减轻工作强度，提高工作效率。

2. 双杆式电动起货机

图 5-1-3 所示为双杆式电动起货机示意，它是用 2 台起货机在起货过程中相互配合进行工作。吊杆不转动，货物水平移动靠 2 台起货绞车同时协调工作完成。双杆吊货的工作过程如图 5-1-4 所示。图中横坐标表示时间 t，纵坐标表示电动机的负载转矩 T_L（此负载图在负载转矩与电动机转矩相平衡时作出，因此图中 T_L 即为 T，横坐标以上为电动状态，以下为制动状态）。各段时间动作情况分述如下。

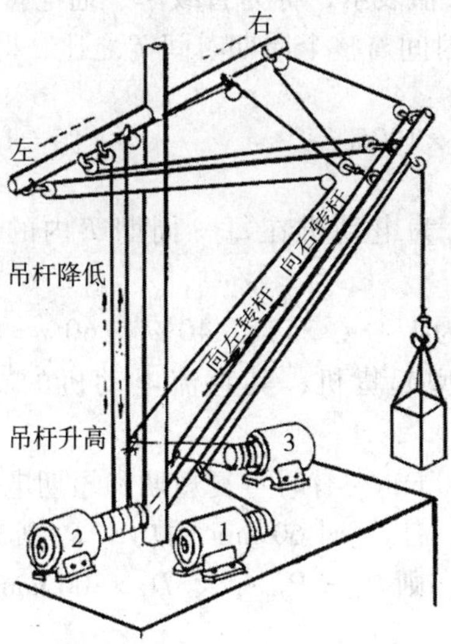

图5-1-2　单杆式电动起货机

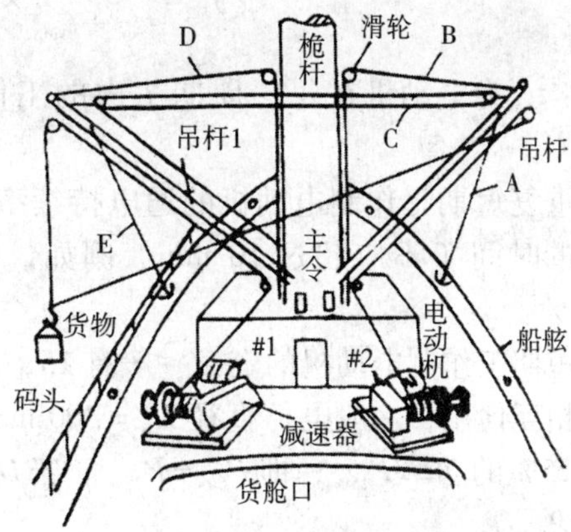

图5-1-3　双杆式电动起货机

（1）t_1 为吊货阶段。货物挂上吊钩后，1号起货机吊货物，此时1号电动机轴上的负载转矩为 T_{L_1}，2号起货机收起松弛的钢索，其负载转矩为 T'_{L_1}。

（2）t_2 为货物由舱外向舱口移动段。在此期间，货物已吊到一定高度，2号起货机开始拉货物向舱口移动，其负载转矩从 T'_{L_1} 逐渐增加到 T'_{L_2}；而1号起货机则松索，其负载转矩从 $-T_{L_2}$（开始松索后货物拉电动机转为制动状态）到 $+T_{L_3}$，当负载移到2号起货机，其货物拉力大于摩擦力时，1号起货机不再受负载拖拉，而是电动松索。

（3）t_3 为降货物阶段。此时货物已移到舱口上，货物拉2号起货机反转，其负载转矩为 $-T'_{L_3}$，而1号起货机继续电动松索，其力矩为 T_{L_3}。

（4）t_4 为货物放到舱底后，把货物从吊钩上取下的卸货时间。2台电动机都停止工作。

（5）t_5 为收索时间，当吊钩脱开货物后，电动机开始电动收索。1，2号电动机轴上的转矩分别为 T_{L_4} 和 T'_{L_4}，将空钩吊起。

（6）t_6 为吊钩从舱口移至船舷外的时间。当吊钩提升到高于货舱后，1号起货机继续电动收索，转矩为 T_{L_5}，而2号起货机为电动松索，转矩为 T'_{L_5}。

（7）t_7 为放下吊钩阶段。当吊钩移到码头上方时，1号和2号起货机同时电动松索，转矩分别为 T_{L_6} 和 T'_{L_6}。

（8）t_8 为装货时间，2台电动机都停止工作。

以后的工作过程为不断的重复上述过程。

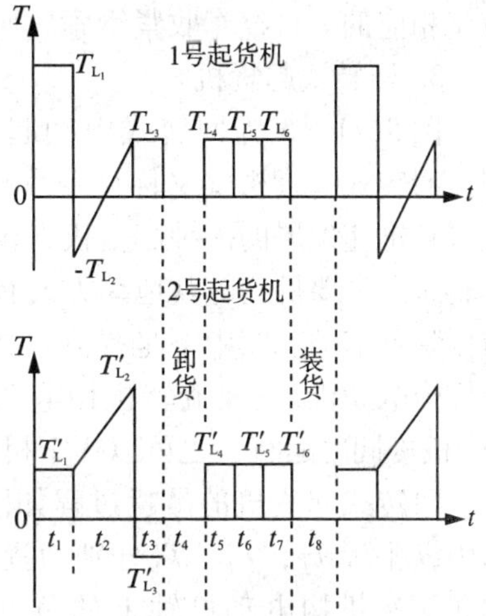

图5-1-4　双杆吊货的工作过程

由图5-1-4可知，起货电动机是重复短期工作制的电动机，也就是在周期性有规律地断续运转。因此，起货机不采用连续工作制的电动机而采用专用的重复短期工作的电动机。这种工作制用百分数 J_C 值表示，称为暂载率、通电持续率（负载持续率）或间歇率，表示在 1 个周期内，工作时间与整个周期时间 T 之比，即

$$J_C=\frac{t_{run}}{t_{run}+t_{stop}}\times 100\%=\frac{t_{run}}{T}\times 100\% \qquad (5-1-7)$$

式中：t_{run} 为电动机在每一周期 T 内的工作时间；t_{stop} 为电动机在每一周期 T 内的停止时间。

重复短期工作制电动机的通电持续率一般规定为 15%，25%，40% 和 60%。1 个周期的时间 T 不应超过 10 min。例如，国产 HZD 型起货机，其直流电动机的 J_C 值为 25%。

短期工作制电动机的定额一般有 15，30，60 和 90 min。有时重复短期和短期电动机可以相互代用，一般电枢直径 $D_a=300$ mm 的电动机，其短时 60 min 的功率 P_{60} 等于 J_C 值为 25% 的功率 $P_{25\%}$，即 $P_{60}=P_{25\%}$。若 $D_a<300$ mm，则 $P_{60}<P_{25\%}$；若 $D_a>300$ mm，则 $P_{60}>P_{25\%}$。

暂载率是起货电动机的重要指标，电动机的 J_C 值不能小于起货机实际运行时的 J_C 值，否则电动机将过热而影响使用寿命。若 J_C 值选择过大，则电动机的功率不能被充分利用。

允许接通次数是起货电动机的另一个主要性能指标。起货电动机的起动和制动次数很多，其电流在绕组中造成的损耗将引起电动机发热，同时影响电器的使用寿命。因此，起货电动机的接通次数要加以限制。如国产 HJD 型起货机使用的变级变速（4/8/28 极）电动机的允许接通次数为 240/480/480 次/h，总共为 1 200 次/h，运行中如超过此数，电动机将过热。

在运送重型机件的大舱口型货船上，常装设吊杆式重吊。如国产大舱口型货船上采用 HJD 型 120 t 重吊，装有 JZFH7#4/8/28 型电动机拖动的 4 台绞车：其中 2 台是用来升降货物的升降绞车，当提升或下降货物时，2 台升降绞车必须同时以相同速度和相同旋转方向运行；另外 2 台是用来使吊杆升降或回转的变幅及回转绞车。当吊杆升高时，2 台绞车同时绞紧钢索；当吊杆下降时，2 台绞车同时放松钢索，当要使吊杆左右回转时，应将相应的一台绞车收紧钢索，而另一台绞车放松钢索。

3. 回转式起货机

图 5-1-5 为回转式电动起货机的结构示意图。回转式起货机（又称克令吊）是 20 世纪 60 年代得到迅速发展的一种起货机，包括提升、变幅和回转 3 个主要机构。其拖动方式有电力拖动和电动液压装置拖动。图中 1 是提升机构电动机，2 是变幅机构电动机，3 是旋转机构电动机。一般是操作 2 个机构同时运行，也可以 3 个机构同时工作。

回转式起货机的吊货过程如图 5-1-6 所示。图中纵坐标 T_L，T'_L，T''_L 分别为提升机构、回转机构和变幅机构电动机轴上的负载转矩，横坐标 t 为时间。

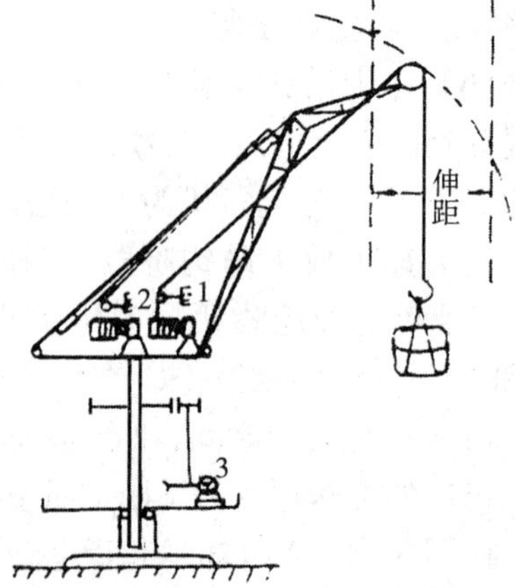

图 5-1-5　回转式电动起货机的结构示意

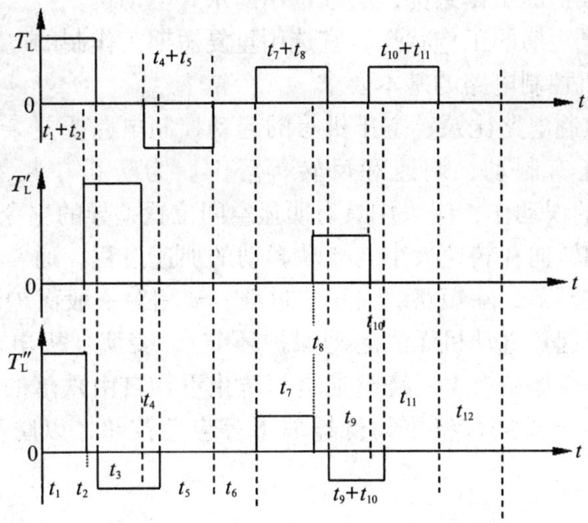

图5-1-6　回转式起货机的吊货过程

回转式起货机的工作过程如下：

（1）t_1 段吊起货物，同时伸距由最大到最小（变幅）。

（2）t_2 段继续吊货至需要高度，同时开始回转（回转机构起动时，伸距必须最小）。

（3）t_3 段继续回转至需要位置，同时伸距由最小开始变大。

（4）t_4 段伸距继续变化至最大，同时开始落货。

（5）t_5 段继续落货直至“着陆”。

（6）t_6 段卸货，各电动机停止工作。

（7）t_7 段空钩吊上，同时伸距由最大到最小。

（8）t_8 段继续吊空钩至需要高度，同时开始回转。

（9）t_9 段继续回转至需要位置，同时伸距由最小开始变大。

（10）t_{10}段伸距继续变化至最大，同时开始下放空钩。

（11）t_{11}段继续放下空钩，直至“着陆”。

（12）t_{12}段装货，各电动机停止工作。

以上是一个工作周期，以后的工作为重复上述过程。

三、对电力拖动及控制的要求

1. 对拖动电动机的基本要求

（1）由于起货机负载变化的幅度很大，在紧急情况下，也需要将重物吊起，因此要求电动机的过载性能好，起动力距足够大。

（2）为了充分发挥电动机的容量，提高装卸速度，要求电动机具有较软的机械特性，以自动适应轻载快速运行，重载慢速运行。

（3）调速范围要广，通常要求 n_{max}/n_{min}在 7 ~ 10 r/min 范围内。

（4）为加快起动和制动，缩短装卸货物的时间，提高劳动生产率（每小时起货重量），减小起动、制动过程中的能量损耗，提高效率，要求选用转子惯量（GD2）尽量小的电动机。

（5）为适应甲板上的工作条件，必须选用防水式电动机。

（6）为适应重复短期的工作状态，宜选用重复短期工作制的电动机。

2. 对电动起货机控制电路的基本要求

电动起货机的控制电路比泵、空压机等的起动控制电路要复杂得多，除自动起动和基本保护环节外，还有制动、调速和反转等环节。为防止在频繁的操作过程中，在“起”“落”方向上的误动作，应采用具有明显空间位置差异的主令控制器，根据操作者的要求控制电动机的转向和转速大小。自动起动的加速过程，通常按时间或电流方式进行，应有完善的保护环节，除短路、失压、过载、缺相等一般保护环节外（如风门未打开，风机不能起动，起货电动机无法起动保护环节），交流变极电动起货机在手柄换挡过程中，电动机至少应保持有1副绕组通电，防止重物自由跌落的环节。此外还必须设置发生故障时紧急停车或强行将重物低速放下等应急按纽，以防事故扩大或造成严重货损。

任务实施

教学阶段	学习任务	知识点	活动设计（讲解、示范、组织、指导、安排和操作）	课时/min
1. 内容引入	掌握船舶起货机的用途	起货机的作用	启发、提问（船舶怎样装卸货物？船舶机舱设备的安装及搬运）	5
2. 资料查询	查找船舶起货机的类型； 查找船舶起货机的组成	船舶起货机的分类； 船舶起货机的构成（四大机构：起升机构、旋转、变幅、行走）	教材的阅读； 课程网站的利用	20
3. 观看船舶起货机的实物照片	观察起货机的结构	结构组成	观看相关实物照片； 讲解、提示	10
4. 观看船舶起货机装卸作业工作的视频片段	观察起货机各个机构的工作过程	装卸作业工作过程	观看船舶起货机装卸作业视频； 强调、指出注意事项	10
5. 学习单吊杆船舶起货机的结构特点	掌握单吊杆船舶起货机的结构、工作原理	单吊杆起货机的结构； 单吊杆起货机的工作原理	讲解、图片介绍、小组讨论	20
6. 学习双吊杆船舶起货机的结构特点	掌握双吊杆船舶起货机的结构、工作原理	双吊杆起货机的结构； 双吊杆起货机的工作原理	讲解、图片介绍、小组讨论	20

（续表）

教学阶段	学习任务	知识点	活动设计（讲解、示范、组织、指导、安排和操作）	课时/min
7. 学习回转式船舶起货机的结构特点	掌握回转式船舶起货机的结构、工作原理	回转式起货机的结构； 回转式起货机的工作原理	讲解、图片介绍、小组讨论	20
8. 查询资料	掌握船舶对起货设备的基本要求； 掌握船用起货机对电力拖动及控制的要求	船舶对起货设备的基本要求； 船用起货机对拖动电动机的要求； 船用起货机对控制电路的要求	教材的阅读； 课程网站的利用	45
9. 分析船舶电动起货机的控制原理	掌握变极调速起货机的控制原理； 掌握对恒转矩调速起货机的要求	电路元件； 主电路的分析； 控制电路分析（包括零位保护、正转起动1～3挡的分析、停车分析和快速反转分析）； 电路存在的各种保护	讲解、讨论	45
10. 讨论，完成给定思考题	掌握逆转矩控制实现方法	课堂小结	讨论，提交报告	10
11. 布置作业	拓展知识	三级制动	思考、课前提问	5

模块 2　电动起货机控制电路的安装与调试

学习目标

1. 了解起货机系统的作用、结构、分类；
2. 学会识读船舶电气系统图、原理图、接线图及规范；
3. 会分析双杆式电动液压起货机系统的控制电路。

模块描述

本模块的任务是在对控制电路原理分析的基础上，进行电气接线的安装与调试，使学生在安装与调试过程中，掌握船舶电动起货机的控制原理及工作过程等。

工作任务

电动起货机控制电路的安装、调试。

知识准备

船用交流电动起货机一般采用变极调速系统和绕线式异步电动机。随着可控硅技术的发展，交流电动机变频调速系统越来越获得广泛应用。本模块只介绍变极调速系统和绕线式异步电动机拖动系统。

一、对船用交流变极变速的起货机控制电路的要求

（1）控制设备工作可靠、操作灵活。主令控制器设有零位、上升和下降各 3 挡。

（2）控制电路与主电路必须使用同一电源。当用直流电磁制动器时，也必须用同一电源整流后供电。

（3）设有自动起动环节。当主令控制器手柄从零位直接扳到上升（或下降）的高速挡时，系统能保证从零位→低速→中速→高速，自动逐级延时起动，以减少电流冲击和能量损耗，并加快起动过程和降低接触器开断电流，起动时间应小于 2 s。

（4）三级自动制动停车。为减轻电磁制动器负担，减少制动能量损耗和加快制动过程，从高速挡到零位停车时实现：低速再生制动→电气和机械联合制动→电磁制动器单独机械制动到停车。从高速停车的时间应小于 1 s。

（5）有逆转矩控制环节。为避免发生电源反接制动，当主令控制器手柄从上升第三挡扳到下降第三挡，或相反方向操作时，首先实现高速挡到零位的自动停车过程，然后再实现零位到反向高速挡的自动起动过程。

（6）不应发生重物自由跌落的状态。起动时应保证先接通电动机低速绕组后，再使电磁制动器松闸。

（7）在换挡过程中，当主令控制器手柄在2挡之间的位置时，电动机总有一个绕组通电。在加快换挡过程中，加速接触器动作的次序应为：中速接触器的线圈通电后，断开低速接触器的线圈；高速接触器的线圈通电后，断开中速接触器。在换挡过程中，电磁制动器应保持松开状态。

（8）不允许中、高速绕组发生堵转，即制动器未松闸时，中、高速绕组不能通电。

（9）应有短路、失压、过载、单相运行等保护。装设紧急开关，风门开关。当风机过载停转时，起货机电动机在低速级仍可运行。起货电动机与吊杆机应有联锁保护。

二、变极调速电动起货机简介

图5－2－1所示为变极调速电动起货机控制电路，该起货机配用JZF－H6型26/26/5.5 kW三速鼠笼式异步电动机。通过改变齿轮箱的传动比，使额定起货量既可以是3 t，又可以是5 t。3 t的额定起货速度为40 m/min，5 t时为24 m/min。电动机是三速鼠笼式异步电动机，定子上有3套各自独立的绕组，其磁极对数分别为2，4和14，同步转速分别为1 500，750和214 r/min。4对极为额定级，该绕组在工作时，以额定转速提升额定负载。2对极为高速级，由于2对极和4对极的额定功率都是26 kW，属于恒功率调速，所以当2对极绕组工作时，只允许提升1/2额定负载的货物。因此，在控制电路中设有检测起重量的负载继电器KI，以保证在起重量超过1/2额定重量时不进入高速。14对极为低速级，用以使货物安全落地。该级的起动力矩约为额定力矩的2倍，而起动电流并不大，仅为额定电流的2倍。

根据对变极调速交流电动起货机控制电路的要求，本控制电路可以保证：

（1）能自动地按时间方式逐级加速起动，与操作者扳动主令手柄的速度无关；

（2）不发生重物自由跌落的现象，这就是在起动时总是在低速绕组接通电源以后，机械制动器才松闸的原因；

（3）在变速过程中，当主令手柄在2挡中间位置（甚至停留在中间位置）时，电动机总有1副绕组通电，即在加速过程中，中速接触器KM_2的线圈通电后，低速接触器KM_1的线圈才断电，高速接触器KM_3的线圈通电后，中速接触器KM_2才断电，且电磁制动器始终保持松闸状态；

（4）不发生中速和高速堵转；

（5）不发生中速和高速反接制动，以避免过大的能量损耗和冲击电流。

三、控制电路在各挡位工作情况的分析

1. 主令控制器手柄在“0”位

KM_{A-1}，KM_{A-4}闭合。合上隔离开关QS、风门开关和控制器钥匙开关KMC，风扇电动机接触器KM_5的线圈通电，主触头闭合，风扇电动机1M起动，冷却三速电动机。其常开辅助触头KM_5（7），KM_5（18）闭合，前者使零压继电器KA_1的线圈通电，其常开触头KA_1（8）闭合自保。KA_1（7）闭合，使接触器KM_1，时间继电器KT_4和KT_5获电动作，同时变压器T的副方有电，经整流后，使时间继电器KT_3获电动作。

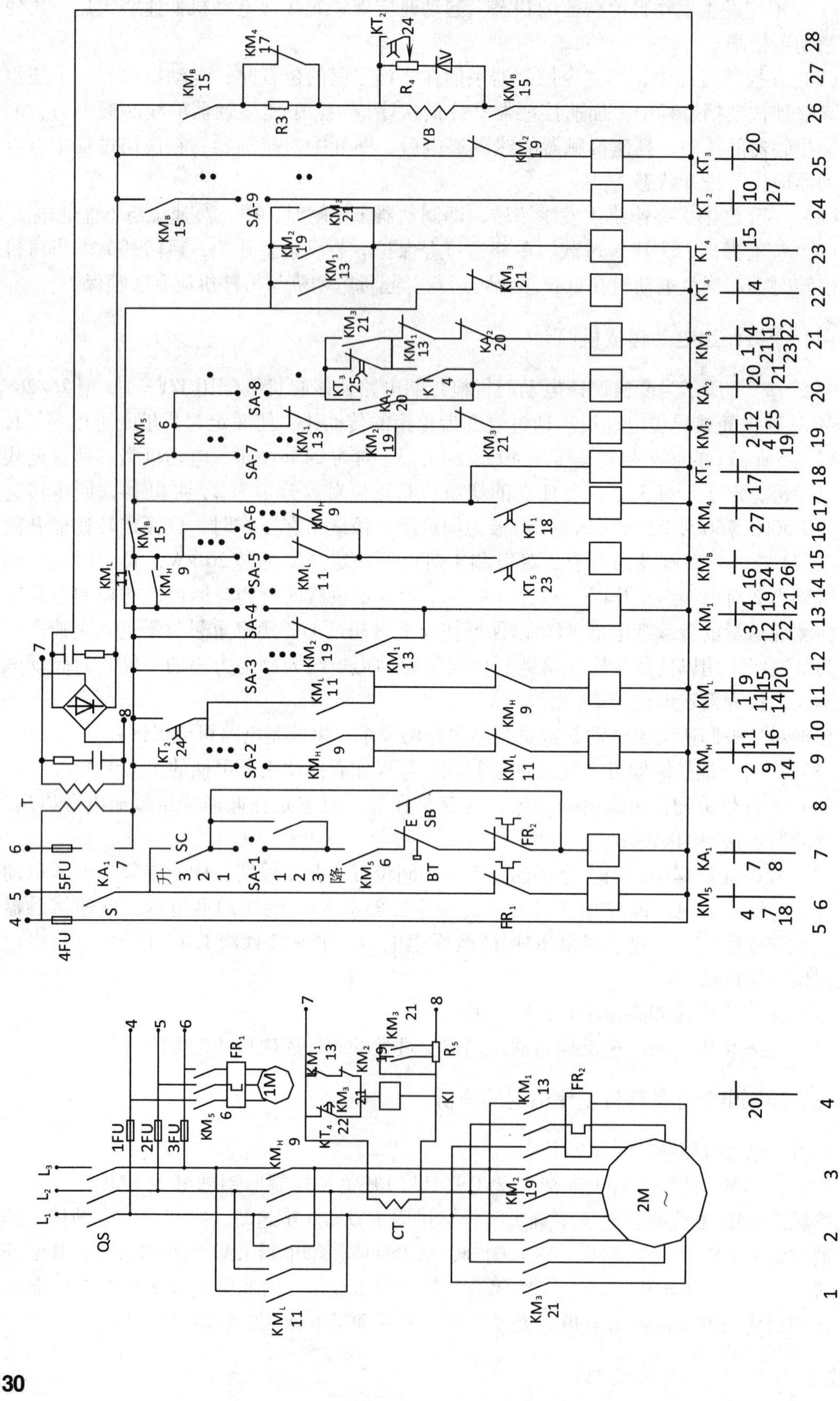

图5-2-1 变极调速电动起货机控制电路

KM_1 的线圈通电，接通 14 对极低速绕组，为低速起动作准备；常开辅助触头 KM_1（12）闭合，从 1 速到 2 速的过程中自保 KM_1 的线圈通电，且与中速接触器的常闭辅助触头 KM_2（12）构成“交替电路”；KM_1（22）闭合，KT_5 的线圈获电，其常闭辅助触头 KM_1（19），KM_1（12），KM_1（4）断开。

KT_4 和 KT_5 的线圈获电，KT_4（4）立即断开，KT_5（15）立即闭合，为制动接触器 KM_B 线圈获电做准备。

KT_3 的线圈获电，KT_3（20）立即断开，避免电动机高速直接起动的可能性。

“0”位有 4 个继电器（KA_1，KT_3，KT_4，KT_5）和 2 个接触器（KM_5，KM_1）获电动作。

2. 令手柄扳到起货“1”位

KM_{A-2}，KM_{A-4}，KM_{A-5}闭合。起货接触器 KM_H 的线圈获电，主触头闭合，14 对极低速绕组正向接通，产生起动力矩 T_{st}（图 5－2－2 中特性曲线 1 的 A 点）。常闭辅助触头 KM_H（11），KM_H（16）断开，前者实现电气互锁；后者和 KM_L（15）以及 KM_{A-6}，KM_{A-5} 构成“逆转矩控制电路”的一部分。KM_H（9），KM_H（14）闭合，前者和 KT_2（10）以及 KM_L（14）构成“逆转控制电路”的另一部分；后者接通制动接触器 KM_B 线圈的电源，保证制动器 YB 的线圈通电松闸。在低速绕组通电之后，电动机低速运转；KM_B（16），KM_B（24）闭合，前者使 KT_1 的线圈获电，KT_1（17）延时闭合，强励接触器 KM_4 的线圈获电，KM_4（27）打开，把经济电阻 R_3 串入制动器 YB 的线圈之中，后者为在“2”位接通 KT_2 的线圈做准备。

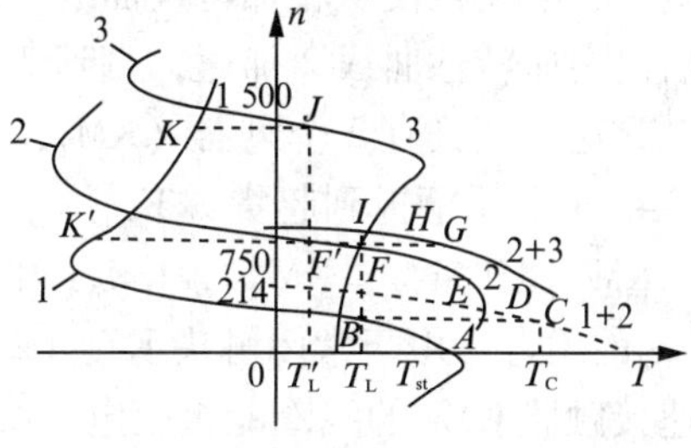

图 5－2－2　三速电机的机械特性曲线

因 14 对极低速绕组接通电源后，需经过制动接触器从获电到衔铁吸合的固有时间 Δt_1 和制动器 YB 的线圈从获电到松闸的的固有时间 Δt_2，电动机才能低速起动，在（$\Delta t_1 + \Delta t_2$）时间内，电动机处于低速堵转状态，这就免除了重物自行跌落的可能。

14 对极低速起动后，由于起动电磁力矩 T_{st}大于负载力矩 T_L，转速将从 0 沿特性曲线 1 上升，电磁力矩逐渐减小，直到 B 点与负载力矩 T_L 相平衡，电动机便稳定运行于特性曲线 1 的 B 点（见图 5－2－2）。

在这一挡位又有 4 个电器（KM_H，KM_B，KT_1，KM_4）的线圈获电动作。

3. 主令手柄扳到起货“2”位

KM_{A-2}，KM_{A-5}，KM_{A-7}，KM_{A-9}闭合。KM_H，KM_B 的线圈仍通电，中速接触器 KM_2 的线圈获电；主触头闭合，4 对极中速绕组接于电网；辅助触头 KM_2（19）闭合，并与 KM_1（19）串联，为从起货“2”位到“3”位的变速过程中，起自保 KM_2 的线圈的作用。辅助触头 KM_2（25），KM_2（12）断开，前者使 KT_3 的线圈断电，KT_3（20）闭合，为高速接触器 KM_3 的线圈获电做准备，这也说明即使主令手柄快速扳到起货“3”位，电动机的加速也仍按时间顺序进行，与操作者动作的快慢无关；后者使 KM_1 的线圈断电，显然这是发生在 KM_2 的线圈通电之后，KM_1（21）闭合，为高速接触器 KM_3 的线圈获电做好准备。

由于 KM_{A-9}闭合，KM_B（24）在“1”位已经闭合，KT_2 获电，KT_2（10）立即闭

合，与 KM_H（9）或 KM_L（11）串联，构成“逆转矩控制电路”。

手柄在起货“2”位，KM_{A-4} 虽已断开，但 KM_1 的线圈仍经过由 KM_2（12）和 KM_1（12）串联组成的“交替电路”而获电，只有在起货“2”位，KM_2 的线圈通电之后，由于 KM_2（12）打开，才能使 KM_1 的线圈断电，说明电动机的低速绕组只有在中速绕组通电之后才能脱离电网。在这个暂短的时间间隔 Δt（为从接触器 KM_2 的衔铁吸合到接触器 KM_1 的衔铁释放的时间）中，低速、中速绕组都接入电网，电动机运行在 14 对极低速特性曲线 1 和 4 对极中速特性曲线 2 按力矩相加（同一转速下）所得到的特性曲线（1+2）上的 c 点。经过 Δt 时间后，接触器 KM_1 的衔铁释放，14 对极低速绕组脱离电网，电动机便从相加特性曲线（1+2）的 D 点转移到 4 对极中特性曲线 2 的 E 点，然后沿中速特性曲线 2 加速，直到 $T=T_L$ 时，电动机稳定运行于特性曲线 2 的 F 点。

在这一挡又有 2 个电器（KM_2，KT_2）的线圈获电动作，而 KM_1 和 KT_3 的线圈断电。

4. 主令手柄扳到起货“3”位

KM_{A-2}，KM_{A-5}，KM_{A-7}，KM_{A-8} 和 KM_{A-9} 闭合。与起货“2”位不同的仅是增加了 KM_{A-8} 的闭合，由于常闭触头 KT_3（20）和 KM_1（21）在起货“2”位已恢复闭合，所以高速接触器 KM_3 的线圈能否获电，决定于中间继电器的常闭触头 KA_2（21）能否恢复闭合；而 KA_2 的触头能否恢复闭合，又决定于负载继电器 KI（20）的常开触头能否打开。因此，（2 对极）高速绕组同（4 对极）中速绕组是按恒功率 26 kW 设计的。根据齿轮箱的传动比，如果 4 对极的额定吊货重量为 3 t，则 2 对极的额定吊货重量应为 1.5 t。如果 4 对极中速运行时的吊货重量大于 1.5 t，则由电流互感器 CT 检测的负载电流将负载继电器 KI 的衔铁吸合（电流通过串联的常闭触头 KM_1（4）和 KM_3（4），这是因为常闭触头 KT_4 在“0”位时已打开），其常开触头 KI（20）闭合，使 KA_2 的线圈获电动作，触头 KA_2（20）闭合自保，其常闭触头 KA_2（21）打开，使 KM_3 的线圈不能获电，电动机不能进入高速；其另 1 个常闭触头将控制另 1 台电动机也不能进入高速，这就保证 2 台双吊杆起货机只能运行于中速。

反之，如果 4 对极中速运行时的吊货重量不足 1.5 t，则 KI 的常开触头 KI（20）仍打开，KA_2 的线圈仍断电，KA_2（21）闭合，接通 KM_3 的线圈，KM_3 的主触头闭合，电动机的高速绕组接入电网：辅助触头 KM_3（21）闭合，在 KT_3 的线圈通电的情况下自保 KM_3 的线圈通电，另 2 个辅助触头 KM_3（19），KM_3（22）打开，前者使 KM_2 的线圈断电，这就保证只有在高速绕组确实接入电网后，才使中速绕组脱离电网；后者使 KT_4 的线圈断电，其常闭触头 KT_4（4）延时闭合，使负载继电器 KI 避开由于在换成高速挡时的冲击电流而产生的误动作。

在高速绕组接入电网，而中速绕组尚未脱离电网的 Δt 时间间隔内，电动机的工作点从中速特性曲线 2 的 F 点换接到相加特性曲线（2+3）的 G 点。经过 Δt 的时间后，KM_2 的衔铁释放，4 对极中速绕组脱离电网，电动机便从相加曲线（2+3）的 H 点转移到 2 对极高速特性曲线 3 的 I 点，然后沿高速特性曲线 3 逐渐加速，直到电动机的电磁力矩与轻载（或空钩）的负载力矩 T'_L 相平衡，电动机稳定运行于特性曲线的 3 的 J 点。

这一挡，如果是轻载，则 KM_3 的线圈通电动作，进入高速运行，KM_2 的线圈断电，KI 的线圈电流不到动作值；如果是重载，则退回到中速或维持中速运行，KI 和 KA_2 2 个继电器动作。

5. 主令手柄从“0”位迅速扳到起货“3”位

原来在“0”位已有4个继电器（KA_1，KT_3，KT_4，KT_5）和2个接触器（KM_5，KM_1）获电动作。如果不考虑手柄经过中间各挡的操作时间，则控制电路的工作情况是：起货接触器KM_H获电动作，其主触头闭合，低速绕组接入电网，因为电磁制动器尚未松闸，所以低速绕组处于堵转状态，待KM_H（14）闭合后，KM_B的线圈才接通电源，KM_B（16），KM_B（24），KM_B（26）闭合使KM_2和YB的线圈同时接通电源。通常由于制动器YB的惯性较大，其衔铁吸合（松闸）的时间略大于接触器KM_2的固有动作时间，因此将会出现极短的中速堵转。待电磁制动器松闸后，中速起动，KM_2（12），KM_2（25）打开，前者使KM_1的线圈断电，低速绕组脱离电网；后者使KT_3的线圈断电，约经过0.5 s延时后KT_3（20）恢复闭合。若吊货重量不足1.5 t，则负载继电器KI的衔铁不吸合，KA_2的线圈不通电，KM_3的线圈获电动作，KM_2的线圈断电，电动机由中速过渡到高速运行。

6. 主令手柄从起货“3”（或2）位迅速扳到“0”位

由于原来在起货“3”（或2）位时，KT_2的线圈已通电，KT_2（10）已处于闭合状态，KM_H的线圈由KM_{A-2}支路和KT_2（10），KM_H（9）自保支路2路接入电网。KT_2是实现再生制动的时间继电器。当主令手柄迅速由起货“3”（或2）位回到“0”位时，①KM_{A-9}打开，KT_2的线圈断电，触头KT_2（10）延时后才断开，所以KM_H的线圈经由自保支路仍通电；②KM_{A-4}已闭合，KM_1的线圈通电，使电动机从高速（或中速）绕组通电转移到低速绕组通电，其工作点由第Ⅰ象限的J（F）转到第Ⅱ象限低速特性曲线1的K（或K'）点，再生制动开始，电动机转速沿曲线1下降；③虽然KM_{A-5}开，KM_B的线圈断电，但由于电磁制动器YB的线圈有较大电感，电流不能突变，将通过二极管V，R_4和触头KT_2（27）构成放电回路。放电电流将使YB延时刹车。通常KT_2的延时应调整在进入第Ⅰ象限的低速电动状态前动作，使低速绕组断电；而YB的延时（调节R_4）刹车则应发生在再生制动结束前，以实现三级制动停车过程：即再生制动、再生与机械联合制动和最后的机械制动，直到停车。

7. 落货

主令手柄从“0”位慢速逐渐扳到“落货”各挡位，从“0”位快速扳到落货“3”位，以及从落货“3”（或2）位快速扳到“0”位的动作情况与“起货”时相似。其差别是，落货时是落货接触器KM_L的线圈通电，电动机反转，而且在重载落货时，电动机运行于再生制动状态。

应指出的是，由于落货时的摩擦力矩T_0与电磁力矩T同方向，共同平衡负载力矩T_L（即$T_0+T=T_L$），而起货时的T_0与T_L同方向，共同被T平衡（即$T=T_0+T_L$），由此可见，在起、落重量相同的情况下，落货时的定子电流比起货时的要小些，因此落货的高速挡不要负载继电器KI来控制。电路中与KA_2的线圈串联的KM_L（20）在落货时已打开，KA_2（21）闭合，只要手柄在落货“3”位，电动机即可进入高速运行。

8. 主令手柄从起货“3”位迅速扳到落货“3”位

该控制电路能保证首先实现起货机从起货“3”位迅速到“0”位的制动，然后再实现从“0”位到落货“3”位按时间原则的自动起动，可以避免反接制动。

其动作情况如下：KM_{A-9}在手柄快速操作过程中，从起货“2”位后到落货“2”位前是断开的，KT_2的线圈断电，在其延时范围（如0.75 s）内，其触头KT_2（10）尚未打开，KM_H的线圈通过自保触头KM_H（9）仍继续通电，其常闭触头KM_H（11），KM_H（16）仍不闭合。所以，尽管KM_{A-3}，KM_{A-6}在“落货”时都已闭合，但由于KM_H（11）触头未闭合，落货接触器KM_L的线圈仍不能立即通电，这就避免了反接制动。由于KM_H（16）触头未闭合，KM_B的线圈也不能立即通电，其常开触头KM_B（24），KM_B（16），KM_B（26）仍是断开的。第一个触头KM_B（24）的断开，保证KT_2的线圈不会在手柄快速操作过程中断电后又立即通电；第二个触头KM_B（16）的断开，保证KM_2和KM_3的线圈不会立即通电；第三个触头KM_B（26）的断开，又保证制动器YB的线圈不会立即通电松闸。另外，在手柄快速操作过程中，KM_1的线圈通电，并经由触头KM_2（12），KM_1（12）保持其通电，所以，当主令手柄由起货“3”位迅速扳到落货“3”时，首先是KT_2，KM_B的线圈断电，在KT_2的延时范围内，14对极低速绕组正向（按起货方向）接入电网。YB的线圈断电，但由于它有放电回路，将延时机械刹车，此时电动机进行再生制动，当转速迅速降低到接近214 r/min时，YB的电磁铁释放而刹车，使电动机停转（但仍是14对极低速绕组正向接入电网，电动机堵转）。再经过一个更短暂的时间，KT_2延时结束，断开其触头KT_2（10），起货接触器KM_H的线圈断电，落货接触器KM_L的线圈通电，14对极低速绕组经过极短暂的时间，反向接入电网，电动机堵转之后，KM_B的线圈通电，KM_2和Y_B的线圈相继通电，松开刹车，开始中速反向起动。再经过KT_3的延时之后，KM_3的线圈通电，电动机加速至落货“3”速。

上述主令手柄从起货“3”位迅速扳到落货“3”位（或相反）的过程是按照“先制动停车，再反向起动”的程序自动完成的。这种线路布置称为“逆转矩控制”，它可以防止反接制动，保证能够迅速来回扳动手柄，而且反转过程不受手柄操作速度的影响。

9. 保护措施

本控制电路除上述“超速起货，自动返回中速”和“逆转矩控制”外尚有以下保护：①失压保护由零压继电器KA_1实现。②控制电路短路保护由熔断器4FU，5FU实现。③风扇电动机过热保护由FR_1实现。④短路保护由1～3FU实现。风机停转后，不允许起货机继续运行，因此用KM_5的常开辅助触头KM_5（7）和KM_5（18）进行联锁保护使控制电路和KM_2，KM_3的线圈断电。为保护吊在半空中的货物能放到地面，可以按紧急按钮SB使KM_1、KM_L的线圈通电，让货物缓慢落地。热继电器FR_2用以保护低速绕组的过载和堵转。温度继电器BT以双金属片为敏感元件，每套绕组内各埋2只，互相串联。当电动机的温度超过130℃ ±10% ×130 ℃时，BT的触头断开使KA_1的线圈断电，电动机停止运行。

10. 负载继电器KI的连接

在4中已述及，当主令手柄扳到起货“3”位时，电动机能否进入高速运行，要由负载继电器KI检测和执行。由于异步电动机的空载电流大、功率因数低，其空载电流与满载电流在数值大小上相差不大，而功率因数却相差很大，如图5－2－3（b）中的I_{B0}，I_B长度和相位所示。所以，若仅用KI的线圈来检测某一线电流（如I_B）并使之从空载到满载改变衔铁的状态是困难的。为此，可把KI的线圈接成如图5－2－3（a）所示的检测电路。这样流经KI线圈的电流就是B相相电流与CA线电压和纯电阻R_5所确定的电流的相量和，即满载时 $I = I_{CA} + I_B$，空载时为 $I_{FO} = I_{CA} + I_{BO}$。可见，I_F 比 I_{FO} 大得多。所以空载时 KI 的衔铁不吸合，满载时衔铁一定吸合，根据这一开关状态决定起货机能否进入高速运行。

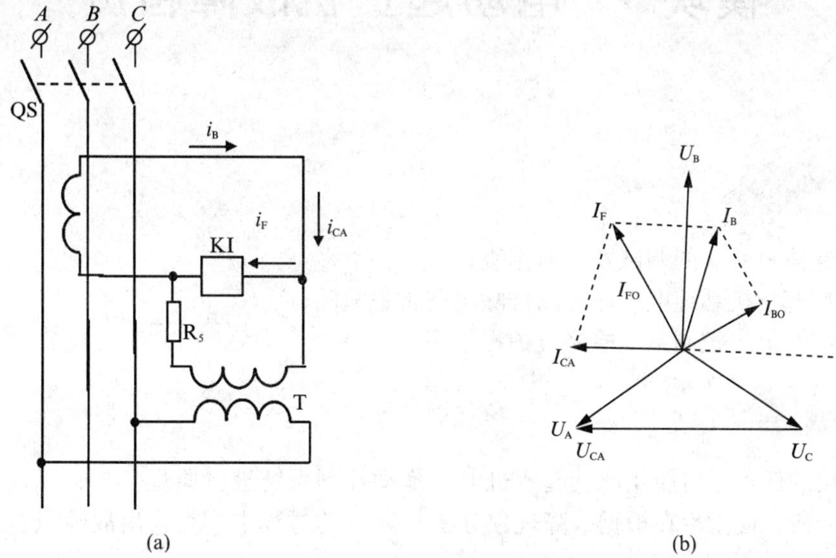

图 5-2-3　负载继电器的连接和电流向量

任务实施

教学阶段	学习任务	知识点	活动设计（讲解、示范、组织、指导、安排和操作）	课时/min
1. 知识回顾	回顾电动起货机的控制原理	交流三相异步电动机起货机控制原理	复习、提问（各个过程简述）	10
2. 观看安装动画	观察电动起货机控制电路接线布置，了解安装步骤	工具的使用； 工作顺序； 安全注意事项	观看相关动画； 强调、指出注意事项	5
3. 安装控制电路	掌握控制电路结构、安装要领	安装步骤； 安装要领； 接线要领	动手、提问（安装、接线、注意事项）、讨论、答疑	40
4. 调试控制电路	掌握电动起货机控制电路原理、调试要领	调试步骤； 调试要领； 安全注意事项	动手、提问、讨论、答疑	20
5. 小结，布置作业	拓展知识	课堂小结	讨论，提交报告	15

模块3　电动起货机故障检测

学习目标

1. 会起货机系统的调试及故障排查；
2. 对照起货机系统电气原理图排除电路常见故障；
3. 能撰写电气控制系统检修维护报告书。

模块描述

本模块的任务是对船舶电动起货机电力拖动控制系统进行原理分析，以及故障点的故障现象分析，使学生在根据故障现象分析故障点的过程中，查找出故障点位置并排除的方法。

工作任务

根据现象分析故障并排除。

知识准备

G－M系统直流电动起货机常见故障及其原因和处理方法，如表5－3－1所示。

表5－3－1　G－M系统直流电动起货机常见故障及其原因和处理方法

故障	产生原因	处理方法
继电器不能接通	（1）闸刀开关未合上； （2）控制电路熔断器烧坏； （3）线圈烧坏； （4）继电器的触头螺钉松动； （5）继电器的触头接触不良	（1）闸刀开关合上； （2）更换熔断器； （3）更换线圈； （4）上紧螺钉； （5）磨平触头
接触器不动作	（1）线圈烧坏； （2）触头接触不良； （3）继电器动作但其触头未接触	（1）更换线圈； （2）磨平触头； （3）检查继电器触头是否接触
主令控制器失去控制作用	（1）控制箱内扇形凸轮各挡位置不对使继电器误动作； （2）控制器各触头弹簧螺钉松动，触头不接触	（1）检查各位置的运作情况； （2）上紧弹簧螺钉，调整触头

（续表）

故障	产生原因	处理方法
主令控制器接通，但电动机不能起动或达不到额定转速	（1）无电源，或熔断器熔断； （2）电刷不清洁，或与整流子不接触； （3）电刷不在中性面上； （4）电刷电源电压低于额定值； （5）电动机轴上的负载过大； （6）电枢线圈各联接线中有短路或接地现象； （7）磁场线圈短路或接地	（1）检查电源，更换熔丝； （2）调整电刷弹簧或进行清洁； （3）调整电刷位置； （4）提高电源电压到额定值； （5）减少电动机的负载； （6）检查电枢线圈和各连接并消除之； （7）检查磁场线圈并排除之
电动机运转过程中转速超过正常转速	（1）电枢电压超过额定值； （2）励磁电流减少过多或励磁电路有短路现象； （3）并励磁场或串励磁场线圈接反； （4）电刷不在中性面上； （5）电动机内通风受阻塞，使并励线圈温度过高	（1）降低电枢电压到额定值； （2）检查励磁电路中有无断路； （3）将并励线圈或串励线圈的两端互换位置； （4）调整电刷位置； （5）检查通风及励线圈有否损坏
电动机运转时其线圈和铁心温度过高	（1）所加电压高于额定值； （2）电动机超载时间过长； （3）电动机线圈有短路接地现象； （4）电动机的通风散热情况不好； （5）电刷压力太大； （6）整流器流子短路	（1）降低电压至额定值； （2）减少负载； （3）检查电动机各线圈发热情况按故障情况修理； （4）检查环境温度是否过高，风扇是否脱落，风扇旋转方向是否正确，电机内部通风是否被堵塞； （5）调整电刷弹簧； （6）进行清洁，严重时需修理
起货机刹车故障	（1）控制电路中的延时继电器失灵； （2）继电器已动作，刹车线圈烧坏或线圈接线断开； （3）刹车电阻断开使线圈失电； （4）机械方面出故障，使刹车不动作	（1）检查该继电器动作情况； （2）检查刹车线圈及其接线情况； （3）检查电阻是否接通； （4）进行机械方面的检查

交流三速电动起货机常见故障及其原因和处理方法，如表 5－3－2 所示。

表 5-3-2 交流三速电动起货机常见故障及其原因和处理方法

故障	产生原因	处理方法
正倒车都不来	(1) 电源未送; (2) 熔断器烧断; (3) 刹车未打开; (4) 主令控制器失控; (5) 风门未开,或风门开关未通; (6) 温度继电器触头打开或接触不良; (7) 零位继电器触头打开或接触不良	(1) 送电源; (2) 检查熔断器予以更换; (3) 检查制动器接触器使它动作; (4) 检查主令控制器,修复; (5) 检查风门开关,修复; (6) 检查,使其触头复位; (7) 检查修复
有正(或倒)车、而无倒(或正)车	(1) 方向接触器的线圈断路或短路; (2) 方向接触器的主副触头接触不良; (3) 主令控制器 KM_{A-3} (或 KM_{A-2}) 的触头接触不良	(1) 检查修复; (2) 检查修复; (3) 检查修复
只有正、倒车低速,没有中、高速	(1) 主令控制器 KM_{A-7}, KM_{A-8} 的触头接触不良 (2) 风扇电动机不转或风扇接触不通	(1) 检查修复; (2) 检查修复
下降重物的滑程太大	(1) 再生制动时间过长; (2) 制动放电时间过长	(1) 调整 KT 的延时时间,但为保证电动机有足够的再生制动时间,KT 的延时不能太短,一般 KT 整定在 0.7 s 左右(应小于 1 s)调整 YB 延时释放时间,检查修复; (2) 增大放电电阻值
从第三挡扳到零位电动机仍转,手柄反向操作,电动机运转方向不变	时间继电器 KT 失灵或卡死或延时过长	检查修复
轻载时高速上不去	负载继电器 KI 的整定值不准	调整 KI 的释放值
电磁制动器打不开,电动机堵转	(1) 电磁制动器的继圈断路、短路、接地; (2) 时间继电器 KT 的线圈断路; (3) 刹车接触器 KM 吸合不上	检查修复

任务实施

教学阶段	学习任务	知识点	活动设计（讲解、示范、组织、指导、安排和操作）	课时/min
1. 内容引入	起货机电力拖动控制过程知识回顾； 故障检测知识内容引入	正常提升货物工作过程	引导、提问	5
2. 资料查询	查找船舶电动起货机常见故障等知识； 查找船舶电动起货机常见故障的排除方法	常见故障排除方法	教材的阅读； 课程网站的利用； 讨论、答疑	10
3. 电动起货机电力拖动控制电路原理分析	分析起货机控制电路原理； 分析各个故障点的故障现象	控制原理； 故障点故障现象	引导学生自行分析控制原理； 启发学生分析每个故障点的故障现象； 讨论、答疑	20
4. 控制系统认识	熟悉电动起货机控制系统的组成	控制系统的组成	介绍、讲授	10
5. 故障点查找	掌握使用万用表查找故障点的方法	故障点查找	动手、提问、讨论、答疑	30
6. 故障排除	掌握排除故障的方法	故障排除的方法	动手、提问、讨论、答疑	10
7. 小结，布置作业	拓展知识	课堂小结	思考、课前提问	5

任务评价

评价内容		评价标准	权重	分项得分
任务完成情况	任务 1	在规定时间内完成任务，操作安全、规范	30	
	任务 2	操作安全、规范，无元器件损坏，无工具损坏，分析正确，解决问题的方法合理	40	
	任务 3	能积极思考、主动学习，理论结合实际，小组协调好，总结报告透彻	25	
职业素养		遵守劳动纪律，遵守安全操作规程，有序、整洁，不迟到早退	5	
总分			评价者签名：	

任务拓展

1. 船舶起货机对拖动电动机有哪些基本要求?
2. 对船舶电动起货机的控制电路有哪些基本要求?
3. 叙述电动液压起货机的组成，各部分是如何协调工作的。
4. 试述电路中电动液压起货机起动主油泵的动作过程。

项目六 液压起货机电气控制电路的安装与调试

核心概念

液压元件、液压系统图、保护电路。

学习目标

1. 会分析双杆式电动液压起货机系统的控制电路；
2. 会分析船用液压克令吊系统的控制电路；
3. 能安装与调试双杆式电动液压起货机系统的控制电路；
4. 能安装与调试船用液压克令吊系统的控制电路；
5. 能撰写电气控制系统检修维护报告书。

项目描述

学生已具备一定读图能力，能对电动锚机控制电路进行安装与调试，熟知起货机的运动规律，能对电动起货机控制电路进行安装与调试。在此基础上，本项目指导学生认识液压起货机的结构、控制电路，对电路进行安装与调试，使学生学会液压起货机一般故障的检测方法和排除步骤。

工作任务

1. 认识液压起货机的结构、控制电路；
2. 对电路进行安装与调试；
3. 液压起货机一般故障的检测与排除。

模块1　液压起货机结构、工作原理的认识

学习目标

会分析双杆式电动液压起货机系统的控制电路。

模块描述

认识常用液压元件，掌握其结构、原理、符号，并会看简单液压系统图。

工作任务

1. 认识常用液压元件；
2. 识读简单液压系统图。

知识准备

一、结构

电动液压起货机是一种较新型的起货机，应用日趋普遍。其主要优点是：能在很大的范围内实现无级调速；运转平稳；加速时间短；有良好的制动能力等。缺点是：液压系统比较复杂；制造精度要求高；排除故障困难。

电动液压起货机主要由油泵机组、油马达及各种控制阀等组成，通过管路连接构成液压传动系统。油马达也称液动机，用于拖动起货机卷筒转动，其转动是利用高压油来推动的。油泵的作用是向油马达提供压力油液，而油泵由电动机拖动，因此称为电动液压起货机。油泵、拖动油泵的电动机及其起动设备合称为油泵机组。各种控制阀用于控制和调节液压系统中的油液的压力、流量和方向等，以保证拖动系统平稳而又协调的工作。与发电机-电动机系统的电动起货机相比，油泵机组相当于发电机组，油马达相当于电动机，各种控制阀相当于开关的控制设备，而管路相当于导线。

现以国产双吊杆式电动液压起货机为例，其左、右吊杆的卷筒驱动系统完全对称，液压元件和控制电路也完全相同。图6-1-1为左（右）吊杆液压系统工作时的简图。液压系统由1台鼠笼式异步电动机3拖动主油泵1向油马达2提供压力油。油马达2拖动起货卷筒转动。主油泵与油马达构成独立的闭合循环回路，因此该系统称为“闭式系统”。

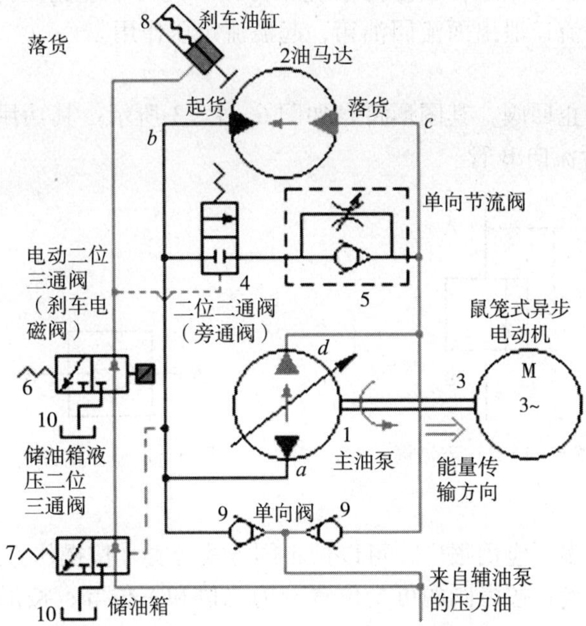

图6-1-1　左（右）吊杆液压系统

1. 主油泵

泵为输送液体的机械设备，型式很多，本液压系统中的主油泵为斜盘式双向变量泵，通过改变倾斜盘倾斜角的方向改变泵吸排油的流动方向，从而改变油马达的旋转方向；通过改变倾斜盘倾斜角的大小改变排量的大小，从而调节油马达的转速。在泵的端部装有变向变量的控制机构，只要拉动控制机构和拉杆，就可使倾斜盘偏转。倾斜盘与泵轴垂直时不排油，当向上拉动拉杆时，倾斜盘向某一方向倾斜（如对应于“起货”方向）；而当向下拉动拉杆时，便可向另一方向倾斜（如对应于“落货”方向）。除主油泵外，还有辅油泵用以向液压刹车（相当于电磁铁刹车）油缸8和旁通控制阀4等提供压力油，并向主油泵循环系统补充油液等。

2. 油马达

油马达是液压驱动系统的动力装置，与油泵是可逆的液压元件，即对同一元件既可作油泵运行，又可作油马达运行，两者也可在运行中相互转化，其转化取决于运行条件，相似于电动机的可逆性。油马达从结构上可分为柱塞式、滑板式和齿轮式等各种结构型式。本液压系统中使用的是柱塞式双向油马达。

3. 控制阀

1）溢流阀

溢流阀是一种压力控制阀，主要根据液体压力和弹簧力相互平衡的原理工作，如图6-1-2所示。阀前系统的油液，即A管的油液可以通过虚线所示的控制油路进入阀体内，当A管油压达到整定的数值时，液体压力与阀体内弹簧力（图中以波折线表示）平衡，阀被开启，使A管与B管接通，将A管油液泄出。溢流阀的重要作用是在油压过高时泄出油液，借以保护油泵和油路系统安全以及保持阀前油路系统压力稳定。当作为安全阀时，溢流阀为常闭状态；当作为系统压力调节阀时，溢流阀为常开状态，使多余的压力油不断地从溢流口泄出而流回油箱，起溢流定压作用。

2）单向阀

单向阀也可称为止回阀，其图形符号如图 6－1－3 所示。其功用是使油液单向流动而不能倒流，即 A 管流向 B 管。

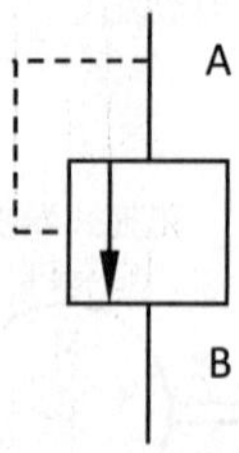

图 6－1－2　溢流阀

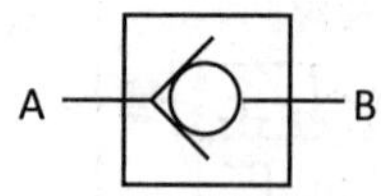

图 6－1－3　单向阀

3）换向阀

换向阀的类型很多，应用很广，可以按不同方式分类。按操作方式分为手动、机动、电动、液动和电液动等；按滑阀的可变位置分为二位和三位等；按滑阀的通路数目分为二通、三通、四通和五通等。

本液压系统中使用液动二位二通阀、液动二位三通阀和电动二位三通阀等。

液动二位二通阀是用液体压力油操作，有 2 个工作位置及 2 条通路（A 和 B）。当压力油经控制油路（虚线所示）进入阀体时，控制油的压力克服弹簧力，使阀处于图 6－1－4（a）所示的工作位置，A 和 B 2 条油路不通；当没有控制压力油或压力太低时，弹簧使阀处于图 6－1－4（b）所示的工作位置，A 和 B 2 条油路接通，无压力油信号，使管路相通为常开式。

液动二位三通阀有 3 条通路（A，B，O）。当控制压力油进入阀体内克服弹簧力时，阀处于图 6－1－5（a）所示的工作位置，A 和 B 2 条油路接通，油路被隔开；当不通控制压力油或油压太低时，弹簧力使阀处于图 6－1－5（b）所示的工作位置，A 和 B 2 条油路被隔开不通，而 A 和 O 2 条油路接通。

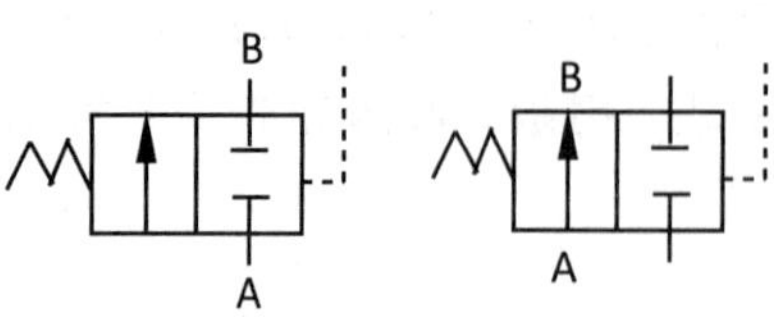

(a) 有控制压力油　(b) 无控制压力油

图 6－1－4　液动二位二通阀

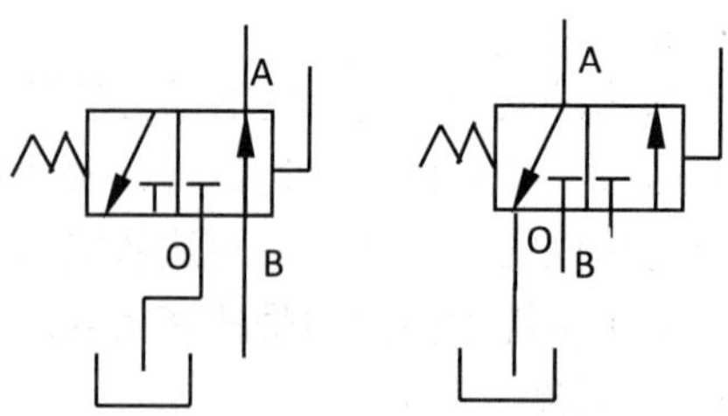

(a) 有控制压力油　(b) 无控制压力油

图 6－1－5　液动二位三通阀

电动二位三通阀为电动换向阀，一般称为电磁换向阀，简称电磁阀。图 6－1－6 所示的是电动二位三通阀断电的状态。与液动阀的不同之处是改用电磁铁控制，当电磁铁通电时，A 和 B 2 条油路接通，A 和 O 2 条油路断开不通。

4）单向节流阀

单向节流阀如图 6－1－7 所示。当从 A 管进油时，油液可畅通通过单阀，经 B 管排出，反之当从 B 管进油时，则不能畅通而受到一定限制，起到节流的作用，其流量大小可以调节。图中上半部分为简单节油阀的符号，是一种简易式流量控制的阀门。

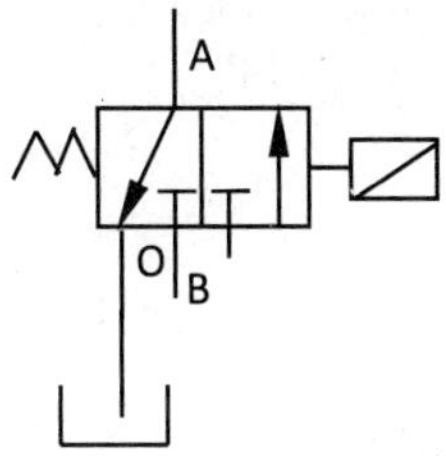

图 6－1－6　电动二位三通阀

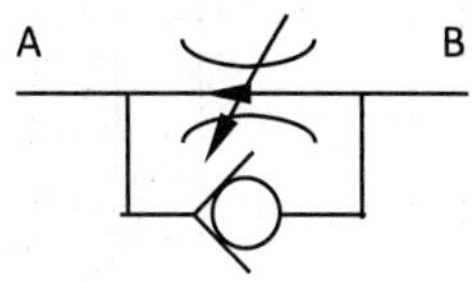

图 6－1－7　单向节流阀

二、工作原理

根据图 6－1－8 所示的电动液压起货机系统的工作原理，分析液压系统的起货、落货、调速和制动等工作状态。

起货：油泵机组起动后，操纵主令手柄从“0”位扳到“上升”位，变量泵的倾斜盘向起货方向倾斜，变量泵 a 管排压力油，d 管吸入，管路 *ab* 段内为高压油。阀 7 有液压信号而处于右位。但在油刹车松闸前，阀 4 处于上位，主油泵的排油经阀 4 和阀 5 组成的旁通支路流回吸油管 d。主令手柄离开“0”位后，阀 6 通电而处于右位，来自辅油泵的压力油经阀 6 进入刹车油缸 8，将克服弹簧力使油刹车松闸。同时流向刹车油缸的压力油进入阀 4 的控制油路，使阀 4 处于下位而关闭，于是高压油经 *ab* 管路流入油马达。油马达产生转动力矩带动卷筒旋转提升货物。改变主令手柄的位置，可改变变量泵倾斜盘的倾斜角大小，实现起货速度的调节。

落货：当主令手柄扳到“下降”位时，变量泵的倾斜盘向反向倾斜，使吸排方向与起货时相反。变量泵的高压油从 c 管进入油马达，使油马达产生反向转矩而反转落货。在空钩时，油马达克服摩擦力而拖动卷筒下降。而在下放重物时，在货重的作用下，油马达转速不断升高，当油马达排出的油量大于变量泵的排量时，油管 *ab* 内油压将高于 *cd* 管内的油压，这时便产生制动转矩。油马达由拖动卷筒变为阻碍卷筒旋转，当制动转矩随转速而增加到与货重产生的力矩平衡时，便以稳定转速等速落货。此时油马达以油泵状态运行，而油泵以油马达状态运行，其能量或供给同轴的另一个主油泵，或拖动电动机变为发电机状态运行，将电能反馈至电网，这一状态与电动起货机中，电动机的再生制动状态类似。落货速度的调节，同样通过扳动主令手柄的位置，改变变量泵倾斜盘的倾斜角实现。

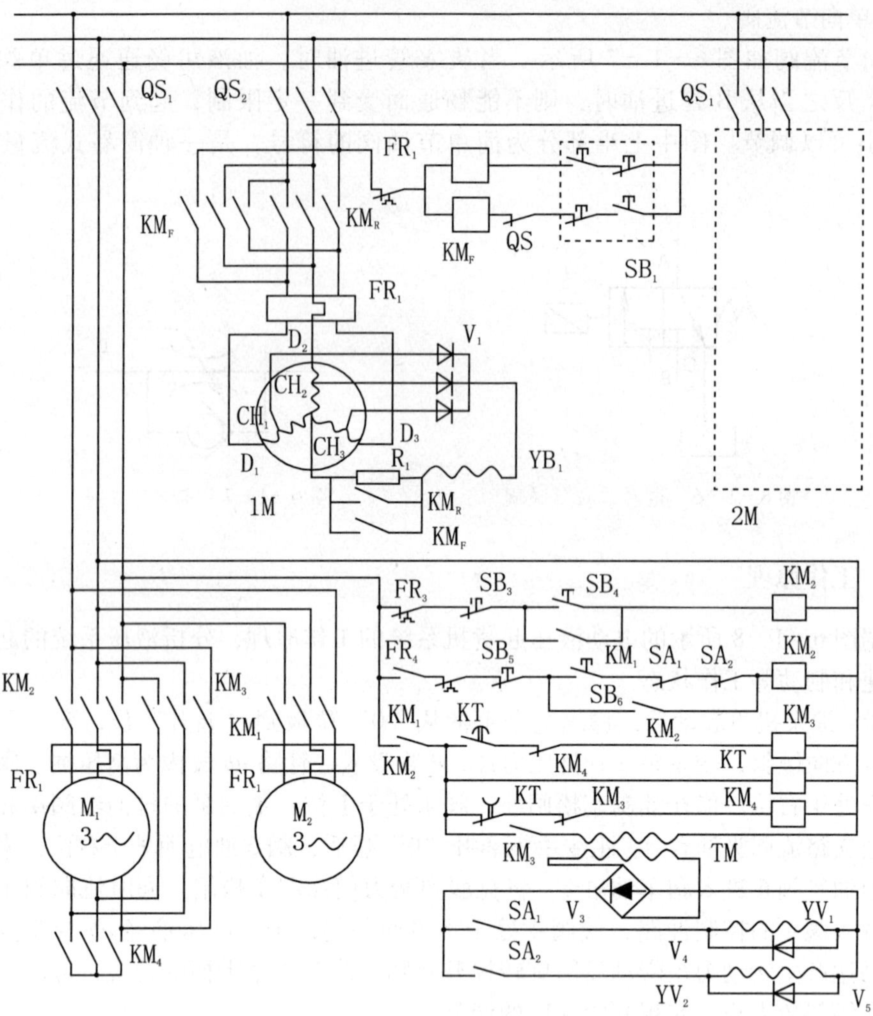

图6-1-8 电动液压起货机系统的工作原理

任务实施

教学阶段	学习任务	知识点	活动设计（讲解、示范、组织、指导、安排和操作）	课时/min
1. 资料查询	查找斜盘式柱塞变量泵、油马达、三位四通电磁阀等液压元件的结构、种类、作用等知识	斜盘式柱塞变量泵、油马达、三位四通电磁阀等液压元件的结构、工作原理	教材的阅读； 课程网站的利用	15
2. 观看拆装动画	观察斜盘式柱塞变量泵、油马达、三位四通电磁阀等液压元件的结构，了解它们的拆装步骤	工具的使用； 工作顺序； 安全注意事项	观看相关动画； 强调、指出注意事项	10

（续表）

教学阶段	学习任务	知识点	活动设计（讲解、示范、组织、指导、安排和操作）	课时/min
3. 拆装斜盘式柱塞变量泵、油马达、三位四通电磁阀等液压元件	掌握斜盘式柱塞变量泵、油马达、三位四通电磁阀等液压元件的结构、拆装要领	拆装步骤；安装要领	动手、提问（安装、选用注意事项）、讨论、答疑	45
4. 讨论，完成给定思考题	液压克令吊的三大机构动作原理；主要的保护装置及作用。	课堂小结	讨论，提交报告	15
5. 布置作业	拓展知识	液压传动与电气传动的比较	思考，下一次的课前提问	5

模块 2　液压克令吊电路的安装与调试

学习目标

1. 认识液压克令吊系统图；
2. 会分析液压克令吊的控制电路；
3. 能对液压克令吊电路进行安装与调试；
4. 学会液压克令吊一般故障的检测方法与排除步骤。

模块描述

认识液压克令吊的电气控制原理图，能按图进行电路的安装与调试。

工作任务

1. 认识液压克令吊系统图；
2. 分析液压克令吊的控制电路；
3. 对液压克令吊电路进行安装与调试；
4. 液压克令吊一般故障的检测与排除。

知识准备

克令吊电气设备的概括说明，如图 6－2－1 所示。

以 58 000 载重吨散货船上的克令吊控制电路为例，介绍克令吊的电气系统的工作原理。

图 6－2－1 所示为克令吊电气设备的概括说明，在识读克令吊工作图之前要仔细阅读，了解整个电气设备的工作环境，电压等级等信息。

图 6－2－2 为克令吊电气系统的电路图，从图中可以知道整个克令吊电气系统的组成，各元器件的连接情况，各元器件所在的位置，连接线路所用的电缆的型号、根数、电缆截面等情况。

图 6－2－3（a）和图 6－2－3（b）为克令吊的电气原理图。图 6－2－3（b）中的升降手柄联锁门开关 HIS，变幅手柄联锁门开关 LIS，回转手柄联锁门开关 SIS 均为液压控制手柄。

概括说明（电气设备）
GENERAL SPECIFICATION (ELECTRIC EQUIPMENT)

ITEM	项目		
RULE AND REGULATION	规范	□ABS □BV □NK □LR ■CCS □DNV □CL □RINA □KR	
STANDARD	标准	■GB □JIS ■IEC	
DRAWING AND DOCUMENT	文件	LANGUAGE 文字	■EINGLISH 英文 ■CHINESE 中文
		UNIT 单位	■METRIC 公制
AMB. TEMPERATURE	环境温度	□40 ℃ ■45 ℃ □55 ℃	
PAINT COLOUR	油漆颜色	OUTSIDE(CASING) 外表面（箱壳）	■MUNSELL 7.5BG 7/2
		INSIDE(CASING) 内部（箱壳）	■MUNSELL 7.5BG 7/2
		MOTOR 电机	MAKER'S STANDARD
		OTHER PARTS 其他元件	MAKER'S STANDARD
ACCESSIBILITY	检查	■FRONT 前 □REAR 后 ■SIDE 侧	
STARTER UNIT	起动装置	■FIXED TYPE 固定型	□WITHDRABLE TYPE 可移动型
VOLTAGE RATING	额定电压	MAIN CIRCUIT 主线路	■AC440 V 60 Hz 3Φ
			□AC380 V 50 Hz 3Φ
		CONTROL CIRCUIT 控制线路	AC □440 V □380 V ■220 V □110 V
		LIGHT & HEATER 照明加热	AC ■220 V □110 V
PHASE IDENTFICATION	相的鉴别	(R) (A) □RED 红	■GREEN 绿
		(S) (B) □WHITE 白	■YELLOW 黄
		(T) (C) □BLUE 蓝	■BROWN 褐
INTERNAL WIRING MATERIAL	内线材料	CIRCUIT 线路 / TYPE 型号	SPEC. 规格
		MAIN CIRCUIT 主线路 / CBVR	50 mm²
		CONTROL CIRCUIT 线路 / CBVR	1 mm²
NAMEPLATE	铭牌	LETTER 文字	■EINGLISH 英文 ■CHINESE 中文
CAUTION	警告牌	LETTER 文字	■EINGLISH 英文 ■CHINESE 中文
STARING METHOD	起动方式	■DOL (5.5 kW) ■Y-△ (125 kW)	□ATr

图6-2-1　克令吊电气设备的概况说明

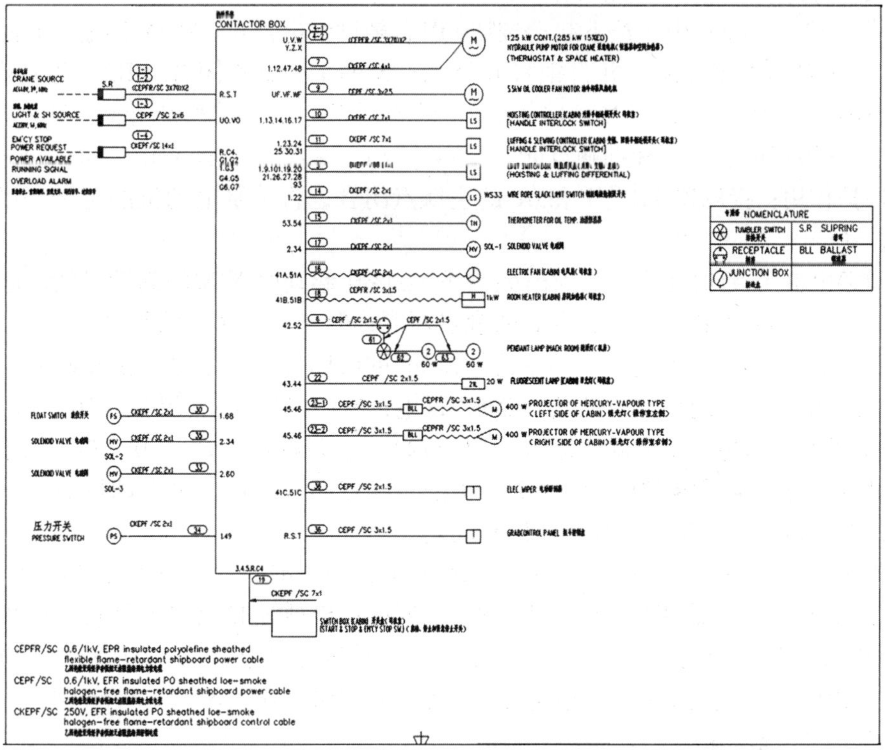

图6-2-2　克令吊的电气线路

一、液压泵的起动与停止控制

1. 重载垂询电路

由于船舶电站容量有限，液压泵电动机（125 kW）起动前，要进行重载垂询，此时，合上图6－2－3（a）中的低压断路器NFBP，控制电路有电，变压器TC输出电压，控制电路电源指示灯WL亮，按下图6－2－3（b）中重载垂询带灯按钮LPB8，辅助继电器STB的线圈得电，STB的一个常开触点闭合并自锁（104－103）；STB的另一个常开触点闭合（G1－105），GL_2灯亮，给集控室一询问信号，如果船舶电站容量允许，工作人员将GENE RUN闭合，则重载询问待机继电器ST的线圈得电，ST的常开触点闭合并自锁（110－G3），液压泵电动机为重载垂询待机状态，在图6－2－3（a）中，ST的另一个常开触点闭合（3A－3），为液压泵电动机起动做准备。

2. 液压泵的起动控制

合上低压断路器NFBP后，当液压油位正常，在图6－2－3（b）中液位开关FS的常闭触点闭合（1－68），辅助继电器Z_3的线圈得电，在图6－2－3（a）中Z_3的常开触点闭合（1－69），为液压泵电动机起动做准备。

在图6－2－3（a）中的辅助继电器51X经液压泵热继电器常闭触点51P，冷却风机热继电器常闭触点51F，电动机的恒温器THP常闭触点得电，辅助继电器51X的常开触点闭合（86－3A），将升降手柄HIS，变幅手柄LIS，回转手柄SIS均置于零位（零位保护），继电器AUH（69－84）和AUL（84－85）及AUS（85－86）的常开触点均闭合，重载询问继电器ST的常开触点闭合（3A－3）。

在图6－2－3（a）中，按下起动按钮PB1，辅助继电器6X和6Y得电，时间继电器T3得电，6X的常开触点闭合并自锁（4－5）；6X的常开触点闭合（R2－70）和6Y的常开触点闭合（70－73），使接触器42P－1的线圈得电、常开触点闭合（70－71），接触器6P的线圈得电、常闭辅助触点断开（74－75），切断接触器42P－2的线圈的通路，起互锁保护作用；接触器42P－1和6P的主触点闭合，将主泵电动机的定子绕组接成Y型起动。

时间继电器T_3延时动作，延时时间为Y－△降压起动时Y型的起动时间，起动结束后，T_3有2个触点动作：T_3的常闭辅助触点断开，6Y失电，6Y的常开触点恢复断开，使接触器42P－1的线圈失电，从而使接触器6P的线圈失电、主触点恢复断开；于此同时T_3的常开辅助触点闭合，辅助继电器6Z得电，6Z的常开触点闭合（70－74），接触器42P－2的线圈得电、常闭触点断开（71－72）、常开触点闭合（70－73），使42P－1的线圈继续得电，接触器42P－2和42P－1的主触点闭合，将主泵电动机的定子绕组接成△型，全压运行，至此，主泵电动机起动完毕。

在图6－2－3（a）中，42P－2的常开触点闭合（1－8），会有以下元件得电：主泵运行指示灯GL亮；计时器HM开始计时主泵运行时间；接触器42F线圈得电，42F的主触点闭合，油冷却风扇电动机1FM起动并运行，主泵电动机与油冷却器风扇电动机是顺序起动控制；使42P－X的线圈得电，接通起货机操作控制回路（在图6－2－3（b）中）。

3. 主油路控制电路

如前所述此时6Z的线圈已得电、常开触点闭合（1－34），加载电磁阀SOL－1和

SOL－2 通电开启，接通主油路。若需要提升高速，当空钩时，则可将升降手柄 HIS 扳到起升高速挡，HIS－UP2 闭合（1－14），高速电磁阀 SOL－3 通电开启，增大主油路油液油压，吊钩提升加速。

4. 液压泵的停止控制

按下停止按钮 PB2，辅助继电器 6X 失电，6X 的常开触点恢复断开（R2－70），42P－1，42P－2，42F，T_3 和 6Z 相继失电，液压泵电动机停止，油冷却器风扇电动机停止，加载电磁阀失电关闭。

二、克令吊的油温报警控制

液压泵电动机运行后，要控制油温在一定的温度范围，保证液压系统的正常工作。当油温过高或过低都会发出报警。

在图 6－2－3（a）中，当油温低于 35 ℃时，油温计 TH（53－54）的触点闭合，温控器 ETH 的 1 和 2 端接通，辅助继电器 Z_7 的线圈得电、常闭触点断开（8－100），接触器 42F 失电，油冷却器风扇电动机停止运行。

当油温高于 40 ℃时，油温计 TH（53－54）的触点断开，温控器 ETH 的 1 和 2 端断开，辅助继电器 Z7 的线圈失电，Z_7 的常闭触点恢复闭合（8－100），接触器 42F 得电，油冷却器风扇电动机起动运行，为液压油降温。

当油温低于 5 ℃，或高于 70 ℃时，温控器 ETH 的 AL1（7－8）接通，辅助继电器 THX 的线圈得电、常闭触点断开（8－89），使辅助继电器 42P－X 的线圈失电、常开触点断开，切断起货机操作控制回路，吊车停止操作，同时 RL_3 灯亮，发出油温灯光报警。

三、克令吊的高油压报警控制

液压泵电动机运行后，要控制油压在一定的压力范围，保证液压系统的正常工作。当油压过高时会发出高油压报警。

在图 6－2－3（a）中，当油压过高时，压力开关 PS 闭合，时间继电器 T_4 有 3 s 延时，确定油压稳定，3 s 后油压仍为高压，在图 6－2－3（b）中 T_4 的常开触点闭合（13－55），辅助继电器 Z_8 的线圈得电，切断起货机操作控制回路，吊车停止操作，Z_8 的另 1 个常开触点闭合（56－55），使 Z_8 的线圈继续保持得电，同时在图 6－2－3（a）中 Z_8 的常开触点闭合（1－102），RL_5 灯亮，发出高油压灯光报警。

四、液压泵电动机的过载报警控制

液压泵电动机运行后，当液压泵电动机或冷却风机电动机出现过载时，由热继电器 51P 和 51F 以及电动机恒温器 THP（在电机内部）实现电动机的过载保护。

在图 6－2－3（a）中，当电动机内部过热时，恒温器 THP 的常闭触点断开（1－12）；当液压泵电动机过载时，热继电器 51P 的常闭触点断开（12－80）；当冷却器风扇电动机过载时，热继电器 51F 的常闭触点断开（80－81），以上 3 种情况都会使辅助继电器 51X 失电，51X 的常开触点断开（86－3A），辅助继电器 6X 失电，42P－1，42P－2，42F，T3 和 6Z 相继失电，液压泵电动机停止，油冷却器风扇电动机停止，加载电磁阀失电关闭，油泵停止工作；在图6－2－3（b）中51X的常闭触点恢复闭合（1－11），OL灯亮，发出液压泵电动机的过载灯光报警。

五、克令吊的低油位报警控制

液压泵电动机运行后，要控制油位在一定的范围，以保证液压系统的正常工作。当液压油位过低时会发出报警。克令吊的低油位报警控制由液位开关FS实现。

当油位过低时，在图6－2－3（b）中液位开关FS断开（1－68），辅助继电器Z_3的线圈失电，在图6－2－3（a）中Z_3的常开触点恢复断开（1－69），辅助继电器6X失电，42P－1，42P－2，42F，T3和6Z相继失电，液压泵电动机停止，油冷却器风扇电动机停止，加载电磁阀失电关闭，油泵停止工作；在图6－2－3（b）中Z_3的常闭触点恢复闭合（1－67），RL_4灯亮，发出低油位灯光报警。

六、克令吊的限位保护

1. 克令吊的升降限位保护

液压泵电动机运行后，辅助继电器42P－X的线圈已经得电，42P－X的常开触点闭合。在图6－2－3（b）中辅助继电器AUD（差动）的线圈得电，AUD的常开触点闭合（1－18）。

断开图6－2－3（b）中钥匙开关PB_3，从而关断旁通电路，辅助继电器BY的线圈失电、常开触点断开（1－21）和（20－6）。当油压正常时，辅助继电器Z_8不得电，Z_8的触点不动作。如果需要越过差动限位D_{33}保护和绳松（AUW）保护紧急操作，就接通钥匙开关PB_3，使辅助继电器BY的线圈得电。

（1）当将升降手柄HIS扳到上升挡时，HIS－UP断开（1－16），HIS－DN闭合（16－17），辅助继电器AUH得电线路有2条分别是：

第一条得电线路：1—AUD（1－18）—Z_8（18－101）—H33H（101－19）—42P－X（19－16）—HIS－DN（16－17）—AUH—2；

第二条得电线路：1—AUD（1－18）—Z_8（18－101）—H33H（101－19）—H33L（19－20）—AUW（20－6）—42P－X（6－17）—AUH—2。

当达到起升上限位，并且升降手柄HIS位于上升挡时，H33H（101－19）断开，并且右合，AUH的线圈失电，在图6－2－3（a）中AUH的常开触点断开，主泵电动机停止工作，同时极限指示灯RL_1亮指示极限报警。H33H起上升限位保护作用。但此时将升降手柄HIS扳到下降挡，HIS－DN断开（16－17），HIS－UP闭合（1－16），AUH仍能继续得电，起动主泵电动机，可以下放吊钩。AUH的得电线路为：1—HIS－UP（1－16）—42P－X（19－16）—H33L（19－20）—AUW（20－6）—42P－X（6－17）—AUH—2。

（2）当将升降手柄HIS扳到下降挡时，HIS－DN断开（16－17），HIS－UP闭合（1－16），辅助继电器AUH得电线路有2条分别是：

第一条得电线路：1—HIS－UP（1－16）—42P－X（16－19）—H33L（19－20）—AUW（20－6）—42P－X（6－17）—AUH—2；

第二条得电线路：1—AUD（1－18）—Z_8（18－101）—H33H（101－19）—H33L

(19-20)—AUW(20-6)—42P-X(6-17)—AUH—2。

当达到起升下限位，并且升降手柄 HIS 位于下降挡时，H33L(19-20)断开，并且右合，AUH 的线圈失电，在图 6-2-3(a)中 AUH 的常开触点断开，主泵电动机停止工作，H33L 起下降限位保护作用。同时，极限指示灯 RL_1 指示极限报警。但此时将升降手柄 HIS 扳到上升挡，HIS-UP 断开(1-16)，HIS-DN 闭合(16-17)，AUH 仍能继续得电，起动主泵电动机，可以起升吊钩。AUH 的得电线路为：1—AUD(1-18)—Z_8(18-101)—H33H(101-19)—42P-X(19-16)—HIS-DN(16-17)—AUH—2。

2. 克令吊的变幅限位保护

液压泵电动机运行后，关断旁通电路。辅助继电器 42P-X 的线圈已经得电，在图 6-2-3(b)中辅助继电器 AUD(差动)的线圈得电，AUD 的常开触点闭合(28-87)。

(1)当将变幅手柄 LIS 扳到上升挡时，LIS-UP 断开(1-24)，并且左合，LIS-DN闭合(24-25)，辅助继电器 LU 的线圈得电，LU 的触点(93-94)和(93-95)动作，为变幅紧急限位做准备；辅助继电器 AUL 有 2 条得电线路分别是：

第一条得电线路：1—L33U(1-26)—42P-X(26-24)—LIS-DN(24-25)—Z_5(25-98)—AUL—2；

第二条得电线路：1—L33U(1-26)—L33D(26-27)—L33R(27-28)—AUD(28-87)—42P-X(87-2_5)—Z_5(25-98)—AUL—2。

当达到变幅上限位，并且变幅手柄 LIS 位于上升挡时，L33U(1-26)断开，并日右合，AUL 的线圈失电，在图 6-2-3(a)中 AUH 的常开触点断开，主泵电动机停止工作，L33U 起变幅上限位保护作用。同时，极限指示灯 RL_1 亮指示极限报警。但此时将变幅手柄 LIS 扳到下降挡，LIS-UP 闭合(1-24)，LIS-DN 断开(24-25)，AUL 仍能继续得电，起动主泵电动机，可以下放吊臂。AUL 的得电线路为：1—LIS-UP(1-24)—42P-X(24-26)—L33D(26-27)—L33R(27-28)—AUD(28-87)—42P-X(87-25)—Z_5(25-98)—AUL—2。

(2)当将变幅手柄 LIS 扳到下降挡时，LIS-DN 断开(24-25)，LIS-UP 闭合(1-24)，辅助继电器 AUH 有 2 条得电线路分别是：

第一条得电线路：1—LIS-UP(1-24)—42P-X(24-26)—L33D(26-27)—L33R(27-28)—AUD(28-87)—42P-X(87-25)—Z_5(25-98)—AUL—2；

第二条得电线路：1—L33U(1-26)—L33D(26-27)—L33R(27-28)—AUD(28-87)—42P-X(87-25)—Z_5(25-98)—AUL—2。

当达到变幅下限位，并且变幅手柄 LIS 位于下降挡时，L33D(26-27)断开，并且右合，AUL 的线圈失电，在图 6-2-3(a)中 AUH 的常开触点断开，主泵电动机停止工作，L33D 起变幅下限位保护作用。同时，极限指示灯 RL_1 亮指示极限报警。但此时将变幅手柄 LIS 扳到上升挡，LIS-UP 断开(1-24)，并且左合，LIS-DN 闭合(24-25)，AUL 仍能继续得电，起动主泵电动机，可以起升吊臂。AUL 的得电线路为：1—L33U(1-26)—42P-X(26-24)—LIS-DN(24-25)—Z_5(25-98)—AUL—2。

(3)搁置限位保护。L33R 为搁置限位保护，当克令吊完成起吊任务后，吊臂、钢丝等应恢复搁置到指定位置。如果吊臂、钢丝等没有搁置到指定位置，L33R 右合，AUL 不能得电，主泵不能起动，同时极限指示灯 RL_1 亮指示极限报警。

（4）紧急限位保护。L33E1 为紧急限位保护，当变幅上升限位没能动作，而在变幅上升挡时，辅助继电器 LU 已经得电，LU 的触点已动作，L33E1 的常开触点闭合（1－93），辅助继电器 Z_5 的线圈得电、常闭触点断开，AUL 的线圈失电，使主泵电动机失电停车，达到变幅极限位置保护。

此时，按下带灯复位按钮 LPB6，辅助继电器 Z_5 失电，Z_5 的常闭触点恢复闭合（25－98）；同时，若将变幅手柄 LIS 扳到下降挡，则辅助继电器 LU 失电，LU 的常闭触点恢复闭合（93－94），辅助继电器 Z_6 的线圈得电，Z_6 的常开触点闭合（93－94）实现自锁；Z_6 的常闭触点断开（95－96），使 Z_5 的线圈失电，AUL 的线圈得电，起动主泵电动机，实现吊臂变幅下降。

3. 克令吊的回转限位保护

此克令吊没有接回转限位保护开关 S_{33}，可以 360°回转。液压泵电动机运行后，关断旁通油路，接通主油路。辅助继电器 42P－X 的线圈、BY 的线圈、AUD（差动）的线圈均得电，当将回转手柄 SIS 扳到右回转挡，SIS－R 断开（1－30），SIS－L 闭合（30－31），辅助继电器 AUS 的得电路线是：1—42P－X（1－30）—SIS－L（30－31）—AUS—2；当将回转手柄 SIS 扳到左回转挡时，SIS－L 断开（30－31），SIS－R 闭合（1－30），辅助继电器 AUS 的得电路线是：1—SIS－R（1－30）—42P－X 2 个（30－31）—AUS—2。在图 6－2－3（a）中 AUS 的常开触点闭合，起动主泵电动机。

七、克令吊的绳松限位保护

当下放吊钩到达下限位时，H33L 下限位没有动作，吊钩着地若还继续下放，则吊钩钢丝绳索就会松弛，卷轴上钢丝绳就会膨胀，碰撞到的钢丝绳松弛极限开关 WS_{33}，在图 6－2－3（b）中 WS_{33} 的常开触点闭合（1－22），时间继电器 19W 的线圈得电延时，0.3 s 后，19W 的常开触点闭合（1－10），辅助继电器 AUW 的线圈得电，AUW 的常开触点闭合（7－10）实现自锁，AUW 的常闭触点断开（20－6），AUH 的线圈失电，主泵电动机失电停车，达到绳松限位的保护，LPB_4 灯亮，发出报警指示。

带灯按钮 LPB_4 为复位按钮，按下 LPB_4，使 AUW 的线圈失电，将升降手柄 HIS 扳到上升挡，AUH 的线圈重新得电，起动主泵电动机，拉紧松弛的绳索。

八、克令吊的照明、加热原理图

在图 6－2－4 中合上钮子开关 TS_1 和 TS_2，即接通照明电路。

合上钮子开关 TS_3，电动机空间加热器 SH_1 和 SH_2 通电，给电动机绕组加热除潮，当主泵电动机起动时，42P－1 断开（91－92），切断加热电路。

合上钮子开关 TS_4，接通司机室电风扇电路；断开 TS_4，切断风扇电路。

合上钮子开关 TS_5，接通司机室房间加热器电路；断开 TS_5，切断加热器电路。

G 为欧姆龙开关电源，输出电压为 24 V，若需要电动雨刮器工作，则合上钮子开关 TS_6，否则断开 TS_6。

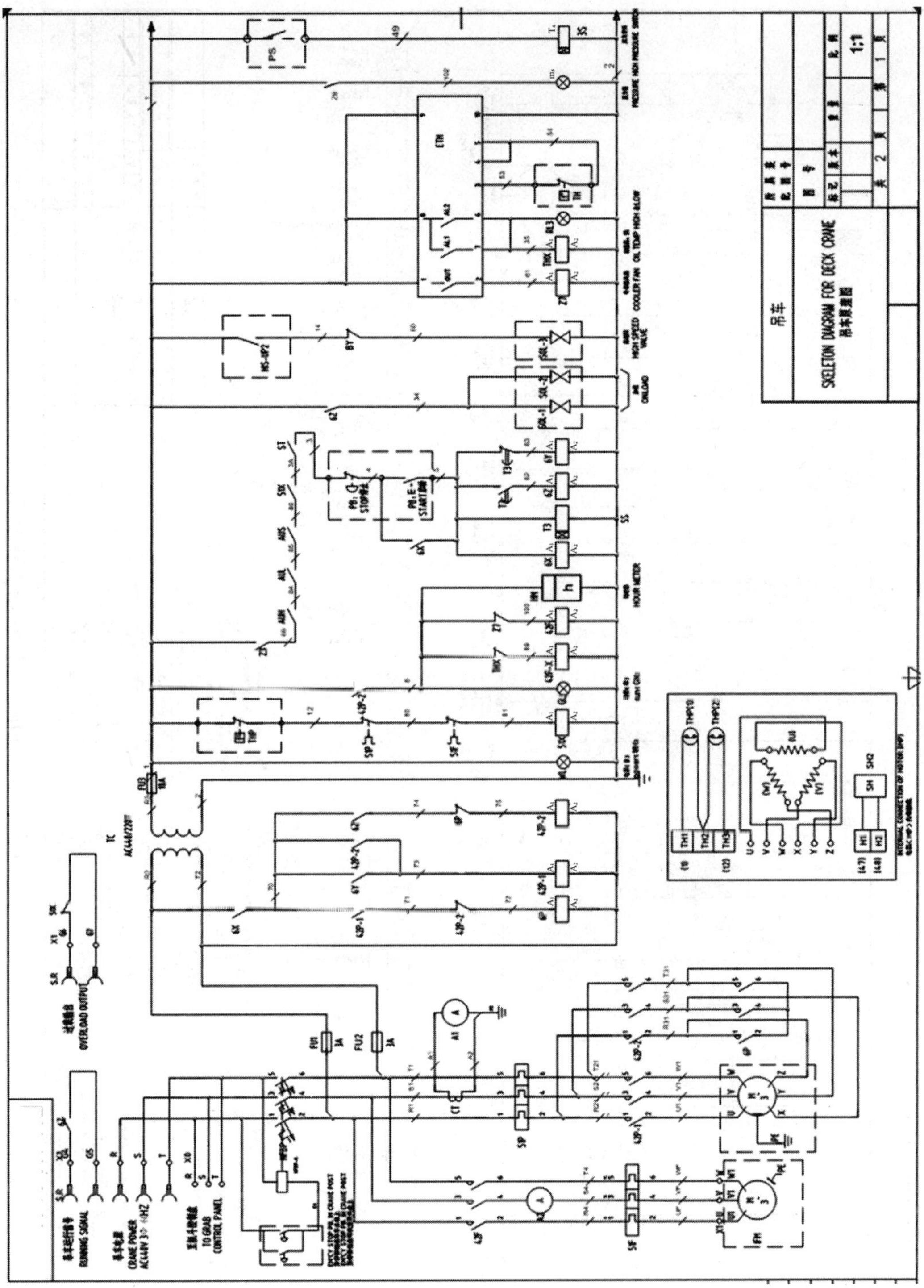

图6-2-3(a)　克令吊的电气原理图

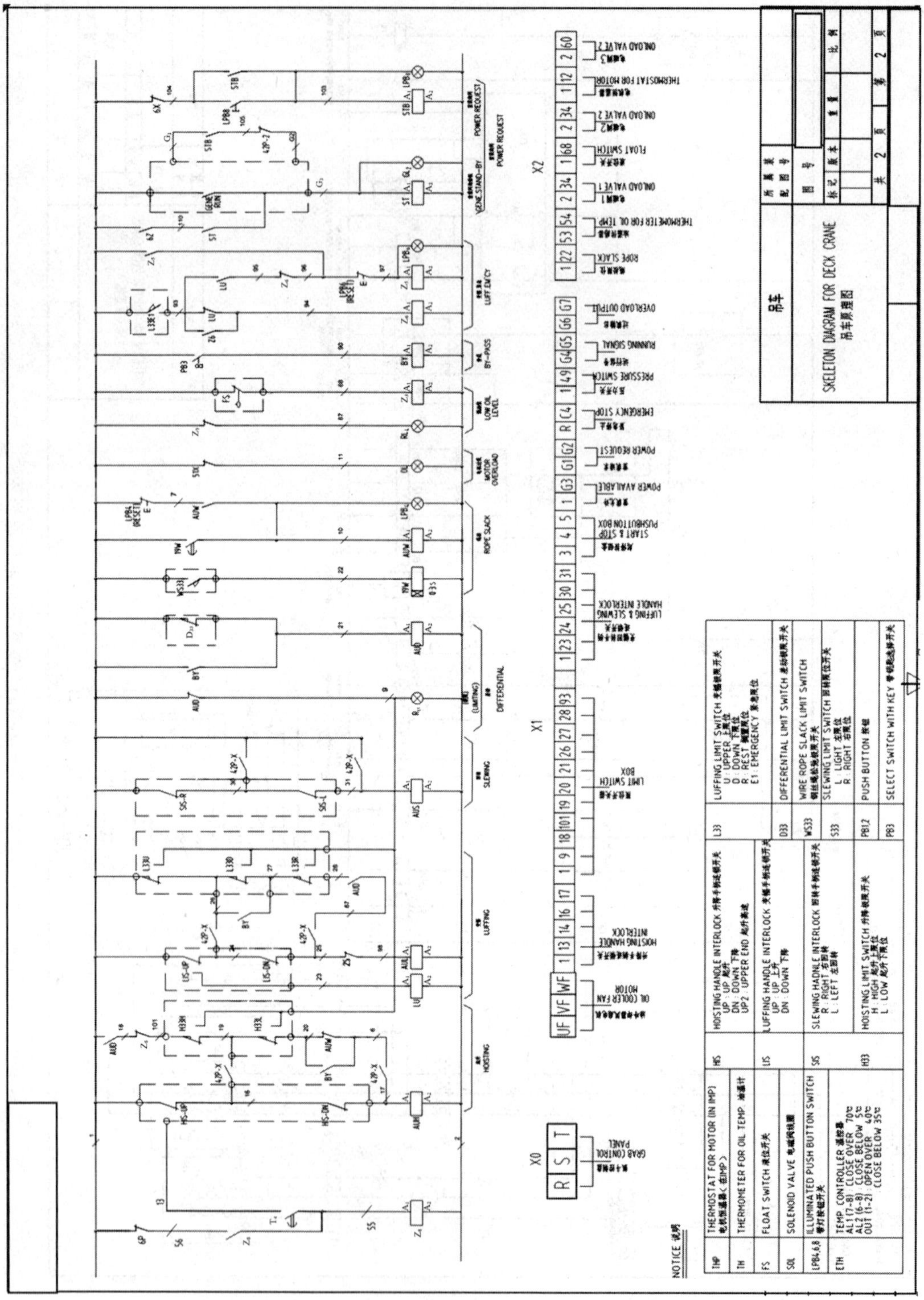

图6-2-3(b) 克令吊的电气原理图

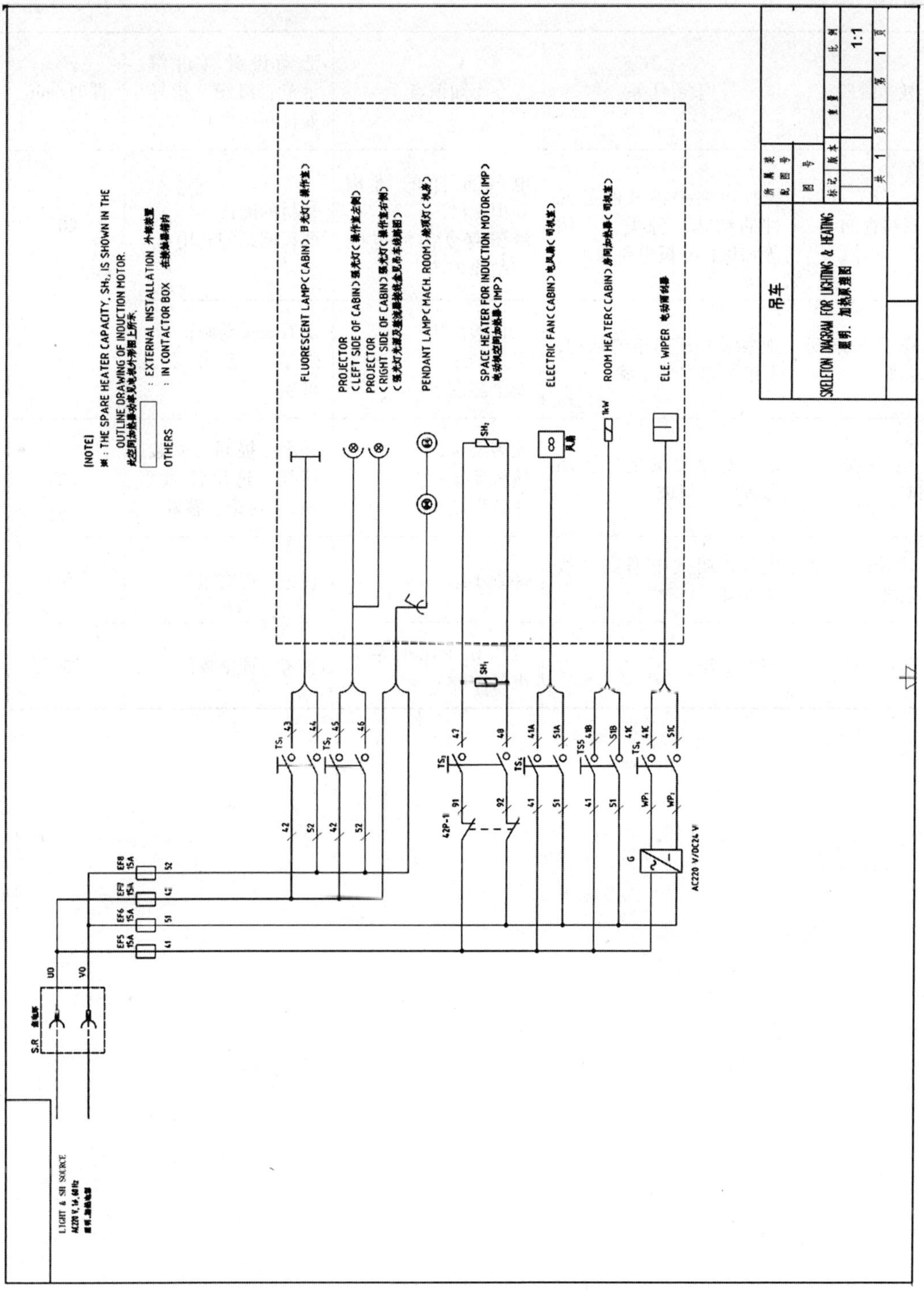

图6-2-4　克令吊的照明、加热原理

任务实施

教学阶段	学习任务	知识点	活动设计（讲解、示范、组织、指导、安排和操作）	课时/min
1. 资料查询	查找电路中涉及的各元件的结构、种类、作用等知识；分析电路原理	电气元件的结构知识； 液压克令吊的电气控制原理图	教材的阅读； 课程网站的利用	20
2. 观看电路安装动画	观察限位开关箱的结构，了解电路安装步骤	工具的使用； 工作顺序； 安全注意事项	观看相关动画； 强调、指出注意事项	15
3. 电路安装、调试	液压克令吊的电气控制原理图的组成	安装要领； 接线要领； 注意事项	动手、提问（安装、接线、选用注意事项）、讨论、答疑	135
4. 讨论，完成给定思考题	安装、调试中遇到的故障处理	课堂小结	讨论，提交报告	5
5. 布置作业	拓展知识	液压克令吊的常见电气故障	思考、课前提问	5

模块 3　液压克令吊故障检测

学习目标

1. 认识液压克令吊系统图；
2. 会分析液压克令吊的控制电路；
3. 能对液压克令吊电路进行安装与调试；
4. 学会液压克令吊一般故障的检测方法与排除步骤。

模块描述

以模块 2 所述的电路为背景，教师设置故障，指导学生排查。培养学生的故障分析、处理能力。

工作任务

1. 认识液压起货机的结构、控制电路；
2. 对电路进行安装与调试；
3. 液压起货机一般故障的检测与排除。

知识准备

一、通电前的准备工作

（1）检查液压系统是否安装好。

（2）检查系统接线图接线是否正确及设备是否完整，并对控制箱进行清洁保养。

（3）把所需的仪表准备好，如绝缘表、万用表、钳型电流表等。

（4）检查电动机、主电源、主回路及控制电路的绝缘是否符合要求。

（5）根据设备要求整定电器参数：时间继电器 TF0102，TF0402，TN0102，TN0202 和 TN0302D 的延时时间，热继电器的整定值，压力继电器的压力整定值等。

二、送电过程及操作

（1）当绝缘检查完毕后，合上主配电板上的电源开关，在控制箱的电源开关 MCB0101 上端检查有 AC440 V 电压后，合上主开关 MCB0101。

（2）合上控制电路电源开关 MCB0301，电源指示灯亮。

（3）按压起动按钮 AY0107，观察液压泵电动机运行情况及风机转向。若风机反转，则把风机电源线调相处理。按压停止按扭 AY0207，电动机停止转动。

（4）按压应急停止按扭 EMT，主开关断开。再把主开关复位。

（5）模拟热继电器 TH0101 动作，主开关断开。再把主开关复位。

上述工作检查完毕，按压起动按扭，电动机运行，主油泵正常工作，吊车可以正常使用。

三、常出现的故障分析

（1）电源开关合上后，没有电源指示，检查控制电路的熔丝是否正常。

（2）当电动机已作星形起动后，再转向三角形运行时，电动机失电，检查电动机外部接线是否正常。

（3）如果电源控制箱有电，起动后电动机没有任何动作，则检查液压系统是否有油或液压油是否到工作位置等。

任务实施

教学阶段	学习任务	知识点	活动设计（讲解、示范、组织、指导、安排和操作）	课时/min
1. 资料准备、人员分工	液压克令吊的电气控制原理图； 电工工具	液压克令吊的电气控制原理分析、工具的使用	教材的阅读； 课程网站的利用	20
2. 观察故障现象	三大机构的操作	正常的动作情况；故障报警	机电分开； 主、辅分开	15
3. 分析、决策，制定排查步骤	故障分析的一般方法	故障分析的一般方法	讨论、答疑	10
4. 逐步排查	排除法	短路、断路故障点的查找方法	小组讨论、协作	40
5. 采取相应措施排除故障	电气元件的更换、修理	元器件的结构	动手、讨论、答疑	30
6. 讨论，完成给定思考题		课堂小结	讨论，提交报告	15
7. 布置作业	拓展知识		思考、课前提问	5

任务评价

<table>
<tr><th colspan="2">评价内容</th><th>评价标准</th><th>权重</th><th>分项得分</th></tr>
<tr><td rowspan="3">任务完成情况</td><td>任务 1</td><td>在规定时间内完成任务，操作安全、规范</td><td>30</td><td></td></tr>
<tr><td>任务 2</td><td>操作安全、规范，无元器件损坏，无工具损坏，分析正确，解决问题的方法合理</td><td>40</td><td></td></tr>
<tr><td>任务 3</td><td>能积极思考、主动学习，理论结合实际，小组协调好，总结报告透彻</td><td>25</td><td></td></tr>
<tr><td colspan="2">职业素养</td><td>遵守劳动纪律，遵守安全操作规程，有序、整洁，不迟到早退</td><td>5</td><td></td></tr>
<tr><td colspan="2">总分</td><td></td><td colspan="2">评价者签名：</td></tr>
</table>

任务拓展

1. 克令吊的安全保护装置有哪些？

2. 叙述图 6－2－3（a）和 6－2－3（b）所示的克令吊的电气原理图中重载垂询电路的作用和原理。

3. 以克令吊的限位保护中的升降限位为例，叙述克令吊限位保护工作原理。

4. 叙述凸轮控制器典型控制器控制的桥式起重机电路中，下放重物时电动机的运行状态。

5. 叙述船用起货机的系泊试验方法。

项目七 随动舵电气控制电路的安装与调试

核心概念

舵机控制要求、自整角机、液压油缸。

学习目标

1. 了解船舶舵机系统的作用、结构；
2. 掌握船舶舵机系统的操舵方式及工作原理；
3. 了解液压舵机操纵系统；
4. 学会识读船舶电气系统图、原理图、接线图及规范；
5. 会分析船舶舵机系统的控制电路；
6. 会船舶舵机系统的调试及故障排查；
7. 能安装与调试船舶舵机系统的控制电路；
8. 对照船舶舵机系统电气原理图排除电路常见故障；
9. 能撰写舵机电气控制系统检修维护报告书。

项目描述

本项目的任务是对随动舵控制电路进行接线、调试，使学生在安装、调试过程中，掌握随动舵电气原理、故障分析方法，并且会排除简单故障。

工作任务

1. 安装与调试船舶舵机系统的控制电路；
2. 船舶舵机系统的调试及故障排查；
3. 撰写舵机电气控制系统检修维护报告书。

模块 1　舵机系统的组成、运行原理、控制要求

学习目标

1. 了解船舶舵机系统的作用、结构；
2. 掌握船舶舵机系统的操舵方式及工作原理；
3. 了解液压舵机操纵系统。

模块描述

以实物、课件为背景，让学生通过观察、查阅资料及教材，建立舵机初步概念。

工作任务

1. 观察船舶舵机系统的作用、结构；
2. 学会船舶舵机系统的操舵方式及工作原理；
3. 认识液压舵机操纵系统。

知识准备

一、概述

舵机是操舵仪与液压系统的一种完美组合，通常称为舵机系统。舵机的出现给航海业带来的作用是不言而喻的，从游艇到渔船以至发展到今天的大型或超大型远洋轮船都离不开舵机。可见，舵机在船舶上的作用非同一般。对于造船工人特别是从事舵机这一专业的人员，如果造船就要接触舵机，因而不但要很好地掌握它、操纵它，对它的各种性能也要做深入的研究、探讨。舵是用于保证船舶航行方向的，而最早的舵是由人直接操纵的，称为人力舵，操纵者体力消耗大。随着科技的不断发展，在人力舵的基础上，人们发明了电舵，舵手在操纵电舵时，通过电动机带动舵叶，比人力舵省力。但电舵和人力舵有一个共同的不足之处，那就是每时每刻都要有人寸步不离地操纵，即使是在直航向上航行，由于风、浪等因素的影响，船舶随时有偏离直航向的可能，需要舵手随时纠偏。当远航时，舵手非常容易疲劳。为解决这一问题，自动舵应运而生。现在的自动舵就是在电舵的基础上发展而来的。

自动操舵仪的问世使舵机系统存在的不足之处得到改进和完善。不仅可以减少操舵人员的疲劳，而且由于它保持航向准确，纠偏及时，因此能够减小速度损失以缩短航行时间，并且续航力大，节约燃料，提高经济效益。随着现代科学技术的发展，相信会有

更加完好的舵机出现。下面就目前所接触到的舵机做相通部分的讲解，希望学生能够举一反三。

二、舵机装置的组成

如图 7－1－1 所示，舵机装置主要由下列各部分组成。

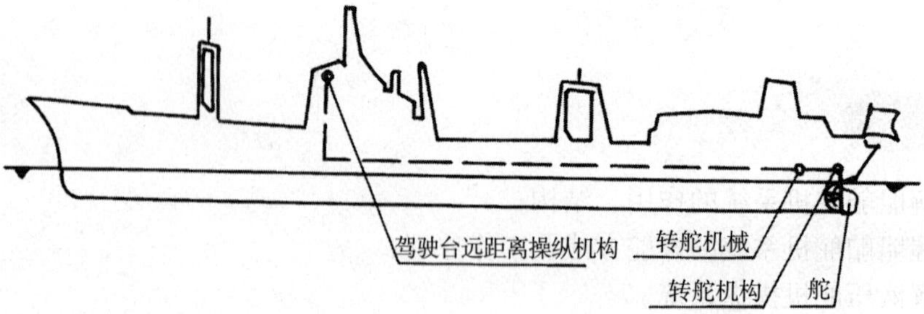

图 7－1－1　舵机装置的组成

1. 操舵装置

操舵装置由安装在驾驶室的发送装置和位于舵机房的接收装置组成，这是操舵装置的指令系统，现代近海及远洋船舶上装备的都是自动控制的远距离操舵设备，一般称为自动操舵仪或自动舵。

2. 舵机

舵机是转舵的动力机械，根据使用能源的不同可分为人力的、电动的和电动机液压的等。

3. 转舵机构

转舵机构是用来将舵机所发出来的转矩传递给舵柱的设备。

4. 舵

舵是一块浸在船舶艉部水中具有固定形状的钢板，被固定在舵柱上，用于承受水流的作用力，以产生转船力矩。现代船舶上广泛应用的舵是空心结构的流线型平衡舵和半平衡舵。

三、舵机装置的分类

1. 电动-机械舵机装置

图 7－1－2 为扇形齿轮传动的电动舵机。其由电动机 1 通过连轴节 2 带动蜗杆 3 和蜗轮 4 转动，并通过主动齿轮 5 带动扇形齿轮 6，再经过缓冲弹簧 7 转动舵柄 8（在扇形齿轮的下部），使舵柱 9 和舵叶偏转，缓冲弹簧的作用是减轻船舶在航行中波浪对舵叶的冲击力，防止传动装置受到损伤。

不论是扇形齿轮传动机构还是蜗杆传动机构，它们的共同特点都是通过机械传动机构，以很高的减速比把电动机的高速转动直接传送到舵柱的低速偏转。这类舵机的电力拖动系统采用直流 G－M 控制系统。

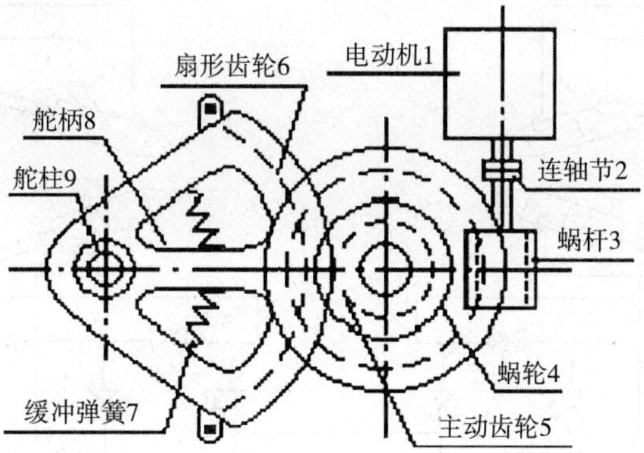

图 7－1－2　扇形齿轮传动的电动舵机

2. 电动-液压舵机装置

电动-液压舵机装置基本上与电动-液压起货机装置类似，如有双向变量泵，由恒速电动机拖动，提供可逆流向的高压油。两者的不同之处在于拖动起货机卷筒的是可连续旋转的油马达，而转舵机则是左、右方向移动的液压油缸装置，如图 7－1－3 所示。将舵柄铰链的撞杆两端置入左、右高压油缸内，两油缸与油泵连接，当一油缸注入高压油而另一油缸排出低压油时，推动撞杆（类似于活塞）向低压端移动，从而带动舵柄、舵柱和舵叶偏转。高压油泵的排量和流向由操舵系统控制。远洋船舶几乎全部采用电动-液压舵机装置。

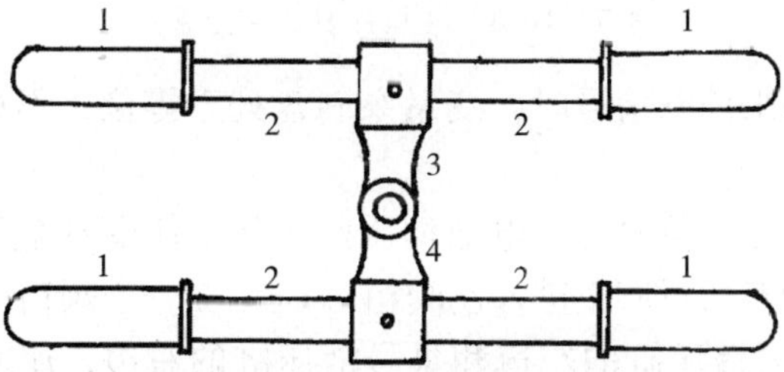

1—油缸；2—撞杆；3—舵柄；4—舵柱

图 7－1－3　液压舵机传动机构

1）液压系统

在液压舵机中，主油系统和伺服系统组成液压系统。把变量泵与液压缸之间的油路系统称为主油系统。主油系统是一个密闭的回路。专供电液伺服阀工作油的系统称为伺服系统。下面根据图 7－1－4 和 7－1－5 所示的系统分别介绍上述 2 个系统的工作过程。

2）主油系统

图 7－1－4 为主油系统简图。

本系统有 2 套变量泵机组，由 4 个液压缸带动 2 个舵叶，还有 2 台补油泵，也由变量泵机组拖动，其作用是随时补充系统中的泄漏。补油系统在图中没有画出。

为说明问题，以单机组 4 个油缸同时工作为例来说明舵机的工作情况。

起左油泵机组，齿轮补油泵打油，使液动阀（它是由液压控制的，当其右端的控制油路中有压力油时，将主油系统油路接通）动作，接通变量泵到主油系统的通路。

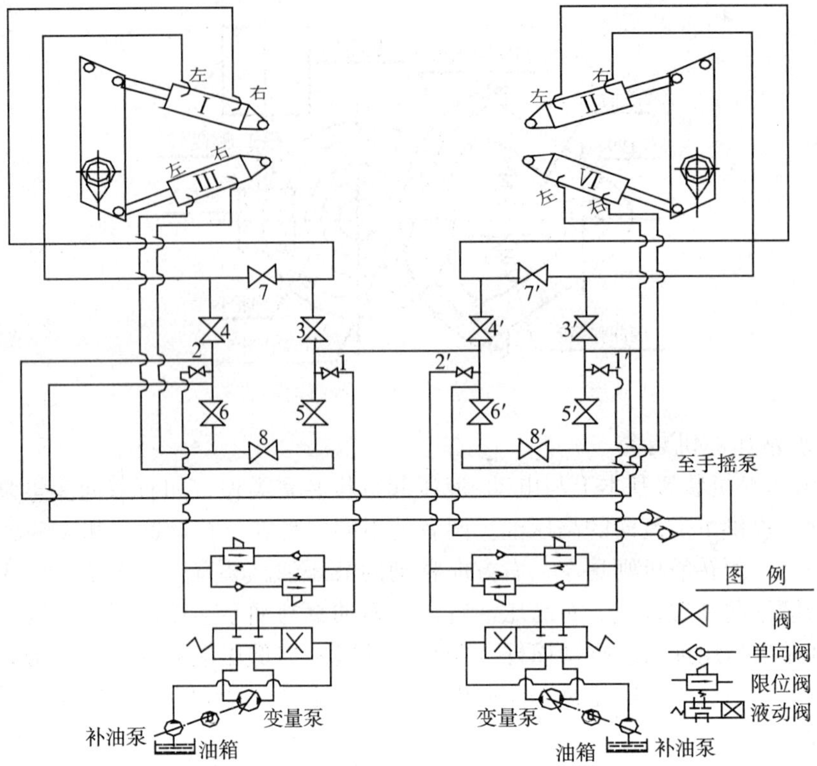

图 7-1-4　液压舵机的主油系统

当自动操舵仪未送来控制信号时，变量泵斜盘处于零位，不排油，液压缸及舵叶皆处于零位。

当自动操舵仪送来左舵信号时，电液伺服阀工作，使变量泵的右边管路排油，经液动阀。压力油经左边管路通过阀 2 进入左阀箱（1 -8 在一个阀箱内），然后分成 2 路：一路经阀 4 和 6，进入Ⅰ号液压缸的左边和Ⅲ号液压缸的右边，使左舵叶向左转舵；另一路经两阀箱之间的连接管，进入右阀箱，分别经阀 3′和 5′进入Ⅱ号液压缸的左边和Ⅳ号液压缸的右边，使右舵叶也向左转舵。由于两舵柄间有拉杆连接，因此能保证量泵和舵叶同步转动。Ⅰ，Ⅱ，Ⅲ和Ⅳ经液动阀回到变量泵的吸入口。2 个阀箱的其余阀都是关闭的。因此，右机组不工作，有液动阀的隔离，压力油不会进入右边的变量泵，而使之变成油马达转动，即空转。

当舵角转到 35°时，限位阀被舵柄顶开，由于其管路粗而短，阻力很小，因此变量泵排出的压力油通过限位阀和单向阀回到变量泵的吸入口，而不再进入液压缸，即此时变量泵与单向阀和限位阀之间直通，使变量泵的压力油出口与吸口间形成回路，相互间压力平衡，舵就不再转动。当反向转舵时，由于有单向阀存在，因此压力油不能通过开启的限位阀而是直接送入液压缸，使舵叶反转。

从上述主油系统的工作过程可以清楚的发现，日常舵机在工作中通过阀箱的转换，不但可以单机工作，而且可以双机同时工作，并且当任何一个液压缸发生故障时，可以从系统中断开不用，而不致影响其他液压缸的工作。在图 7 -1 -4 中有一些安全保护装置及压力表等，在图中都没有画出。

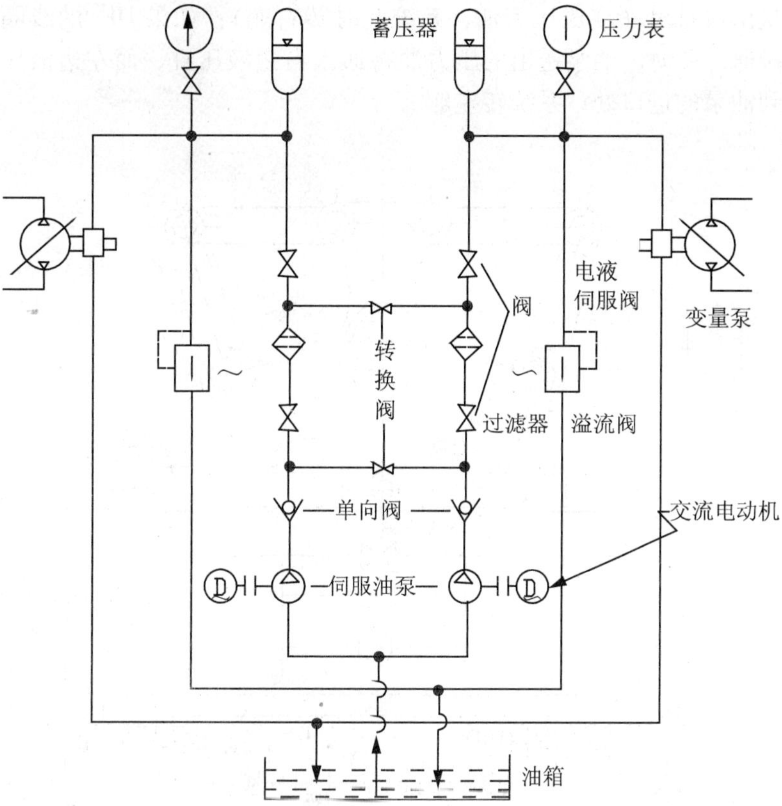

图 7－1－5　液压舵机的伺服系统

3）伺服系统

图 7－1－5 为伺服系统原理图。

前面已介绍过，伺服系统指专供电液伺服阀工作油的系统。伺服油泵由交流电动机拖动，该电动机也就是所称的主泵电动机。它排出的压力油经单向阀、过滤器、蓄压器到电液伺服阀，然后再回到油箱。

溢流阀用于限制系统的油压力，使油压不超过额定值。当压力超过额定值时，溢流阀自动开启而溢流，使压力恢复到额定压力范围。

蓄压器的作用是使油路的压力稳定，对压力的脉动冲击起缓冲作用。

下面介绍一种在平时工作中较常见的由电磁阀作为控制组件的液压系统的动作过程。

图 7－1－6 为液压系统的动作原理图。从图中可以看出，2 个舵叶通过 1 套连杆机构与液压缸中的柱塞相连接，而柱塞可在油缸中左右移动。当右边油缸中通入压力油时，柱塞便向左移动，带动舵叶向左舷转动（转左舵）。反之，如果左边油缸中通入压力油，则柱塞带动舵叶向右舷转动（转右舵）。压力油由油泵供给，油泵由电动机带动，油泵打出的高压油通过管路送到液压缸，组成液压系统。油泵产生的高压油，经过电磁阀与油缸相通。

电磁阀是一种三位四通电磁阀，有 2 个电磁阀圈，在通常情况下（即电磁阀圈不通电时）油路不通。当 DF_2 的线圈有电时，油路直通，此时，压力油将通入左边的液压缸，推动柱塞向右移动，而右液压缸中的油则经过电磁阀另一通路回到油泵的进口，再经油泵把油从出口打出（变成压力油，系统此时转右舵）；如果 DF_1 的线圈有电，电磁阀管路交叉接通，此时，油泵送出的压力油将通入右边液压缸，而左边液压缸内的油则经电磁阀回到油泵的进口处，系统转左舵。

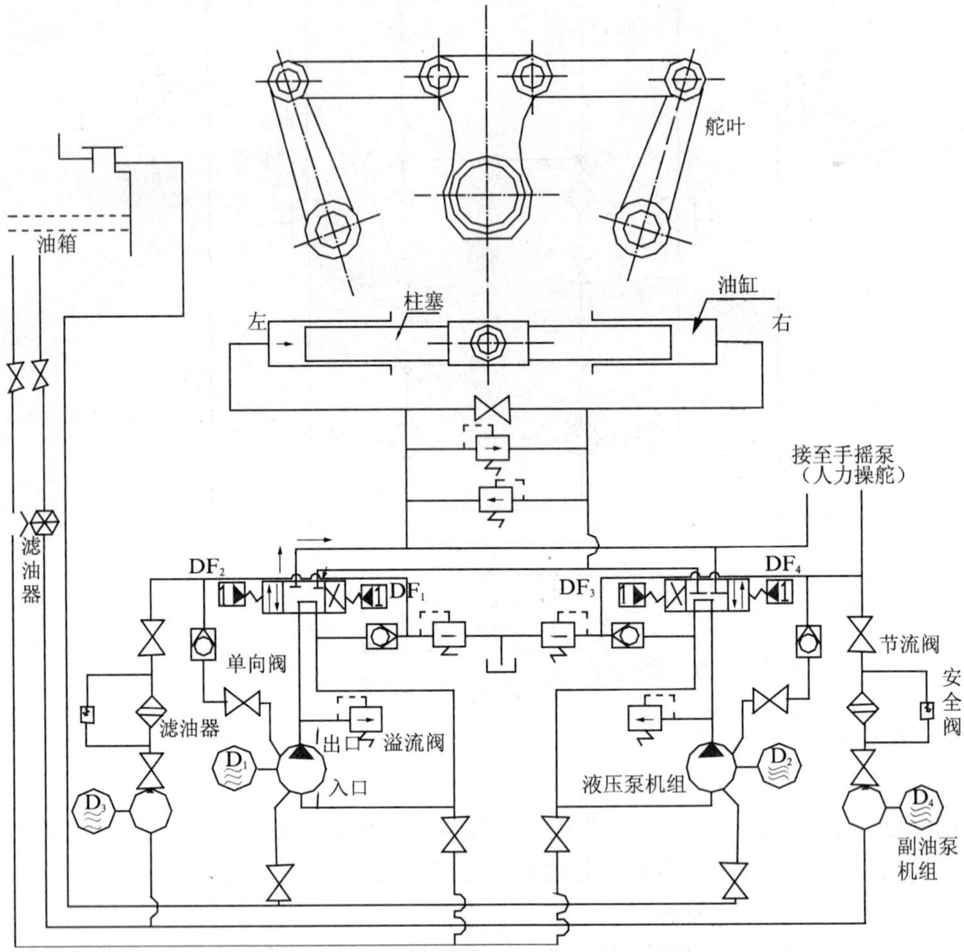

图 7－1－6　液压系统的动作原理

DF_1 和 DF_2 的线圈的动作过程分别使舵叶向左或向右转，DF_3 和 DF4 的线圈的动作过程与其对应且相似，参照图 7－1－16 自行分析，在此不再赘述。

电磁线圈是由可控硅控制的，即由系统的偏差信号控制。

该液压系统中有 2 套油泵，各有 1 个三位四通电磁阀控制其供油方向，2 套油泵可以互相转换，以提高液压系统的生命力，同时也便于对该系统的维护保养。

系统中同样设置了溢流阀、滤油器、安全阀和节流阀等。

四、对电力拖动与控制的基本要求

1. 供电要可靠

从主配电盘到舵机应当用 2 路分离较远的馈电线对舵机电动机供电。其中 1 路还应该与应急配电盘相连。

2. 电动机的运行要可靠

电动液压舵机对拖动变量油泵的电动机无特殊要求，采用普通长期工作制的鼠笼式电动机即可。对于电动舵机的电动机，因为舵机的负荷变化幅度很大，一方面随偏舵角的增大，航速（或逆航向水流速度）的增大，作用在舵叶（舵柱）上的阻力（阻力矩）将大幅增大。根据规范规定，舵机电力拖动装置应能在船舶处于最深航海吃水和以最大营运航速前进时将舵自任一舷的35°转至另一舷的35°，且能在不大于28 s的时间内将舵自任何一舷的35°转至另一舷的30°。另一方面，船舶在复杂的海域，恶劣的天气（如狭窄水道、冰区、大风浪等）条件下航行时，舵叶很可能被卡住，使电动机发生堵转。按规范要求，电动机堵转时间应能持续1 min以上，仍不致将电动机烧坏。因此，要求电动机具有软的机械特性和足够大的过载能力。

为满足上述要求，在船舶上，电动舵机几乎均选用变流机组供电的G－M系统。其中，直流发电机G采用差复励方式，使直流电动机M获得适应于舵机要求的软机械特性。此外，由于航行中舵叶偏转十分频繁，电动机起停次数达400～600次/h，因此常选用重复短时工作制电动机。

3. 控制系统要可靠

舵机电力拖动装置至少有2个控制站，驾驶台和舵机舱各一个。控制站之间要有转换开关，以防同时操作。

驾驶台的主操纵站在现代化船舶上都装有自动操纵系统（即自动操舵仪）、随动操纵系统（又称舵轮操舵）和应急操纵系统（俗称香蕉柄操舵）3种操纵装置。

操纵控制系统中应设置舵叶偏转限位（左、右35°）开关和失压自动报警装置。当使用自动操舵仪时，还应设置偏舵极限角自动报警装置。

操舵方式依据其不同的控制方式一般分为单动操舵、随动操舵和自动操舵。

五、单动操舵的工作原理

单动操舵就是通过转换开关SA运行的应急操舵，其原理如图7－1－7所示。船舶交流电源经整流后，向差复励直流发电机G和直流电动机M的他励绕组J_G-K_G，$J_G'-K_G'$，J_M-K_M供电。在有负载的情况下，发电机的串励绕组$J_{GS}-K_{GS}$通过电流I_a产生的磁势总是与他励绕组J_G-K_G（$J_G'-K_G'$）所产生的磁势反方向。当船舶向左偏航需要操右舵予以校正时，将手柄开头扳到右位，$J_G'-K_G'$通过励磁电流，G输出的电压U和电流I_a为正，M顺时针方向转动（$n_D>0$），经过减速比很高的蜗轮-扇形齿轮传动机构，使舵叶右偏β（$\beta>0$）角。当右偏到符合要求的角度（由舵角指示器观测）时，把手柄开头恢复零位，发电机励磁电流、输出电压消失，舵叶就停在右舵某一角度上。在船舶逐渐回到正航向的过程中，必须回舵。回舵时将手柄开头扳到左位，J_G-K_G通励磁电流（与前者反方向），电动机逆时针方向转动（$n_D<0$），偏舵角逐渐减小，舵叶逐渐接近艏艉线，当$\beta=0$时手柄开关也应恢复零位。此时船舶也回到正航向（即$\varphi=0$，由分罗经观测）上。当船舶向右偏航需要操左舵予以校正时，操作与上述相反。

单动操舵的操舵方法可以归纳为：手扳舵转，复零舵停；左舵左扳，回舵右扳；右舵右扳，回舵左扳。

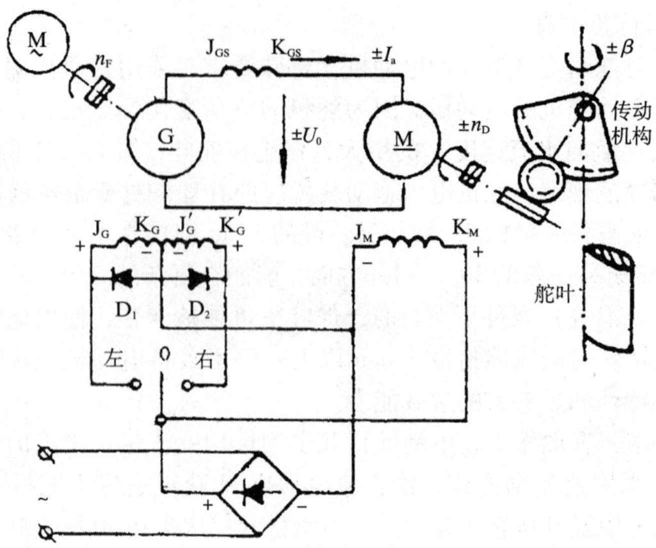

图 7－1－7　G－M 系统单动操舵的原理

单动操舵如图 7－1－8 所示。从图中可以看出，人在单动操舵过程中的作用就是观察分罗经的航向 φ 和舵角指示器的偏舵角 β，再根据上述操舵方法进行操作，所以单动操舵机构虽然简单，但操纵过程却显得很麻烦，劳动强度大，而且需要熟练的操舵经验，否则将使船舶沿固定航向左右摆动的幅度太大。这种操舵方式仅适用于内河小型船舶和作为海船的应急操舵方式。

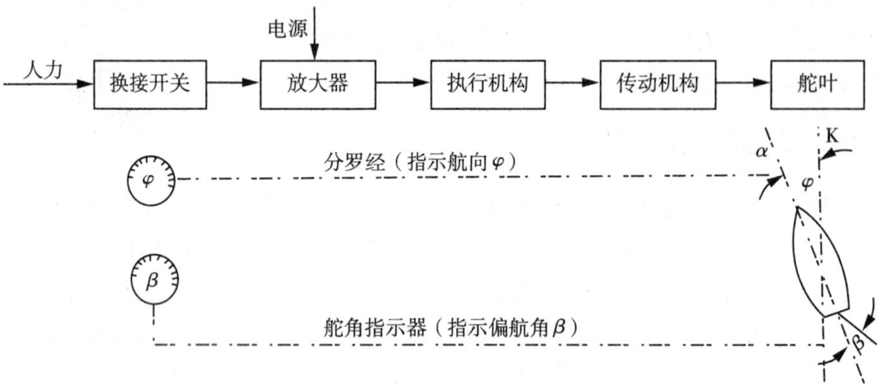

图 7－1－8　单动操舵

六、随动操舵的工作原理

图 7－1－9 所示为随动操舵的原理。当操舵手轮和舵叶分别在零位和艏艉线上时，由舵轮带动的发送电位器 R_1 和由装在舵柱上的同步传递机构中的接受机带动的反馈电位器 R_2 的滑动点在等电位点 O 和 O'，电桥处于平衡状态，放大器的输入信号 U'_{00} 为 0，差复励发电机 G 的励磁电流 I_{fG} 为 0，他励电动机 M 停止不转。当舵轮向右转过某一角度，如使发送电位器 R_1 的滑动点从 O 点移至 a 点时，电桥平衡被破坏，放大器有输入信号 $U'_{00}>0$，发电机的励磁电流 I_{fG} 和输出电压 U_0 为正，电动机顺时针方向转动，操右舵。在舵叶右偏

的过程中，通过舵角反馈同步传递机构的接受机带动反馈电位器 R_2 的滑动点从 O'点不断地向 a'点作追随运动，直至到达 a'点，电桥又重新处于平衡状态，放大器的输入信号U'_{00}为零，电动机停止转动，舵叶处于右舵与舵轮转角相对应的某一角度的位置上。

如果要求回舵，就将舵轮扳回零位，R_1 的滑动点从 a 点重新返回到 O 点，电桥平衡又被破坏，但这时放大器的输入信号 $U'_{00}<0$，发电机的励磁电流 I_{fG}和输出电压 U_0 为负，电动机逆时针方向转动，舵叶向着艏艉线方向偏转。当回到艏艉线上时，通过反馈机构，R_2 的滑动点也从 a'点返回到 O'点，电桥又重新恢复平衡，放大器的输入信号 U'_{00}为 0，电动机停止转动。

改变舵轮的转动方向，便可以改变电动机旋转和舵叶偏转的方向。

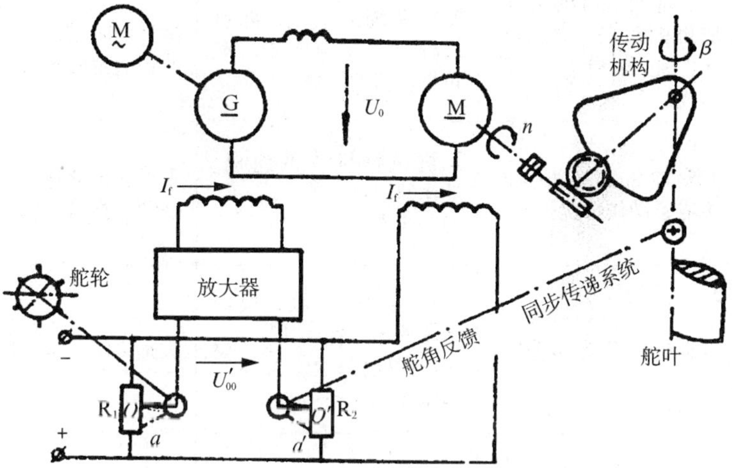

图 7-1-9　G-M 系统随动操舵的原理

随动操舵如图 7-1-10 所示。由图可知，就其工作原理而言，随动操舵是一个闭环的随动系统，是一个根据偏差进行自动调节的系统。这种系统的停舵指令不是由操舵人员发出的，而是在舵叶偏转过程中由其本身通过反馈机构发出的。由于闭环系统中采用了比较环节（由 2 个电位器组成的电桥）进行比较，因此只有当舵角反馈信号（与偏舵角 β 成比例）与操舵信号（与操舵角 α 成比例）相等时，偏差信号 $U_i=0$，舵叶才会停止。舵轮从 α 角回到零位，舵叶也从 β 角回到艏艉线上。

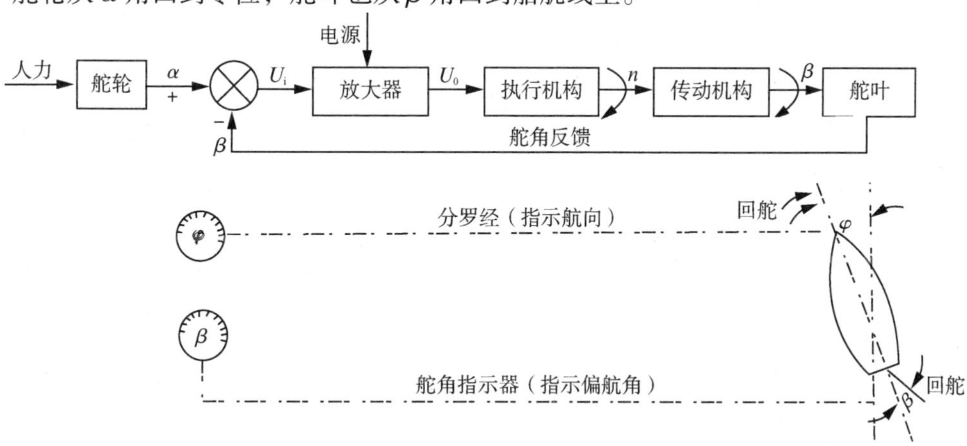

图 7-1-10　随动操舵

随动操舵的方法是，船舶左偏航操右舵，舵轮操右舵某一角度，舵叶右偏，并自动停在舵的某一角度上。为减小 S 形航迹的振幅，船舶在返回正航向的过程中，必须操回舵。

任务实施

教学阶段	学习任务	知识点	活动设计（讲解、示范、组织、指导、安排和操作）	课时/min
1. 资料查询	查找舵机系统的组成，舵机的种类、控制要求，舵角指示器的组成	舵机系统的组成，舵机的种类、控制要求，舵角指示器的组成	教材的阅读； 课程网站的利用	20
2. 观看转舵动画	观察舵机执行机构的组成、动作情况	舵机执行机构的组成、动作情况； 安全注意事项	观看相关动画； 强调、指出注意事项	5
3. 现场参观	掌握舵机系统的组成	认识油泵、油缸、换向阀等液压元件； 认识操舵仪； 认识舵机起动箱	教师讲解、学生记录	30
4. 讨论，完成给定思考题		课堂小结	讨论，提交报告	25
5. 布置作业	拓展知识		思考、课前提问	5

模块 2　单动舵的故障处理与调试

学习目标

1. 学会识读船舶电气系统图、原理图、接线图及规范；
2. 会分析船舶舵机系统的控制电路；
3. 会船舶舵机系统的调试及故障排查；
4. 能安装与调试船舶舵机系统的控制电路；
5. 对照船舶舵机系统电气原理图排除电路常见故障；
6. 能撰写舵机电气控制系统检修维护报告书。

模块描述

单动操舵又称应急操舵，其操作方法可以归纳为：手扳舵转，复零舵停；左舵左扳，回舵右扳；右舵右扳，回舵左扳。单动操舵涉及的元件少，单动舵的检修既简单又重要，是舵机系统检修的基础。

工作任务

1. 船舶舵机系统的调试及故障排查；
2. 撰写舵机电气控制系统检修维护报告书。

知识准备

一、舵机台

在船舶的舵机舱室装一舵机台，实际上除自动操舵仪不安装在它上面外，绝大部分液压系统的部件全都安装于此。它只起到支撑连接液压系统各部件的作用。

舵机台上主要安装有：2 个油箱、2 个主泵电动机、电磁阀、舵角发送装置、舵角反馈装置、指示大角度的铜牌和控制舵叶转动的轴杆等。

二、起动控制箱

起动控制箱是起动箱和控制箱的一种简便称呼和形式。有一些舵机将它们分开设置，还有一些舵机将它们组合在一起，不论以怎样的形式出现，它们所起的作用都是一样的。起动控制箱的主要作用是舵机电气部分的起动与控制。舵机系统各种电源的供给由配电盘（主配电盘、应急配电盘）分别送到起动控制箱内。自动操舵仪的控制信号也是由起动控制箱内传送到电磁阀的。报警器的信号传输同样由起动控制箱完成。起动控制箱能否正常工作，对整套舵机能否正常工作起着非常重要的作用。

图 7－2－1 为最简单的起动控制箱的原理电路图，虽然每个型号的舵机起动控制箱都不一样，但基本功能部分没有太大的区别。现以图 7－2－1 为例介绍起动控制箱的工况。

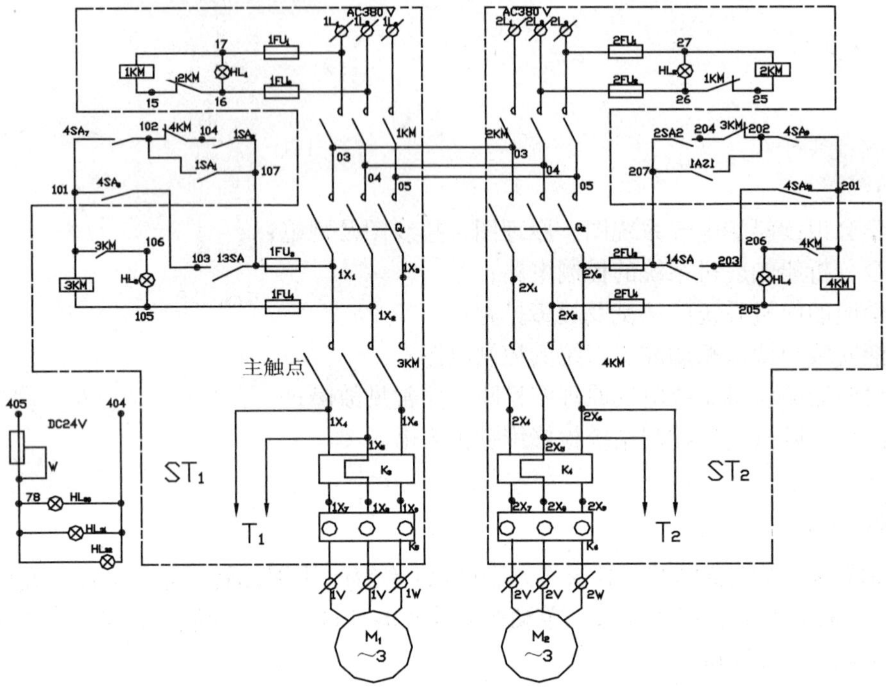

图 7－2－1　起动控制箱的原理电路

由图可知，这是 2 套起动控制电路，分别起动和控制 2 台主泵电动机的工作状态，它们即能够独立工作，又有互馈的作用，其过程如下：1 号主泵电动机的动作情况，由配电盘供给的三相交流电源 AC380 V 接到 1L$_1$，1L$_2$ 和 1L$_3$ 的端子上。

1L$_1$ 和 1L$_2$ 两相电分别经过接触器 1FU$_1$，1FU$_2$ 和 2KM 的常闭触点向接触器 1KM 的线圈供电，此时其指示灯 HL$_1$ 发亮，由于接触器 1KM 的线圈得电，使 1KM 的常开触点闭合，同时在 2 号起动箱中 1KM 所控制的常闭触点断开，使接触器 2KM 的供电线路断开。此时 2 号起动箱中的 2KM 开路，不工作。

由于 1KM 的闭合，03，04，05 点获得电源电压，打开起动开关 Q$_1$，电源经过 1X$_1$，1X$_2$ 以及 1FU$_3$，1FU$_4$ 和 3KM 的线圈，4SA8（4SA8 的触点受驾驶室的开关控制已接通），13SA 也已接通，3KM 的线圈得电，它所控制的 3KM 的主触点接通。电源直接加到电动机 M$_1$ 上，使 M$_1$ 得电而转起来。K$_3$ 和 K$_4$ 为过流保护组件，指示灯 HL$_3$ 由于 3KM 接通发亮，表示一号主泵电动机 M$_1$ 起动完毕。

2 号主泵电动机 M$_2$ 的起动过程同于 1 号主泵电动机 M$_1$ 的一样，对于其他类型的起动器，其动作原理大同小异。

三、主泵电动机及加热器

主泵电动机是在液压系统中拖动变量泵使油箱的油产生压力油的原动力电动机。现在舵机系统中大部分主泵电动机为交流异步电动机，供电电源为 380 V（50 Hz），在起动控制箱中已论述过，一路电源由主配电盘供给，另一路电源大部分情况下由应急发电机配电盘供给。一般情况下，每套舵机安装有 2 台主泵电动机，它们分别由独自的起动控制箱对其运行与停止进行控制，在电路中它们又能够互馈，根据不同的舵机要求，有的把它们设计成单机运行形式，还有的设计为双机运行形式。由于不同的舵机对主泵电动机的技术要求不同，因此对电动机的技术要求也不尽相同，如额定转数、额定功率等。

对于主泵电动机，在接线时一定要严格按照工厂的设计图纸接线。

一般较大一些船舶的舵机，其主泵电动机部分都配有加热器，其主要作用是给油加热，使系统迅速达到正常运行状态。

四、伺服电机

伺服电机准确地讲应为伺服液压泵机组，由主泵电动机和伺服油泵组成。主泵电动机拖动伺服油泵产生压力油供液压系统正常工作。

五、电磁阀、电液伺服阀

前面讲过电磁阀与电液伺服阀的共同点都是由于它们的动作而最终使舵叶转动。只不过这 2 种控制组件不论在结构上、工作原理上还是在特点上不大相同。

电磁阀：结构简单、明了、直观，成本低，便于控制，动作快，维护方便，适用于各种舵机的配套使用。

电液伺服阀则是一种精密的控制元件，为节流或伺服阀，其灵敏度很高，由微小的电流信号来控制的液压放大装置。

任务实施

（中间可以方框形式插入“问题思考”与“经验技巧”）

教学阶段	学习任务	知识点	活动设计（讲解、示范、组织、指导、安排和操作）	课时/min
1. 资料查询	查找单动舵系统图、电动液压舵执行机构相关知识	单动舵系统图、电动液压舵执行机构相关知识	教材的阅读； 课程网站的利用	20
2. 观看动画	观察单动舵操作、执行情况	用单动舵控制船舶航向的优、缺点	观看相关动画； 强调、指出注意事项	5
3. 现场教学	参观舵机实训室	舵机执行机构的组成、作用，舵角指示器校零的方法（电子电气员评估）	提问、讨论、答疑	10
4. 讨论，完成给定思考题		课堂小结	讨论，提交报告	25
5. 布置作业	拓展知识		思考、课前提问	5

模块3　随动舵的故障处理与调试

学习目标

1. 学会识读船舶电气系统图、原理图、接线图及规范；
2. 会分析船舶舵机系统的控制电路；
3. 会船舶舵机系统的调试及故障排查；
4. 能安装与调试船舶舵机系统的控制电路；
5. 对照船舶舵机系统电气原理图排除电路常见故障；
6. 能撰写舵机电气控制系统检修维护报告书。

模块描述

随动舵就是一个闭环的随动系统，是一个根据偏差进行自动调节的系统。这种系统的停舵指令不是由操舵人员发出的，而是在舵叶偏转过程中，由其本身通过反馈机构发出的。由于闭环系统中采用了比较环节（由2个电位器组成的电桥）进行比较，因此只有当舵角反馈信号（与偏舵角β成比例）与操舵信号（与操舵角α成比例）相等时，偏差信号$U_i=0$，舵叶才会停止。舵轮从α角回到零位，舵叶也从β角回到艏艉线上。根据从驾驶室到舵机间传递操舵信号的方法不同，舵机遥控系统可分为机械式、液压式和电气式。机械式仅用于小船；液压式已基本淘汰；电气式是目前舵机遥控系统的主要形式。阀控型舵机电气遥控的对象是三位四通电磁换向阀；泵控型舵机电气遥控的对象可以是三位四通电磁换向阀（伺服油缸式），或伺服电动机、力矩电动机（力矩马达），也可以是控制电磁比例泵。自整角机可以无触点传递角位移信号，因此可靠性高，电气遥控系统广泛用它作为操舵发讯元件和反馈元件。本模块以DD2型电子随动舵电路板为背景，指导学生分析随动舵的原理、故障检测、维护保养。

工作任务

1. 船舶舵机系统的调试及故障排查；
2. 撰写舵机电气控制系统检修维护报告书。

知识准备

1. DD2型电子随动舵电路板及原理说明。
2. DD2型电子随动舵电路板常见故障分析。

DD2型电子随动操舵仪系统如图7－3－1所示。

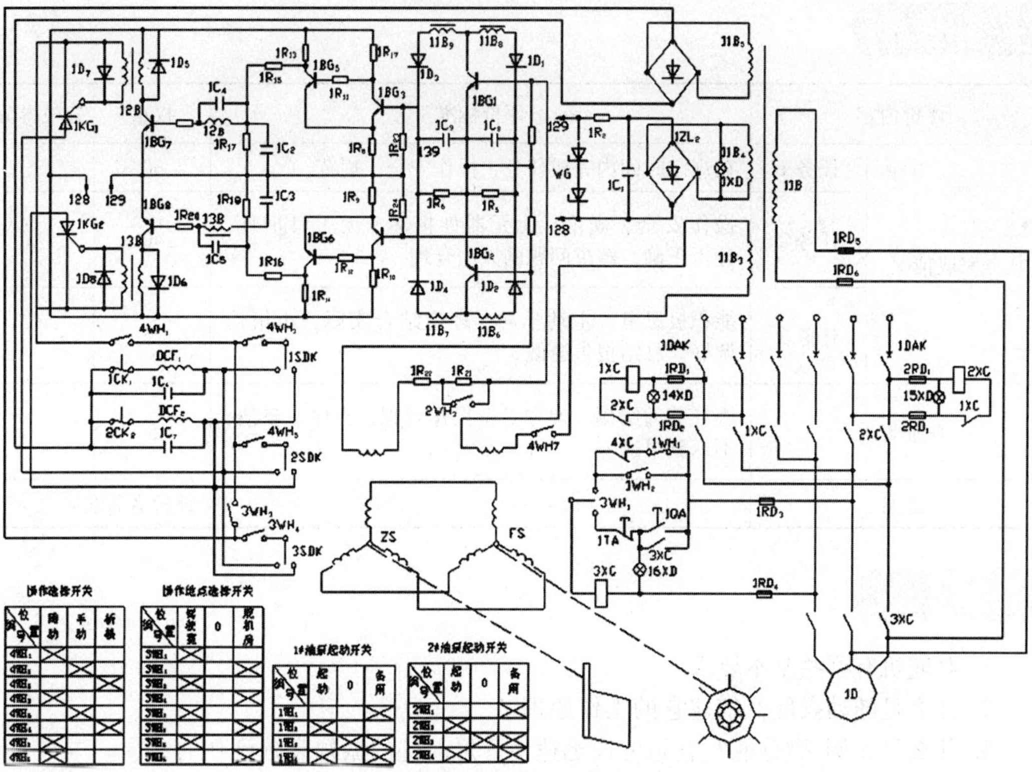

图 7-3-1　DD2 型电子随动操舵仪系统

任务实施

教学阶段	学习任务	知识点	活动设计（讲解、示范、组织、指导、安排和操作）	课时/min
1. 资料查询	查找电子随动舵电路知识	电子随动舵电路的组成、原理	教材的阅读； 课程网站的利用	20
2. 观看动画	观察电子随动舵电路检测的步骤	工具的使用； 工作顺序； 安全注意事项	观看相关动画； 强调、指出注意事项	15
3. 原理分析	掌握电路原理	相敏整流； 移相触发； 操舵特点	提问、讨论、答疑	30
4. 故障分析	掌握故障分析方法（电子电气员评估）		提问、讨论、答疑	10
5. 讨论，完成给定思考题		课堂小结	讨论，提交报告	25
6. 布置作业	拓展知识		思考、课前提问	5

任务评价

评价内容		评价标准	权重	分项得分
任务完成情况	任务 1	在规定时间内完成任务，操作安全、规范	30	
	任务 2	操作安全、规范，无元器件损坏，无工具损坏，分析正确，解决问题的方法合理	40	
	任务 3	能积极思考、主动学习，理论结合实际，小组协调好，总结报告透彻	25	
职业素养		遵守劳动纪律，遵守安全操作规程，有序、整洁，不迟到早退	5	
总分			评价者签名：	

任务拓展

1. 对舵机有哪些基本要求？
2. 什么是随动操舵？叙述它的工作原理。
3. 什么是比例-微分舵？它是怎样迅速使 S 形航迹的振幅衰减到 0 的？
4. 积分环节在自动操舵过程中起什么作用？
5. 叙述自动舵的基本类型及其调节规律。
6. 论述在自动操舵方式下自动校正航向的工作过程。
7. 论述在指示器工作方式下交流同步器的工作原理。
8. 液压舵机操纵系统的作用是什么？简述力矩马达式舵机遥控系统的工作原理。
9. 叙述舵机主泵电动机的起动和停止控制过程。
10. 叙述主用、备用泵的自动切换控制原理。

项目八
自动舵电气控制电路的安装与调试

核心概念

PID 调节、对舵、舵角指示器。

学习目标

1. 学会识读船舶电气系统图、原理图、接线图及规范；
2. 会分析船舶舵机系统的控制电路；
3 会船舶舵机系统的调试及故障排查；
4. 能安装与调试船舶舵机系统的控制电路；
5. 对照船舶舵机系统电气原理图排除电路常见故障；
6. 能撰写舵机电气控制系统检修维护报告书。

项目描述

本项目以 HD 5L 型自动舵电路板为背景，指导学生对电路进行检测、调试，使学生掌握电气原理、简单故障排除方法。

工作任务

1. 船舶舵机系统的调试及故障排查；
2. 撰写舵机电气控制系统检修维护报告书。

模块 1　认识自动舵的框图、种类

学习目标

1. 学会识读船舶电气系统图、原理图、接线图及规范；
2. 会分析船舶舵机系统的控制电路；
3. 会船舶舵机系统的调试及故障排查。

模块描述

以课件、教材为背景，指导学生掌握自动舵的基本原理、种类、调节规律和各环节的作用。

工作任务

1. 识读船舶电气系统图、原理图、接线图及规范；
2. 分析船舶舵机系统的控制电路。

知识准备

一、自动操舵的工作原理

图 8－1－1 为 G－M 系统自动操舵的原理图。当船舶沿给定航向 K 航行时，舵叶在艏艉线上。如图 8－1－1 所示，滚轮 1 恰好与绝缘块 4 接触，2 个继电器 KA_1 和 KA_2 的线圈都不通电，其常开触头都开启，直流发电机 G 的磁场电流为 0，输出电压 U_0 为 0，直流电动机 M 停转。沿着正航向航行的船舶，当受到风、流等外界干扰而向右或向左偏转离开正航向 K 某一角度 φ 时，通过罗经的航向发送器，使航向接受器也转动同一角度 φ，于是被航向接受器带动的滚轮 1 也就在 2 个导电半圆环 2 和 3 内侧滚动某一角度，或与导电半圆环 2 接触，或与导电半圆环 3 接触，于是继电器 KA_1 或 KA_2 的线圈通电，电动机 M 正转或反转视船舶偏离正航向的方向而定。

下面分 5 个阶段（其实是连续的）说明船舶因外界干扰偏离正航向 K 后是如何通过自动舵的作用又重返正航向的。

在如图 8－1－2 所示的第一个阶段（Ⅰ）：船舶沿正航向 K 航行，滚轮 1 恰好与绝缘块 4 接触，电动机不转动，舵叶在艏艉线与正航向 K 重合，偏航角 φ 和偏舵角 β 都为 0。

第二阶段（Ⅱ）：假设由于受风、流影响，船舶向右偏航，首先航向发送器使自动操舵仪上的航向接受器（即罗经复示器）同步转动某一角度，并带动滚轮 1 向左偏转，与左边导电半圆环2接触，电动机向左转动，舵叶向左偏转，通过舵角反馈同步传递机构，即在舵柱上装发送器，导电环上装接受器的自整角机同步传递系统，使导电环以相同的方向向左作追随滚轮1的运动。这一阶段由于外界干扰的持续存在，开始偏舵时偏舵角很小，舵效不明显，所以船舶继续向右偏航（φ 增加），舵叶也继续向左偏转（β 增加），导电环继续作追随滚轮1的运动。

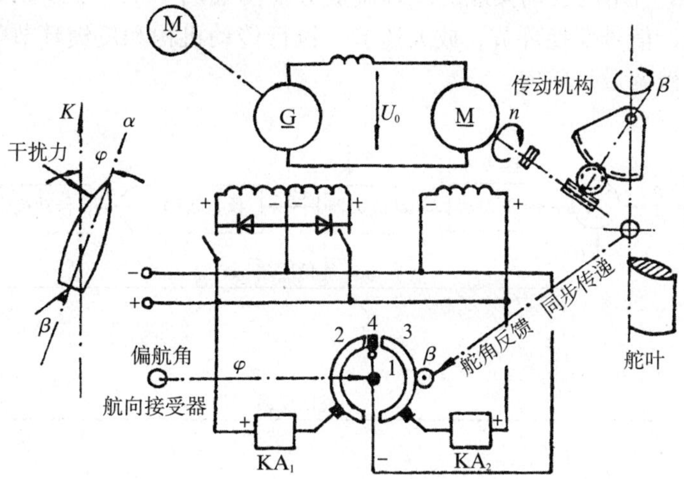

1—滚轮；2，3—导电半圆环；4—绝缘块

图8-1-1　G-M系统自动操舵的原理

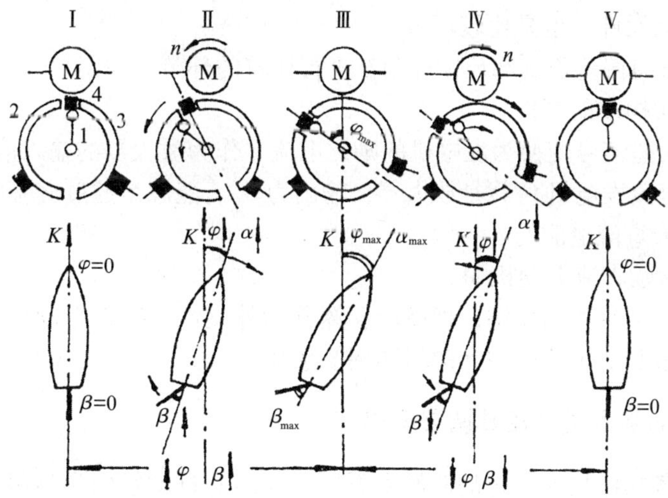

图8-1-2　自动校正航向的工作过程

第三阶段（Ⅲ）：由于较强的舵效，使船舶偏航到某一最大偏航角 φ_{max} 而停止偏航，因此导电环追上滚轮1，即绝缘块4与滚轮1接触，电动机停转，偏舵角也达到最大值 β_{max}。

第四阶段（Ⅳ）：船舶在左舵作用下，向正航向 K 回转，偏航角从 φ_{max} 逐渐减小，又通过航向发送器作用，使滚轮1开始与右边导电环3接触，电动机向右转，舵叶朝着艏艉方向偏转（β 减小），导电环向右作追随滚轮 1 的运动。

第五阶段（Ⅴ）：船舶在回到正航向 K 上，导电环正好追上滚轮 1，使滚轮 1 处于绝缘块 4 上，电动机停转，舵叶位于艏艉线上。

上述连续的 5 个阶段为船舶偏离正航向又重返正航向的航迹，可见采用这一系统运行操舵，能够使船舶在偏航后有自动恢复正航向的能力。这就是自动舵的基本原理。

把图 8－1－1 所示的自动操舵的原理画成方框图如图 8－1－3 所示。该系统由检测元件、比较元件、信号变换环节、放大环节、执行传动机构和反馈环节等组成。系统的调节对象是船，被调量是航向。

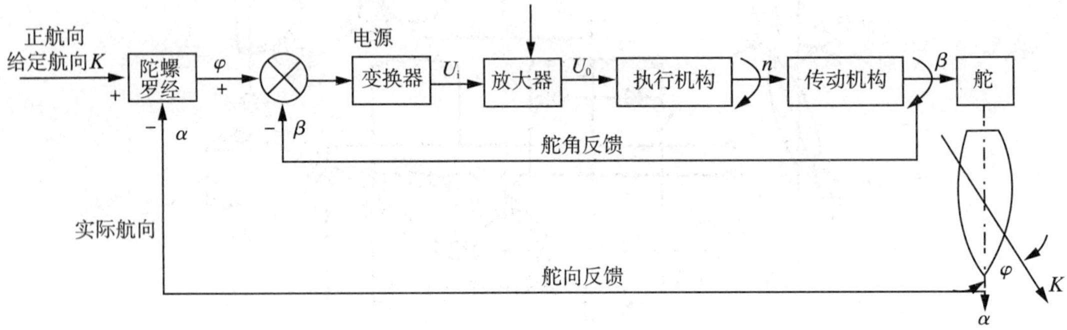

图 8－1－3　自动操舵

检测元件：用来检测船舶实际航向 α 相对于正航向 K 的偏差，也就是偏航角 φ，作为系统的偏差信号，在自动保持航向的自动舵中，陀螺罗经（旧称电罗经）被用作检测元件，它即是检测元件，也是比较环节。

比较元件：航向偏差角 φ 与反馈舵角 β 进行比较的环节，在图 8－1－1 中就是 2 个导电半圆环和滚轮所构成的部件。

变换器：把角差信号变换为发电机的励磁电流，作为放大器的输入信号。

放大环节：直流发电机 G 就是放大器，输出为 U_0。能源是通过交流异步电动机 M 把船舶交流电能变为直流电能的。

执行机构：他励直流电动机 M。

通常把舵角反馈称为内反馈，把航向反馈称为外反馈，所以自动操舵系统是一个具有双重负反馈环节和 2 个比较单元的闭环调节系统。

二、自动舵的基本类型及其调节规律

从目前世界各国已投入运行的船舶来看，所应用的自动舵的类型很多，其调节规律更是多种多样，还在不断的发展。但从自动舵的发展过程来看，就其基本闭环调节规律来分类，无非有下列 3 种。

1. 比例舵

比例舵的调节规律是以船舶偏航角 φ 的大小按比例给出偏舵角 β，即

$$\beta = -K_1\varphi$$

式中：K_1 为比例系数；负号表示偏舵的方向是消除偏航。比例系数 K_1 可根据不同船型、

装载量和航速作适当调节，通常 $\beta/\varphi=2\sim3$，即每偏航 1°偏舵 2°～3°。比例系数 K_1 过小或过大将使偏航振幅加大或偏航振荡次数增多，导致航速降低、稳定性差。

这种类型的自动舵的优点是机构简单，但保持航向的精度较差，船舶营运的经济性较差。

2. 比例–微分舵

比例–微分舵的调节规律是以船舶偏航角 φ 和偏航角速度 φ' 按比例给出偏舵角 β，即

$$\beta=-\left(K_1\varphi+K_2\varphi'\right)$$

式中：K_2 是微分系数，微分环节检测偏航角速度 φ'，并给出相应的附加偏舵角信号 $K_2\varphi'$，从而加快航向的调整过程，提高系统的灵敏度。

在船舶开始偏航的初始阶段，偏航角较小，而偏航角速度较大，因此使偏舵角和舵效比相同偏航角（φ）下的比例舵效要大，这就能有效阻止船舶进一步的偏航。随着偏舵角的增加，偏航角速度逐渐减小为 0，此时的最大偏航角要小于单纯比例舵的 φ_{max}。当船舶在舵的作用下开始向正航向回转时，偏航角逐渐减小，而偏航角速度逐渐增大，但符号相反，使偏舵角等于比例舵角减去微分舵角。在未回到正航向前，两信号已相减为 0，继续下去将出现反舵角，因此在船舶回到正航向前已受到反向舵的作用，从而能有效阻止因惯性而向反方向的偏航。通常所说的纠偏舵、稳舵角或反舵角等均指微分舵的作用。

可见加入微分环节后使得系统具有“超前”的校正控制作用，即在偏航过程中提前施以最大舵角，在回正航过程中提前施以反舵角，使 S 形航迹的振幅变小，并很快衰减。由于航向振荡减小，舵机负担减轻，航速增强，系统灵敏度提高，因此这将使船舶有更好的营运效益。

3. 比例–微分–积分舵

比例–微分–积分舵的调节规律是以船舶偏航角 φ，偏航角速度 φ' 和偏航角积分按比例给出偏舵角，即

$$\beta=-\left(K_1\varphi+K_2\varphi'+K_3\int\varphi\mathrm{d}t\right.$$

式中：K_3 是积分系数。这种类型的自动舵也称为比例–积分–微分舵，即 PID 舵。

船舶在航行时，常常由于船体的不对称，双桨工作的不对称以及受单侧风和流等外力的影响，使船舶发生左、右向不对称的偏航。当对称偏航时，S 形航迹在正航向两侧对称，平均偏航角 $\varphi=0$；当不对称偏航时，S 形航迹在向正航向一侧的摆幅增大，另一侧摆幅减小，使 S 形航迹的轴线方向偏离正航向，即平均偏航角 $\varphi\neq0$。船舶受单测力的横向漂移和小的偏航角（在系统灵敏区以内）都不能被检测，因而无偏舵指令，这将使船舶“差之毫厘，失之千里”。但系统加入积分环节将对偏航角进行积分并发出与偏航角相应的恒定偏舵角指令，利用恒定偏舵来抵消持续的外力作用，保证船舶的正航向，这种作用还称为自动“压舵”调节。在正常的对称偏航情况下，积分环节也能提高航向的稳定精度，主要是因为它能检测小的偏航角。

由于 PID 舵是比例、积分和微分的综合调节系统，因此它是动态和静态性能指标以及稳定性都比较好的一种自动检测系统。

国产自动舵以及远洋船舶中采用的外国生产的自动舵（如安休斯、HSH、斯派瑞、东京计器等）均有上述3种基本类型的自动舵。无论哪种类型的自动舵，都应具有3种操舵方式：正常航行时采用自动操舵；靠离码头、进出狭窄水道等机动状态能转换为随动操舵；当这2种操舵方式失灵又在紧急情况下应能立即转为应急操舵。

三、自动操舵系统的基本工作原理

1. PID 自动舵系统的工作原理

PID 自动操舵系统的工作原理如图 8－1－4 所示。

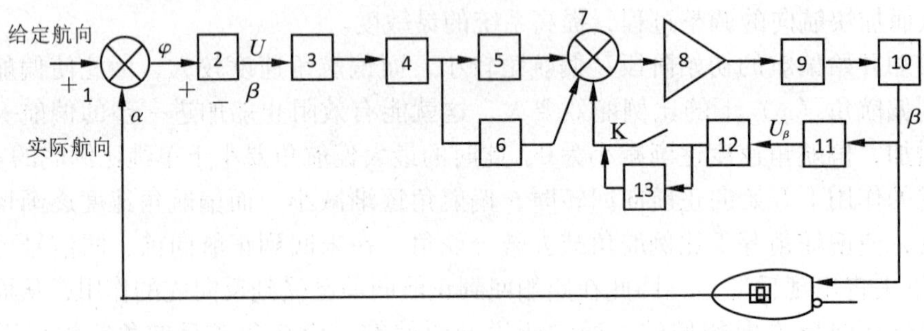

1—偏航信号；2—自动信号发讯机；3，12—相敏整流器；4—灵敏度调节；
5—比例运算；6—微分运算；7—信号比较器环节；8— 运算放大器；
9—功率放大器；10— 执行机构；11—舵角反馈发讯机；13—积分运算

图 8－1－4　PID 自动操舵系统的工作原理

本系统的自动操舵信号及舵角反馈信号的检测和发送均采用控制式自整角机完成。当船舶没有受到外界干扰时，就按航向调节旋纽给定的航向航行。这时舵叶处于艏艉线上，舵角指示为0°。

当船舶受到外界干扰时，船舶就会偏离给定航向，如向右偏 φ 角度时陀螺罗经指示出航向偏差，通过电气同步传动，操舵仪内的接收机通过差动器带动自动发信机 XB_1 旋转一个相应的角度，使 XB_1 输出一个与偏航角 φ 成正比的交流电压信号 U_φ。U_φ 通过相敏整流输出直流信号，经天气调节电路送到比例、微分运算电路，信号综合后送入运算放大器，使开关电路工作。开关电路工作后，控制继电器接通电磁阀，舵机工作，因为有微分的作用，所以加速了舵叶的偏转，提高了船舶按给定航向航行的精确度。

舵偏转后，通过机械传动带动反馈装置中的舵角反馈发讯器 XB_3 转动。XB_3 转动后产生与偏舵角成正比的讯号电压 U_β。U_β 通过相敏整流输出直流信号经偏航积分运算电路的运算后，再与经比例、微分运算的偏航角的直流信号一起送入运算放大器，按一定的比例运算综合放大。当两信号相等时，因极性相反，放大器没有输出，继电器就释放，电磁阀关闭，舵机停止工作。舵叶暂时停留在艏艉线左边某一角度上。在舵效的作用下，产生恢复力矩，使船舶逐渐回到给定航向上，在这一过程中，操舵仪内的接收机带动 XB_1反转，此时综合信号使放大器输出与原极性反相位的信号电压。另一继电器工作，开启相应的电磁阀，回舵。

天气调节电路的作用是人为设定系统的死区，以调节系统的灵敏度，称为天气调节或灵敏度调节。

航向调节（小舵角航向调节）在自动操舵运行中，可以通过航向调节改变船舶的给定航向，使船舶在新的航向上航行。

比例舵调节电路的作用是调节系统的舵角比例系数，可以根据船舶大小、船型、装载情况及航速高低予以合适的选择。

微分电路的作用是利用微分电容的充放电作用，使船舶还未回到给定航向时，舵已提前回到艏艉线，并反方向转过一个角度来克服船舶的惯性，起到阻尼作用，以保证船舶能很快的回到给定航向。

偏航积分运算电路的作用是实现自动压舵。当船舶长时间受到恒定力矩（如风、浪、潮流及装载的不对称等）的影响，使船舶处于不对称偏航时，将出现不对称偏舵。由于不对称偏航在偏航积分运算电路中的电容器 C 上将积累电压。若积累的信号电压超过系统的灵敏度，则使舵机工作，产生偏舵。其偏舵角大小和电容器 C 上所积累的信号电压相对应。如果此时偏舵角所产生的恢复力矩与恒力矩相抵消，那么船舶就稳定在给定航向上航行。在图 8－1－4 中设有开关 K，可根据偏舵的要求予以开闭。打开，自动舵按 PID 调节规律工作；闭合时积分电路被短路，自动舵按 PD 调节规律工作。

2. 自适应自动舵的基本概念和调节原理

图 8－1－5 为自适应自动舵控制系统框图。当船舶从预定航线上偏离时，可根据罗兰 A 或 C、台卡或奥米加以及航海卫星（NNSS）等测定船位，由罗经的航向，计程仪或多普勒导航仪提供的速度等推测船位，把以上连续自动测定的信号以及来自舵叶的实际舵角信号一起送至电子计算机，经过电子计算机运算后的信号再送至自动操舵仪修止偏离量。这种沿给定航线进行自动操舵的舵机装置自动控制系统，称为自适应控制系统。自适应自动舵是一具有自适应控制功能的自动舵装置，它是根据航向自适应控制系统中的一个控制部件，当船舶的航行条件为不确定或随时间变化时（如遇到风、浪、流的随机变化，船速、载重吃水的随机变化等），船舶航向自适应控制系统中被控制对象（船）和对船的扰动（风、浪、流等）的数学模型参数（或状态）随着船速、吃水、风、浪、流等参数的变化而随机变化，自适应自动舵根据可测量到的被控制对象（船）现时状态的外部连续信息（转舵角、船首向、船速等），不断地实时辩识模型的结构和参数（此过程就是通常据说的在线辨识）实施有效的控制，即根据数学模型与性能指针综合出来的自适应算法，使得预定的性能指针尽可能接近并保持最优。

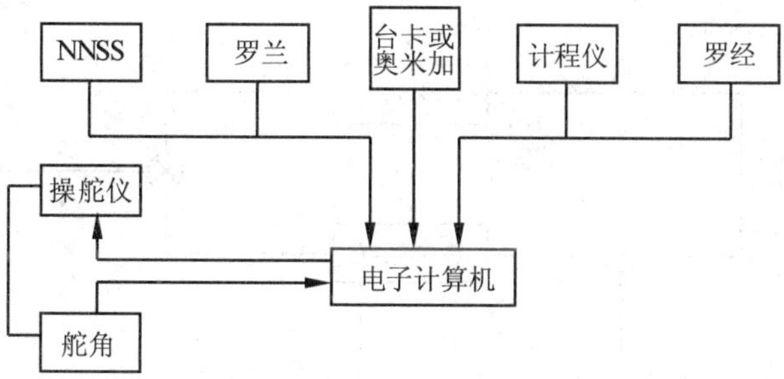

图 8－1－5　自适应自动舵控制系统

自适应自动舵主要分成两大类，即自校正控制系统和模型参考自适应控制系统。

1）自校正控制系统

如图 8－1－6 所示为自校正控制系统，它包括控制对象和自校正控制器 2 部分。

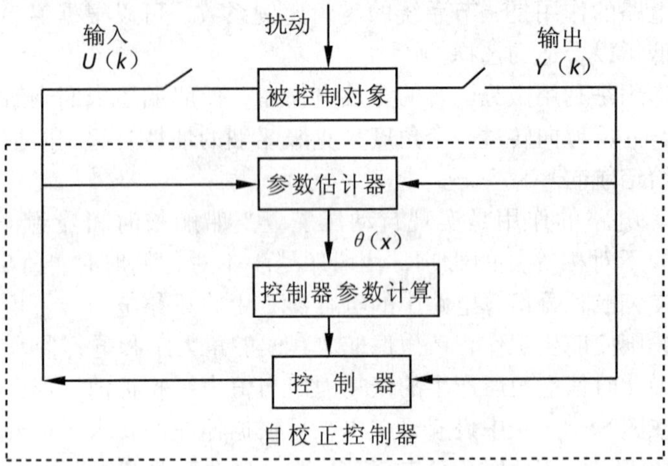

图 8－1－6　自校正控制系统

当被控制对象的数学模型不可确定，或模型参数在扰动下变化很大时，必须通过在线辨识来实时辨识变化着的数学模型参数。自校正控制器的功能就是使数学模型的参数能在系统投入运行后自动整定，且当被控制对象的参数变化时，控制器本身也能修正自己的参数，使控制系统仍处于满意的工作状态。

一般自校正控制器的结构包括 3 部分：一是参数或状态的估计器（递推辨识器），它根据被控制对象的输入、输出，辨识数学模型的参数（或状态），送到第二部分（控制器参数计算）进行控制器的参数计算，再将其控制器参数送到第三部分（控制器）中，控制器根据修正后的参数和测得的输出量 $Y(k)$ 算出下一步应有的控制作用量。随着运行过程的不断进行，自校正控制器也不断地采样、估计、修正和控制，直到控制的性能指标接近最优。

2）模型参考自适应控制系统

模型参考自适应控制系统如图 8－1－7 所示。图中可调系统包括被控制对象、前置滤波器、前置补偿器和反馈补偿器等。

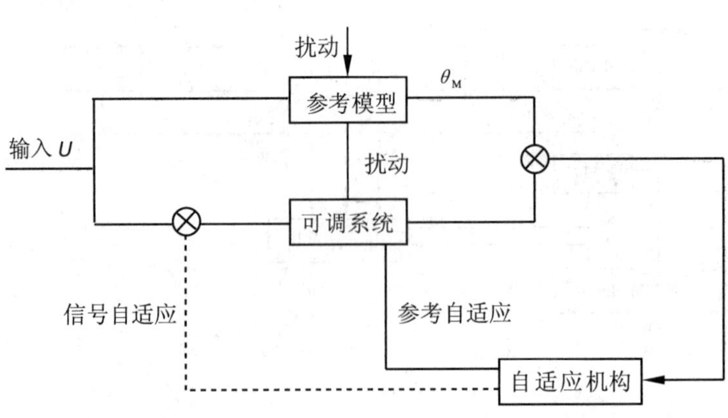

图 8－1－7　模型参考自适应控制系统

参考模型的输出代表期望的最优响应，当可调系统受到剧烈的外界扰动时，自适应机构根据按选定的性能指标 J（它是广义输出误差 e 的函数）按预定的对策去调节前置滤波器、前馈及反馈补偿器的各个参数，使 J 为最小，达到可调系统的特性接近理想参考模型的特性。

任务实施

教学阶段	学习任务	知识点	活动设计（讲解、示范、组织、指导、安排和操作）	课时/min
1. 资料查询	查找自动舵的基本原理、种类、调节规律、各环节的作用等知识	自动舵的基本原理、种类、调节规律、各环节的作用	教材的阅读； 课程网站的利用	20
2. 观看动画	观察操舵仪的结构，了解操舵仪、分罗经的结构	操舵仪、分罗经的结构	观看相关动画； 作好记录	5
3. 讨论，完成给定思考题		课堂小结	讨论，提交报告	15
4. 布置作业	拓展知识		思考、课前提问	5

模块2　认识自动舵的电路

学习目标

1. 学会识读船舶电气系统图、原理图、接线图及规范；
2. 会分析船舶舵机系统的控制电路；
3. 会船舶舵机系统的调试及故障排查；
4. 能安装与调试船舶舵机系统的控制电路。

模块描述

以 HD－5L 型自动舵电路板为背景，指导学生对电路进行检测、调试，使学生掌握电气原理，认识各种调节旋钮。

工作任务

1. 识读船舶电气系统图、原理图、接线图及规范；
2. 分析船舶舵机系统的控制电路；
3. 船舶舵机系统的调试及故障排查；
4. 安装与调试船舶舵机系统的控制电路。

知识准备

HD－5L 型自动舵的原理如图 8－2－1 所示。

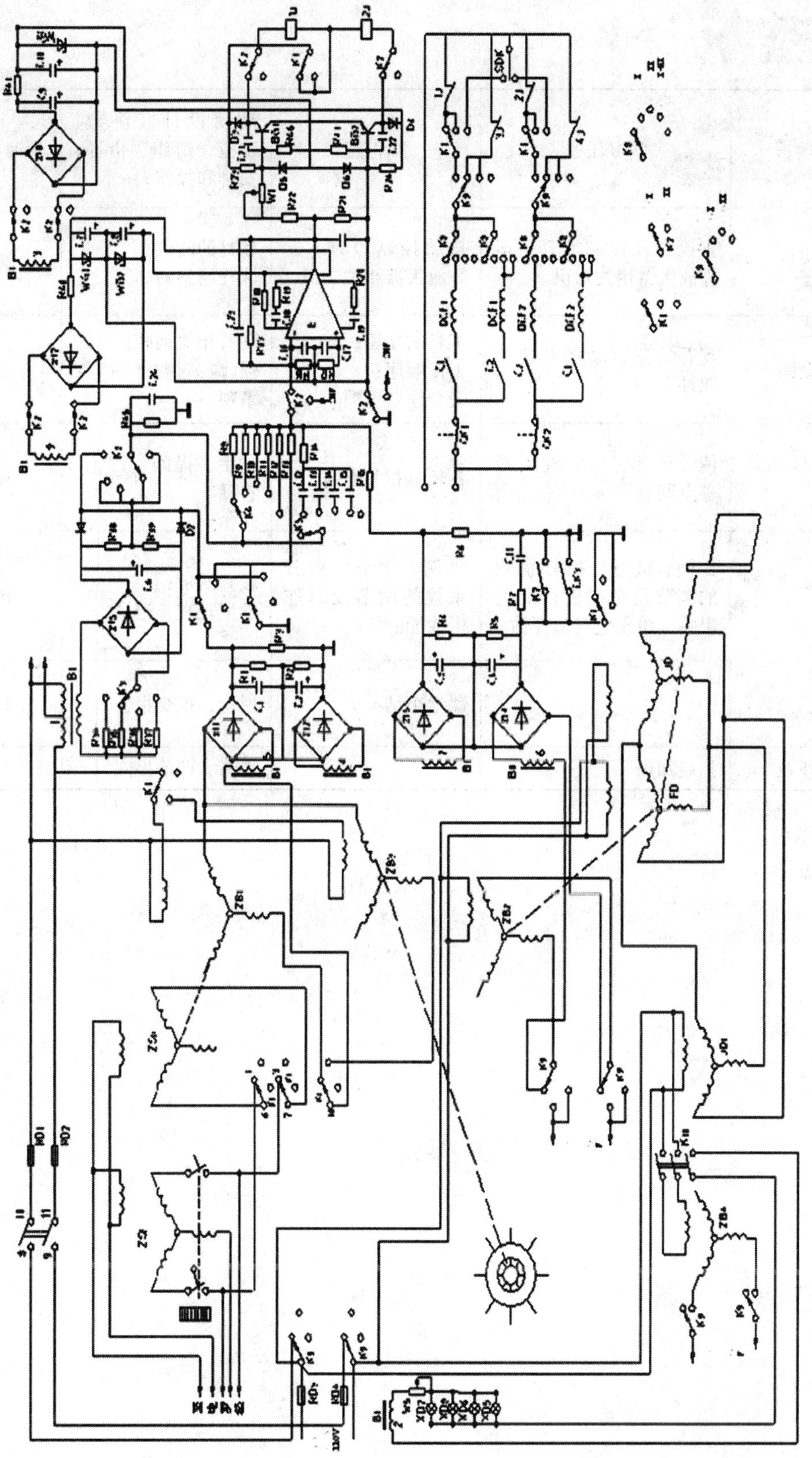

图8-2-1　HD-5L型自动舵的原理

任务实施

教学阶段	学习任务	知识点	活动设计（讲解、示范、组织、指导、安排和操作）	课时/min
1. 资料查询	查找自动控制原理、运算放大器相关知识	自动控制原理、运算放大器相关知识	教材的阅读； 课程网站的利用	20
2. 观看动画	观看检测自动操舵仪的课件	工具的使用； 工作顺序； 安全注意事项	观看相关动画； 强调、指出注意事项	5
3. 检测自动操舵仪	信号流程、运算放大器零点调节	各环节相关电路	动手、提问、讨论、答疑	30
4. 调节各种参数	比例、微分、积分系数的调节及对舵机性能的影响（电子电气员评估）	比例、微分、积分系数的调节及对舵机性能的影响	教师演示； 学生观察、记录	10
5. 讨论，完成给定思考题		课堂小结	讨论，提交报告	25
6. 布置作业	拓展知识		思考、课前提问	5

模块3　自动舵的故障处理与调试

学习目标

1. 学会识读船舶电气系统图、原理图、接线图及规范；
2. 会分析船舶舵机系统的控制电路；
3. 会船舶舵机系统的调试及故障排查；
4. 能安装与调试船舶舵机系统的控制电路；
5. 对照船舶舵机系统电气原理图排除电路常见故障；
6. 能撰写舵机电气控制系统检修维护报告书。

模块描述

以 HD－5L 型自动舵电路板为背景，指导学生对自动舵的典型故障进行观察、判断、排除。

工作任务

1. 船舶舵机系统的调试及故障排查；
2. 撰写舵机电气控制系统检修维护报告书。

知识准备

一、自动操舵仪的调整

自动操舵仪出厂前均经过精心地调整，使用中一般不需要调整。但自动操舵仪发生故障经过检修后，由于调换了一些元、部件（例如自整角机等）工作情况有所变化，因此应当重新进行调整。现将几个主要项目的调整方法介绍如下。

1. 自整角机的零位调整

在自动舵中广泛应用自整角机，如 HQ 型自动舵的舵角指示、舵角反馈发讯、随动操舵发讯和自动操舵发讯等系统中都用到自整角机。自整角机具有内在的基准零位，即电的零位，这个特点有利于1对自整角机在彼此相隔遥远时进行正确校零。当机械零位确定以后，就可把自整角机的外壳在安装板上转动，把它校准到电的零点。但自整角机有2个电零点，即稳定零点和非稳定零点，它们正好相差180°。必须把自整角机调整到稳定零点。

转子在零位的情况。只有在 S_2 与 S_3 之间（或 S_2 与 S_1 之间）的电压极性与 R_1 和 R_2

之间的电压极性相同时，自整角机才处于稳定零位。极性可借助示波器或电压表测定。如果用电压表测定极性，则应将 2 个被测电压串联，根据这 2 个串联电压极性相同时彼此相加，极性相反时彼此相减，即可判断 S_2 和 S_3 之间与 R_1 和 R_2 之间的电压极性是否相同。校零的方法还很多，可以参考有关的书籍。应当指出的是，不论用哪种方法调整稳定零位，在检查零位是否稳定时，自整角机的转轴必须与主令轴耦联牢靠，并处于机械零位上。

下面结合 HQ－5 型自动舵介绍舵角指示器、舵角反馈发讯、随动操舵发讯和自动操舵发讯等系统自整角机的调整步骤，这些方法对其他类型自动舵自整角机的调整同样适用。

1）舵角指示器自整角机的调整

将舵角置于0°，再将舵角反馈装置的机械指示指针置于0°，然后松开舵角指示发讯机 F_4 的固定片。用万用表（最好用电子管毫伏表）交流挡测量 S_2 与 S_3 之间的电压，用手轻轻转动自整角机外壳（此时转子已被齿轮限制住，而不能转动），直到 S_2 与 S_3 之间的电压小于0.1 V为止。再检查此零点是否是稳定零点，若是稳定零点，则立即把紧自整角机的固定片，重新检查 S_2 与 S_3 之间的电压是否还小于0.1 V。

发讯机零点校准以后，再校准接收机 F_5，F_6 和 F_7 的零点。其方法是：脱开接收机与舵角复示器的机械连接，让接收机和发讯机处于平衡状态，然后检查接收机是否处于稳定零位。若是稳定零位，则把舵角复示器的指针置于0°，让接收机与舵角复示器机械耦合连接上，把紧接收机的固定片，检查一下 S_2 与 S_3 之间的电压是否也小于0.1 V。在上述调零过程中，舵角始终置于0°，因而舵角反馈装置的指针也始终置于0°。

舵角指示器调零完毕后，应将舵角先后分别置于左舵或右舵任一角度，观察一下舵角复示器的显示是否正确。如果正确，则调整即告结束；如果不正确，则应检查原因，排除故障后重新再进行调整。

HQ－5 型自动舵舵角指示器用的是力矩式自整角机系统，所以上述调整方法也是一般力矩式自整角机系统零位的调整方法。

2）舵角反馈发讯自整角机的调整

先将舵角反馈装置的指示指针置于0°，然后松开自整角机 F_3 的固定片。用万用表交流挡测量 S_2 与 S_3 之间的电压，脱开齿轮传动，用手轻轻转动自整角机外壳，直到 S_2 与 S_3 之间的电压小于0.1 V为止。再检查此零点是否是稳定零点。若是稳定零点，则立即把紧自整角机的固定片，重新检查 S_2 与 S_3 之间的电压是否小于0.1 V。在自整角机 F_3 调零过程中，应始终保持舵角反馈装置的指示指针置于0°。

HQ－5 型自动舵舵角反馈系统采用的是控制式自整角机系统，所以上述调零方法也是一般控制式自整角机系统零位的调整方法。

3）随动操舵发讯自整角机的调整

随动操舵发讯自整角机也是控制式自整角机，所以调零方法与上述方法相同。先将舵轮置于指令舵角0°，然后转动自整角机 F_2 的外壳，使 S_2 与 S_3 之间的电压小于0.1 V，检查一下此零点是否是稳定零点。

4）自动操舵发讯自整角机的调整

自动操舵发讯自整角机也是控制式自整角机，调零方法也与上述方法基本相同。先

不接通罗经接收机 F_0，调节航向匹配旋钮，使分罗经刻度盘真北对准0°，再调节航向调整旋钮，把航向刻度盘调到0°，然后进行自整角机的调零。松开自整角机 F_1 的固定片，转动自整角机的外壳，使 S_2 与 S_3 之间的电压小于0.1 V，检查一下此零点是否是稳定零点。在自整角机调零过程中同样应当做到始终保持机械零位不动。

2. 相敏整流电路的调试

相敏整流电路是否平衡，即当发讯机 F_1（或 F_2 或 F_3）的输出电压为0时，相敏整流器的输出是否基本为0，这是关系到随动操舵、自动操舵时，舵叶能否停在零位和左、右舵角是否对称的大问题。所以，在对相敏整流电路检修时，必须进行仔细地调试，使其达到平衡。

相敏整流电路是否平衡由具有中心抽头的电源变压器的1组副绕组和电桥的4个桥臂以及2个输出电阻是否对称共同决定。因此，在安装和检修相敏整流电路时要求做到以下几点。

（1）在绕制相敏整流电路电源变压器时，为保证相敏整流绕组的对称，可用双线并绕，然后抽出中心抽头的方法。

（2）用万用表 R×1 k 或 R×100 k 电阻挡（或用晶体管图示仪）精心挑选桥臂上的4个二极管，使其正向电阻、反向电阻、导通后的管压降的数值相同。

（3）用万用表（或万用电桥）精心挑选桥臂上的4个限流电阻和2个输出电阻，使它们的阻值达到对称相同。

一般，按上述要求装好的电路，通过调整后基本上能达到平衡，即当发讯机处于零位时，在2个输出电阻的两端点输出电压小于10～20 mV。如果达不到上述要求，则应首先检查一下有无虚焊和二极管是否性能不好或击穿等。在排除这些故障以后，若仍不能平衡，则可采取调换二极管或输出电阻的办法，使其达到输出电压小于10～20 mV 的要求。

3. 直流放大器的调试

尽管相敏整流电路已调平衡，但是如果直流放大器不平衡，那么同样会造成舵叶停不到零位或出现左、右舵不对称的现象。所以，保证直流放大器的平衡也是非常重要的。

自动操舵仪中的直流放大器一般都由差分放大电路组成。因此，每一级放大器所用元件都应当完全对称。一般，元件挑选得愈对称，调试也愈顺利。HQ－5 型自动舵中用了差分对管 5G921C 组成差分放大器，由于其对称性较好，因此调试比较方便。

直流放大器的调试方法是：在不供给输入信号的情况下，接上直流偏压，然后测各级直流放大器的输出电压。若电路对称性好，则其输出电压等于0。若电路对称性不好，则有输出电压。HQ－5 型自动舵的差分放大器，可借助于调零电位器 R48 进行调整，当使输入信号等于0时，输出信号也等于0，调整比较方便。

4. 随动操舵的调试

随动操舵的调试主要有5项内容，对于 HQ－5 型自动舵，将操舵方式选择开关扳到“随动”位置后，即可进行调试。

1）检查舵角反馈是否为负反馈

转动操舵手轮给少许操舵信号，如将手轮向左转动一个小的指令舵角，观察是否来左舵。如果来的是右舵，则说明舵机房的左、右舵电磁阀电路接反了；如果一直来左舵，直至最大转舵角，则说明是正反馈。那么，若舵角反馈发讯自整角机的稳态零点找得不对，则可将其外壳转动180°，由于上述检查必须在自整角机接线正确的前提下进行，因此调试前应当先检查接线是否正确。

2）调整随动操舵的灵敏度

向左、右转动操舵手轮，观察舵叶动作时是否达到所要求的灵敏度。调整灵敏度调节旋钮，应能达到操舵手轮转动1°~2°指令舵角时，舵叶就开始动作。如果此项要求达不到，那么对于HQ-5型自动舵，可脱开电磁阀接线，换上2个灯泡作等效负载，把灵敏度调节到最大，当操舵手轮向左、右转0.2°时，灯泡就应该点燃。若上述要求能达到，则说明故障发生在执行部分，应予以排除。若上述要求达不到，则说明故障不发生在执行部分，应对舵角发讯、舵角反馈、比较电路、放大器、触发电路等部分电路进行检查，排除所存在的故障。

3）随动操舵时回零与对称性检查

将舵轮由零位向左和向右转动某一指令舵角，然后再回零位，观察舵叶是否转过相应舵角和回到艏艉线。在正常情况下，转舵角与指令舵角应该相同。其误差在小舵角时不得超过±0.5°，在大舵角时不得超过±1°。在舵机本身工作完全正常的情况下，如果实际舵角与指令舵角相差太大，则应检查随动操舵发讯机、舵角反馈发讯机的零位是否变了，相敏整流、直流放大等电路元件是否完好，有无虚焊现象等。

4）转舵时间的检查

舵叶从一舷转动到另一舷（±35°）的时间不应超过28 s。若上述要求达不到，则应着重检查执行部分，排除所存在的故障。

5）转舵停止性能的检查

操舵时要求舵叶很快而且没有振荡地停在舵轮给定的指令舵角上。实际上可能有超调现象发生，即舵叶超过给定的偏舵角。只要超调量小于1°，且只超调1次（即没有一次完全的振荡），即可认为合格。若不合格，则应找出故障所在部位，加以排除。

5. 自动操舵的调试

对于比例-微分类型的自动舵，将操舵方式选择开关扳到“自动”位置后，主要有以下几项调试内容。

1）检查罗经接收机F_0的阻力矩

罗经接收机F_0的阻力矩不得大于0.01 N·m。如果阻力矩超过这个额定值，则势必造成自动操舵时误差加大，严重时甚至会使自动操舵失效。

检查罗经接收机F_0的阻力矩大小的简单方法如下：

拿一把半径是10 cm的铜尺，把它固定在接收机的转轴上。移动10 g重的砝码，只要砝码移到铜尺端头前，接收机转子就能转动，此时接收机带动的机械传动装置的阻力矩是小于0.01 N·m的。

如果接收机的阻力矩大于额定值，则可检查一下自动板上齿轮系统有无卡死现象。在齿轮没有卡死的情况下，一般加一点仪表油润滑后，即能达到上述要求。由于机械装配的工艺性要求较高，对于不熟练的装配者，拆下后重装往往达不到原装配的精度，因此只有在迫不得已时，才用拆换自动板上有关零件排除故障的方式。

2）检查自动操舵发讯机 F_1 发出讯号的极性

先不接通罗经接收机 F_0，调节航向匹配旋钮，使分罗经刻度盘真北对准 0°，再调节航向调整旋钮，把航向刻度盘调到 0°。然后调整压舵调节旋钮，使压舵电桥的输出调整到零位。把灵敏度旋钮调到最大，微分调节旋钮调到零位，比例舵调节旋钮置于任一位置。在作完上述准备工作以后，调节航向匹配旋钮，给出船舶向右偏航的信号，观察舵角指示器是否来左舵。如果来左舵，则说明自动操舵发讯机 F_1 的稳定零点找得正确；如果来右舵，而且检查接线又是正确时，则说明 F_1 的稳定零点找得不对，可将发讯机 F_1 的外壳转动 180°，使 F_1 所发讯号极性达到要求。

3）调整自动操舵的灵敏度

在不改变上述工作条件下，左、右转动航向调整旋钮，观察舵叶的动作是否达到所要求的灵敏度。调整方法同随动操舵的情况，故不再赘述。

4）自动操舵时回零与对称性检查

在不改变上述工作条件下，向右转动航向调整旋钮，给出某一指令舵角（如1°，5°等）然后再回零位，观察舵叶是否向右、向左转过对称的舵角和回到艏艉线。其误差不得超过 ±1°。

5）检查压舵调节的工作情况

在不改变上述工作条件下，向左或向右调整压舵调节旋钮，观察舵叶是否向左或向右压舵及最大压舵角的大小等。如果压舵环节不起作用，则应检修压舵电桥电路。

6）偏航报警的调整

HQ 型自动舵当偏航 5° ~7°时，应能发出偏航报警。若上述要求达不到，则应先检查偏航报警电路有无故障。若电路无故障，则应检查偏航报警凸轮装置是否合适。当不合适时，应加以调整。

7）检查比例舵调节的情况

比例舵的调整要求在航行过程中进行。在“全速前进”的情况下，当海面平静（风 0 ~1 级，无涌浪）时，把比例舵调到不同挡上，分别航行 10 min，观察罗经复示器记录仪记录下来的航迹，看哪一挡偏航次数最小（也就是围绕着要求航向的偏航振荡周期最长），最大偏航角最小，那么这一挡就算合适。一般要求偏航周期为 60 ~120 s，最大偏航角为 ±（1° ~3°）。如果各挡都不好，则可适当调换比例舵电阻。对于万吨级船舶，一般偏航 1°，舵角为 2° ~3°比较合适。

8）检查微分舵调节的情况

微分舵的调整需要在航行过程中进行。在海面风平浪静到中等风浪情况下，把比例舵调到“0”或最小挡，然后再把微分舵调节放到不同挡上，分别航行 10 min，观察罗经复示器记录仪记录下来的航迹，看哪一挡偏航次数最少，最大偏航角最小，那么这一挡就算合适。一般要求最大偏航角为 ±（0. 5° ~2°）。如果各挡都不好，则可适当改变微分环节电路的时间常数。

一般，经过上述调整后的自动舵，其工作情况是比较满意的。

二、操作方法

1. 接通电源

将转换开关箱的电源开关放在所需要的操舵地点的对应位置上。2 只电源开关各控制一台油泵磁力起动器。它们可以同时转换到驾驶室或其他需要的操舵地点，也可以1只开关放置在停止的位置。严禁2只开关放置在不相同的操舵地点。

2. 驾驶室操舵

将驾驶室内操舵仪上的机组选择开关放在Ⅰ，Ⅱ或Ⅰ+Ⅱ的位置，双机电源开关也放在对应的Ⅰ或Ⅱ的位置上（用双机时可任意）。这时油泵电动机运转，只需转换操舵方式选择开关，便可操舵。

1）自动操舵

将操舵方式选择开关放在“自动”位置，航向调整旋钮调节到所需要的航向。然后再根据海面情况调节灵敏度、比例、微分、压舵等旋钮，即能进行自动操舵。

2）随动操舵

将操舵方式选择开关放在“随动”位置，转动操舵手轮，即可进行随动操舵。

3）手柄操舵

将操舵方式选择开关放在“手柄”位置，扳动自复式手柄，即可进行手柄操舵。

3. 简易操舵

根据需要，简易操舵台可以安装在舵机房、预备指挥所或桥楼等地方。操舵前，必须先把转换开关箱的电源开关放在所需要的操舵地点，然后转动简易操舵台上的手轮即可。

4. 操舵注意事项

每次使用自动舵前必须进行主罗经与分罗经的方位匹配。

当发现“自动”“随动”操舵都失灵时，即可用应急手柄操舵。

当发现驾驶室内3种操舵方式都失灵时，即可切换到舵机房应急手柄操舵。

当自动操舵时，如果要改变航向，则可调节航向调整旋钮，但一次不要超过8°。若需要大角度改变航向，则可分几次进行。在转动航向旋钮时，且勿用力过猛，以免引起以下后果：当传动机构摩擦阻力矩甚小时，有可能使分罗经电机顺着人为用力拔动的方向飞快地旋转起来，从而损坏传动机构，出现错乱现象等。这是因为自整角机本身就是一单相电机，人为地给它加上某一方向的旋转力矩，它就会按此力矩方向旋转起来。若出现以上情况，则应立即切断自整角机电源，避免造成不应有的损失。

任务实施

（中间可以方框形式插入“问题思考”与“经验技巧”）

教学阶段	学习任务	知识点	活动设计（讲解、示范、组织、指导、安排和操作）	课时/min
1. 资料查询	查找自动舵故障处理相关知识	自动舵故障处理相关知识	教材的阅读； 课程网站的利用	20
2. 观看检测动画	观察自动舵故障检测步骤	工具的使用； 工作顺序； 安全注意事项	观看相关动画； 强调、指出注意事项	5

（续表）

教学阶段	学习任务	知识点	活动设计（讲解、示范、组织、指导、安排和操作）	课时/min
3. 故障检测一	电源故障（电子电气员评估）	电源电路	教师演示，学生记录	10
4. 故障检测二	参数设置不当故障（电子电气员评估）	参数影响	教师演示，学生记录	10
5. 故障检测三	执行机构故障（电子电气员评估）	执行机构电路	教师演示，学生记录	15
6. 讨论，完成给定思考题		课堂小结	讨论，提交报告	25
7. 布置作业	拓展知识		思考、课前提问	5

任务评价

评价内容		评价标准	权重	分项得分
任务完成情况	任务 1	在规定时间内完成任务，操作安全、规范	30	
	任务 2	操作安全、规范，无元器件损坏，无工具损坏，分析正确，解决问题的方法合理	40	
	任务 3	能积极思考、主动学习，理论结合实际，小组协调好，总结报告透彻	25	
职业素养		遵守劳动纪律，遵守安全操作规程，有序、整洁，不迟到早退	5	
总分			评价者签名：	

任务拓展

1. 液压舵机有哪些报警功能？叙述其工作原理。
2. 舵机系统通电调试前，应掌握哪些概念及常识？
3. 舵机系统系泊试验主要有哪些项目？调试时有哪些注意事项？
4. 舵机系统航海试验重点检验哪些内容？在全速航行时进行检验的内容有哪些？
5. 舵机系统常见故障现象分析及排除方法。

参考文献

[1] 刘明伟．船舶电力拖动[M]．北京：人民交通出版社,2006.

[2] 王瑞云．船舶电力拖动[M]．北京：人民交通出版社,2012.

[3] 郁汉祺,盛党红,邓东华．电气控制与可编程控制器应用技术[M]．南京：东南大学出版社,2003.

[4] 陈立定,吴玉香,苏开才．电气控制与可编程控制器[M]．广州：华南理工大学出版社,2001.

[5] 史际昌．船舶电气设备及系统[M]．大连：大连海事大学出版社,1998.

[6] 孙旭清．船舶电气设备[M]．大连：大连海事大学出版社,2007.

[7] 中国船级社．钢质海船入级规范[M]．北京：人民交通出版社,2009.

[8] 中华人民共和国海事局．中华人民共和国海船船员适任考试大纲[M]．大连：大连海事大学出版社,2011.

[9] 中国长航南京长江油运公司．船舶电气管理指导手册[M]．北京：中国大地出版社,2005.